KICKBACK
EXPOSING THE GLOBAL CORPORATE BRIBERY NETWORK

回扣
揭露全球公司贿赂网

[美] 戴维·蒙特罗——著
邬 彬 陈天娇 叶伊涵——译
马纳克——校

腐败与治理译丛

中国方正出版社

北京市版权局著作权合同登记：图字 01-2023-1238 号
图书在版编目（CIP）数据

回扣：揭露全球公司贿赂网/（美）戴维·蒙特罗著；邬彬，陈天娇，叶伊涵译．—北京：中国方正出版社，2023.5

书名原文：Kickback：Exposing the Global Corporate Bribery Network
ISBN 978-7-5174-1179-6

Ⅰ.①回… Ⅱ.①戴…②邬…③陈…④叶… Ⅲ.①廉政建设-研究-美国 Ⅳ.①D771.234

中国国家版本馆 CIP 数据核字（2023）第 078762 号

This edition published by arrangement with the **Viking**, an imprint of Penguin Publishing Group, a division of Penguin Random House LLC.

回扣：揭露全球公司贿赂网
HUIKOU：JIELU QUANQIU GONGSI HUILU WANG
［美］戴维·蒙特罗 **著**
邬 彬 陈天娇 叶伊涵 **译**

责任编辑：李佳贞
责任印制：李惠君
责任校对：周志娟

出版发行：中国方正出版社
（北京市西城区广安门南街甲 2 号 邮编：100053）
发行部：（010）66560936 门市部：（010）66562733
编辑部：（010）59594627 出版部：（010）59594625
网址：www.lianzheng.com.cn
经　　销：新华书店
印　　刷：保定市中画美凯印刷有限公司

开　　本：880 毫米×1230 毫米 1/32
印　　张：11.5
字　　数：185 千字
版　　次：2023 年 5 月第 1 版 2025 年 6 月北京第 3 次印刷

ISBN 978-7-5174-1179-6 定价：48.00 元

（本书如有印装质量问题，请与本社发行部联系）

谨以此书纪念帕特丽克·安·蒙特罗

目录
Contents

第一部分

遭遇腐败

引　言

水门事件中，时任美国总统尼克松涉嫌操控选举，美国司法部为此任命特别检察官进行调查。此举试图为美国历史的肮脏章节画上句点，其结果却恰恰相反。虽然水门事件以尼克松辞职告终，却是美国往后几十年陷入更深政治沼泽的开始。美国国会的调查首次发现，跨国公司不仅通过基金和贿赂来秘密资助国内的政治组织，如尼克松的连任竞选，而且还腐蚀着海外的政府官员。对于美国公司滥用权力及其海外影响的新认识，促成了美国《反海外腐败法》的出台。这项立法具有一定的开创性，是历史上首次试图通过禁止商业贿赂，来改变世界上商业资本和政治事务的运行方式。

如今，40多年过去了，我们正经历着一场似曾相识的事件，特别检察官罗伯特·穆勒正在调查美国总统是否涉嫌滥用权力，阻碍对操纵大选的调查。就像水门事件一样，无论特别检察官罗伯特·穆勒发现了什么，它都标志着对权力在美国的运行进行重新审视，这极有可能只是开始而不是结束。正如水门事件，穆勒的调查也许能揭露出，在美国政治生活的表象之下，政治腐败与公司腐败是如何通过贿赂紧密相连的。这项调查影响深远。

尼克松接受了企业的秘密捐款，这些捐款被认为是非法的，它们本应该要公开。尽管非法，但这些款项并未损害总统选举本身。而今天穆勒的调查，针对的是一种或许更为严重的犯罪：唐纳德·特朗普作为其庞大商业帝国的领袖，是否与外国势力合谋故意影响美国选民，是否犯下了自水门事件以来，相关法律一直试图惩处的罪行——接受外国贿赂，即回扣。

在华盛顿上演的这出戏码，凸显了一个清晰的事实："外国公司贿赂"可能是一个极具误导性的术语。想到这个词，我们也仅将它视为"不择手段的公司在遥远国度里所做的事"，认为它所产生的任何影响都局限在海外。既然如此，那么某家公司给予某位贪婪的外国政府官员回扣，我们为什么要担心呢？然而，在高度相连的世界中，由于全球化的市场、全球化的金融体系以及人员、物资和资本流动，腐败很少会仅仅停留“在别处”。因此，无论是在美国还是在世界上其他地方，贿赂最终会以难以估量的方式损害美国人民、美国社会、美国价值观以及美国利益。

企业为什么要行贿？显而易见的原因是：获得超过竞争对手的优势。虽然非法支付会带来市场份额和公司价值短期增长的假象，但这种做法对公司自身造成的危害并未被考虑到：员工士气下降、利润率降低，以及可能遭受的数亿美元的罚款，更不用说与此相关的声誉损失。这些公司事实上还窃取了公众的钱财。大多数贿赂案件都涉及资金密集型的公共项目开发和基础设施建设，例如道路、水坝、国防、石油或矿产开采——这些项目都是由公共资金资助的。为了支付赢得合同的贿赂，公司与外国官员合谋抬高这些项目的价格，有时会高达数千万甚至数亿美元。当公司和官员们双赢时，负担却丢给了纳税人。

企业贿赂常常涉及巨额资金。世界银行研究指出，企业贿赂资金数额每年高达 1 万亿美元，这可能是较高的估计。也有人认为这个数额可能达到全球每年 4 万亿美元政府采购的 1/10。[1] 但贿赂从来不只是金钱的问题，它总是与权力息息相关。贿赂是钱权双方秘密合谋的体系，这体现在大部分现代历史中，企业一直在加强与全球各国政府官员的联系。“这些贿赂不只是商业性质的，它们有着更深层的寓意：受贿的官员正在出卖本国的自然资源，他们正在从根本上摧毁自己的国家，而公司是他们的同谋。”2016 年从联邦调查局“反海外腐败法小组”退休的迈克尔·温如此说道。[2]

企业贿赂不是一种非常规行为。在美国，一些久负盛名的公司为了避免因贿赂被起诉，已经支付了巨额罚款，包括像 IBM、惠普、美国铝业、哈利伯顿、雪佛龙、辉瑞制药、强生这样的公司。还有很多公司，包括沃尔玛在内，则正在接受调查。公司支付回扣并不只是代表它们正在被剥削或被敲诈。对大部分美国和欧洲的公司而言，贿赂是一项主动的核心战略，是一个高度组织化的、复杂的过程，并且一般通过了公司首席执行官的批准。从 21 世纪初期开始，世界银行已经向全球 13.5 万家企业的管理者调查了关于回扣的问题。调查人员会询问这些管理者“他们的同行”是否有通过贿赂以获取政府合同，而不会直接问他们自己公司的贿赂问题（这样问可能会导致瞒报）。基于对本行业的了解，管理者们表示将近 30%的公司为了生意都支付了回扣。[3]

公司行贿的公职人员常常是国家元首，而不仅仅是普通收税员或海关警卫（虽然这个层次的贿赂也很猖獗）。在最近了结的一些案件中，一些欧美公司据说已经贿赂了许多国家元首，例如尼日利亚、巴拿马、哥斯达黎加、阿根廷与哈萨克斯坦的前总统等。在这些案件中，许多高层的政府官员也收受了回扣，比如石油部长、国防部长、国会议员和副总统。跨国公司也贿赂了包括希腊、尼日利亚、贝宁在内的很多国家的一些政党，从而在这些国家有效地操控选举。

“贿赂”本身可能是一个具有误导性的名词，我们通常会认为它只是简单的金钱交易，使得现金落入贪腐官员的手中。数百万美元的回扣确实是这么操作的。但由于贿赂是由经验丰富的经营者犯下的罪行，他们试图掩饰自己的行迹，因此交易几乎很少是简单明了的。这些安排同样经常涉及权力货币，贿赂打着帮忙的旗号，或是将帮忙和支付现金结合起来。这些计划几乎都是错综复杂的多层事务，为了阻碍执法工作而被设计得令人困惑。（一名英国女检察官在向陪审团描述贿赂的复杂结构时，曾这样评价：“如果你对此感到困惑，那你就感受到它的真正用意了。”）[4] 实施这些计划的人经常躲藏在温和无害的外表下，来达成不可告人的目的——例如，在特朗普大厦召开会议，讨论俄罗斯儿童收养问题；或是在尼日利亚的沼泽地区，签署一份看似无害的船屋租赁合同。

人们普遍认为海外贿赂完全是一个商业问题，因此公众也开始认为它不会对“市场”以外的东西造成任何实际危害。同样，美国检察官也认为外国贿赂仅仅是一种市场违规行为。例如，德国工程巨头西门子公司进行了史上规模最大的贿赂活动，因而被美国司法部和德国政府处以刑事罚金。不到10年的时间，该公司在数十个国家支付了超过10亿美元的贿赂，其中包括地球上最贫穷、最不稳定的那些地方。为了不被起诉，西门子最终支付了16亿美元的罚款，这是历史上此类罚款中最大的一笔。[5] 但是，西门子被罚款，只是因为它没有保持准确的财务记录以及欺骗竞争对手，而不是因为它的腐败行为可能在国外造成的影响。事实上，西门子的大部分罚款是付给美国和德国政府的，而对于很多受到回扣实际影响的外国政府和公民，它并没有支付任何罚款。此后，这家公司一直不承认它的贿赂活动可能对那些国家造成了损害。与此同时，超过3000篇新闻报道了西门子事件的始末，使之成为最引人注目、记录最翔实的腐败案件之一。然而，英文媒体报道中，没有一篇文章试图追踪西门子这笔资金的流向，及其给受贿国家带来的后果。

导致这种误解的部分原因是，贿赂不同于其他犯罪行为，它往往进展得十分缓慢，秘密付款会在公司和政府之间流动若干年，甚至数十年。因此，它的影响要在金钱或权力易手很久以后才显现出来。贿赂会带来一场缓慢的灾难，如不专门考察，其经济、政治、社会危害就难以察觉。

一旦认识到了这一点，我们就会意识到：原来贿赂是普遍存在的，而且还可能涉及重大政治事件和新闻报道，以及我们自以为了解的历史——例如美国的起源、水门事件或伊拉克战争。或许特朗普当选总统一事还会让美国人去思考贿赂的后果。我们现在感受到的这种被侵犯的不安感，是世界上许多国家的常态。举几个例子，在希腊、尼日利亚、哥斯达黎加和巴拿马，公民们对于外国公司成功干涉和操纵他们的政治事务感到非常愤怒。从这方面来说，美国不能再声称“美国例外”了。

根据相关法律，美国司法部不能对受贿的外国官员提起诉讼，也不能公开指名道姓。在法院文件中，通常会使用“高级官员一号”之类的称呼来代指这些人，其任期通常也记载得很详细。然而，我们还是可以根据调查和报道，来确定那些行贿的企业和受贿的政权。要理解海外贿赂的危险性，关键是要揭露企业正在行贿的对象，以及贿款在外国的流向。本书的主题就是解开贿赂的“后半生”之谜。

对公司贿赂的破坏力度进行评估，将有助于解释“为消除公司贿赂而战”为何如此关键。在这方面，许多重要举措都已经在进行了。在《反海外腐败法》出台的最初30年中，它其实从未被强制执行过，这使企业贿赂文化依然繁荣兴盛。但到了21世纪初，更广泛的国际法律合作、“9·11”恐怖袭击事件的发生、《萨班斯-奥克斯利法案》的通过，以及伊拉克战争等一系列因素，推动美国司法部发动了有史以来第一次在全球范围内打击企业贿赂的行动。虽然反贿赂工作不常会引起公众的注意，但它在美国的执法工作中，是一项仅次于打击恐怖主义的优先任务。

这场运动仅在美国就引发了超过200起与贿赂相关的调查，产生了数千页的法庭文件，包括公司内部电子邮件、备忘录和银行信息，还有数十名证人、被告企业高层和执法机构的证词。有了这个信息宝库，我们现在比以往任何时候都更加了解这个系统是如何运作的，特别是：涉及哪些公司；它们行贿了多少钱，是为了签订什么合同；这些公司怎样利用中间商和罪犯来打通（行贿）渠道；以及公司如何用伪造的合同、修改过的收据、隐藏的壳公司和离岸银行账户来组成一个复杂的系统，并借此来转移和隐藏付款。仅在过去的10年中，美国司法部反欺诈部门的24名检察官依据法律提起的诉讼案件数量创下历史纪录，违法风险进一步加大，并给企业施加了前所未有的压力，要求企业从内部进行改革。

特朗普总统对他与俄罗斯的可疑关系避而不谈，对反贿赂工作的批评却直言不讳。2012 年，特朗普在接受美国财经有线电视卫星新闻台采访时说："现在所有其他国家都是这样，它们只不过做了不得不做的事情。这是一个可怕的法律，应该要修改。"他接着说："我是说，我们就像世界警察一样。这太荒谬了。"[6] 自从特朗普入主白宫以后，他的观点似乎从未改变过。根据《纽约客》2017 年的一篇文章，特朗普向时任国务卿雷克斯·蒂勒森抱怨说，反海外腐败机构对行贿的美国公司进行了不公正的惩罚。[7]

特朗普政府努力将这一立场转变为政策。他任命的美国证券交易委员会主席杰伊·克莱顿对《反海外腐败法》颇有微词，而该委员会却是和司法部联合执行该法的监管机构。[8] 特朗普政府还修订了该法的执行政策，使之更"有利于商业"。在许多批评这项举措的人士看来，这让企业更容易达成协议来避免被起诉。与此同时，特朗普政府还撤回了《多德-弗兰克法案》中的卡丁-卢格条款。该条款要求，在美国证券交易所上市的能源公司应该披露何时向外国政府官员支付款项——此项立法被认为是美国打击海外企业贿赂取得的关键进展。特朗普入主白宫后不久，共和党领导的国会就投票废除了卡丁-卢格条款，2017 年 2 月签署撤回该条款的法令。[9]（应该注意的是，如果特别检察官穆勒建议依据《反海外腐败法》对特朗普集团提出相关指控，那么特朗普正在推动的“放松该法的执行力度”，正好对他本人有利。）

从商业贿赂中获利的人常常会从商界转向政界。但当他们入主白宫，开始扭曲美国政府的意志以尽量减少他们对腐败承担的责任，同时又让其家人和同伙能从利益冲突中进一步获利时，他们已经踏上了一条不归路。从某种程度上来说，如果美国成为腐败的推动者，将构成对自身历史的背叛。

纵观历史，西方文明经历了一系列公司贿赂丑闻。揭露这些丑闻不仅揭示了贿赂的范围之广，还引发了一场关于“民主和公司权力边界”的广泛讨论。如果要来检验这一点，我们可以沿着贿赂的脉络，一直追溯到现代公司的兴起，以及18世纪的一起关于印度和英国的丑闻。这个丑闻在几个世纪中一直回响，并与美国立国之基息息相关。

第一章　腐败猖獗

乌云沉沉，暴雨将至。英国东印度公司总管，奸猾狡诈又野心勃勃的罗伯特·克莱武带领约3000名士兵到达拉克沙巴格的芒果林。1757年6月23日上午，他们来到位于西孟加拉邦的胡格利河，河畔有个小村庄普拉西。[1]孟加拉有着富饶的农田和丰富的纺织产品，是18世纪印度地区的工业重心所在。因此，它也成了英国东印度公司扩张计划中一个令人垂涎的目标。站出来阻止这一切的是英国利益的强烈反对者、年仅24岁的孟加拉王子西拉杰·乌德·达乌拉。当克莱武兵分三路进军时，西拉杰·乌德·达乌拉正率领五万大军，在一英里外修筑战壕。这位孟加拉王子的军队配备了高大的战象和50多门大炮，更不用说他的主场优势了。但是，克莱武也有自己的优势：他买通了对手。中午时分，暴雨倾盆而下，王公的火炮震天，克莱武却退回到林中的狩猎小屋中，安心睡觉。他很确定，这场战斗自己已经胜利了。[2]

1601 年，英国东印度公司在伦敦成立，这是历史上第一家现代企业——第一家股份制公司，第一家向股东提供有限责任的公司，也是第一家以贿赂为工具操纵发展中国家政治和经济的公司。该公司的管理者深谙贿赂的艺术，从 17 世纪初就开始向国内外的达官贵人行贿。[3]1695 年，英国下议院调查英国东印度公司董事托马斯 · 库克爵士向利兹公爵行贿，以让公司章程继续有效的案件。他被关押在伦敦塔里，随后被弹劾。[4]1717 年，这家公司用贿赂的手段，获得了印度有史以来给予外国公司最大的贸易让步。[5] 该公司向意志薄弱的莫卧儿帝国皇帝法鲁赫西亚尔慷慨赠礼，并许诺每年给他 3000 卢比。作为回报，法鲁赫西亚尔出卖了孟加拉的经济主权，允许这家公司进行免税贸易——实际上是让其垄断市场。

如果说，贿赂法鲁赫西亚尔标志着该公司最终在印度取得统治权的开端，那么克莱武在 1757 年的贿赂则是后来的事了。克莱武与孟加拉军队的总司令米尔 · 贾法尔进行了一系列秘密会晤，并提出在他的军队入侵孟加拉时，只要贾法尔同意袖手旁观，他就承诺让贾法尔成为孟加拉的新任王公。尽管英军在普拉西的人数上远远落后，但英国人还是占了上风。在孟加拉王公的大炮开火后，贾法尔的部队放弃了战场，后来西拉杰·乌德·达乌拉也逃跑了，随后又被俘虏并杀害。克莱武背信弃义的行为开启了大英帝国对印度的统治，以及对数百万南亚人在两个世纪内的殖民统治。若干年后，他在英国下议院毫无歉意地陈词："当公司的生存岌岌可危时……欺骗这样一个强大的对手，才是正确的决策和正义。"[6]

普拉西协议是典型的企业贿赂交易：向外国官员秘密行贿，从而在新兴市场获得商业优势。然而，普拉西贿赂的要素比如今此类典型交易更具特征，不仅包括"欺骗"，还有"背叛"。如今，大多数贿赂都不会导致一个公司赢得对整个国家的控制权。当然，公司也不再把私人军队作为帝国的工具。尽管如此，这只是程度上的差异，本质上并没有不同。正如米尔·贾法尔背叛了他的同胞和国王一样，外国官员也背叛了自己所服务的公民。如今拿来交换的即使不是整个国家，也是其国民财富的一大部分。

普拉西事件之后，孟加拉，这个从前印度最富饶的工业基地，陷入了毁灭性的饥荒和经济崩溃之中。1772 年，英国议会开始对此事展开深入调查，最终将调查重点放在了克莱武本人、他的私人财富和他的个人品性上。

对东印度公司腐败行为的调查这不是最后一次。众所周知，英国政府及其民众，包括启蒙运动的中坚托马斯·潘恩，针对东印度公司海外腐败所造成的道德和政治后果，与其展开了多年的斗争。这种新的犯罪形式涉及一国公民在另一国领土上的非法行为，引发了一场关于“公司责任、海外贿赂的代价、通过腐败获得利润的道德问题”的公开讨论，这是此类讨论中最早的一次。

克莱武和他的同伙们在印度的冒险，给他们带来了超乎想象的财富。回到英格兰后，他们用欺骗所得贿赂政客，并买通了自己的从政之路。历史学家威廉·达尔林普尔引用了伟大的演说家埃德蒙·伯克斥责他们的言论：“今天，大不列颠的下议院起诉了印度的罪犯。明天，这些印度的罪犯可能成为大不列颠的下议院成员。”[7]

1774 年 4 月，38 岁的潘恩辞去了税务员的工作，并与第二任妻子离了婚，沮丧又潦倒地离开了英格兰。为了从头再来，他登上了一艘驶向新世界的轮船。他的口袋里装着一封介绍信，那是他前一年在伦敦偶遇的本杰明·富兰克林写给他的。11 月，潘恩在费城觅得栖身之所，担任废奴主义刊物《宾夕法尼亚杂志》的编辑，不久又改头换面成了新闻记者。

远离了英国，潘恩反而将故国看得更清楚了，他开始撰文猛烈抨击那些他认为的罪恶行径：美洲殖民地的暴政，非洲的奴隶贸易，世界各地日益增长的帝国阴影。当然，这些文章后来成了《常识》和《人的权利》的灵感来源，正是这些著作催生了美国革命，奠定了美国宪法的基础。

但最初惹恼潘恩的，是东印度公司的腐败和掠夺。还在伦敦时，他就关注1772年至1773年议会听证会对该公司的谴责——正如一份历史记载所述，听证会“首次让公众了解了许多令人震惊的事实”。与此同时，有关罗伯特·克莱武私人财产的流言甚嚣尘上，甚至变成了丑闻。克莱武自己也悲叹道：“公开文件充满了对我的辱骂和恶语。”[8]

1772年夏天，来自普雷斯顿的国会议员约翰·伯戈因在下议院提出了一个紧急请求：成立一个特别委员会，调查东印度公司的管理方式和腐败问题，并制定改革措施。对伯戈因来说，如何约束公司不仅仅是一个商业问题。他极富洞见地提出对海外公司的监管是个重大问题。他的发言振聋发聩：“全球大部分地区的命运……人权都与这个问题息息相关。上帝啊！多好的说法！”伯戈因的演讲打动了议会。议会批准成立委员会，开始调查。[9]伯戈因任委员会主席，很快，委员会举行的听证会聚焦在克莱武身上。

在不断的开疆拓土中，东印度公司犯下了累累恶行，遍布印度、中国、非洲和美洲。尤其令伯戈因愤怒的，同时也是他在 1772 年夏天的激烈讨论中反复强调的，是克莱武在普拉西事件中的背信弃义行为。伯戈因说："将苏拉·多拉赶下王位的著名革命，让克莱武这个英国人臭名远扬。"[10]

普拉西事件的确切细节模糊不清，但有一点特别值得注意：东印度公司与米尔·贾法尔起草了一份包含十三项条款的条约。其中最后一项声称，东印度公司将"全力帮助米尔·贾法尔·汗·贝胡德取得莫卧儿帝国中的孟加拉邦、比哈尔邦和奥里萨邦的统治权"。[11]然而，提交给公司的正式记录中却删除了这一项，因此并没有提及贿赂（后来这一条款在其他条约中被发现）。伯戈因逐个询问证人，试图找出第十三项条款被删除的原因，但未能成功。克莱武作证说，他不记得有过这样一项条款。克莱武的秘书约翰·沃尔什推测条约可能有两份：米尔·贾法尔得到了有第十三项条款的那一份，而另一份则删除了这项条款，存放在公司。这是伯戈因最接近真相的时刻！沃尔什将这一疏漏归咎于笔误，或如他所说："办公室乱七八糟，人手不够。"[12]尽管如此，伯戈因的调查揭示了东印度公司在其众多违法行为中，是如何保存马马虎虎、疑点重重的内部账簿和记录的——这是审查此类违法行为中的最早案例。

伯戈因和他的委员会后来发现，普拉西事件最大的罪过不是贿赂本身，而是它所带来的后果。东印度公司搬空了孟加拉充裕的国库，将价值相当于今天 3 亿美元的黄金白银装上 100 多艘船，运回英格兰。这笔财富大部分直接流入了孟加拉总督克莱武的账户。一夜之间，他成了英格兰最富有的人之一（据达尔林普尔所说，克莱武获利相当于今天的 2300 万英镑[13]）。克莱武管理团队一方面降低纺织工人的工资，一方面增加他们的土地税，全然不顾孟加拉的财富已被洗劫一空。洪灾和旱灾让这里满目疮痍，东印度公司却拒绝伸出援手。饥荒蔓延，据说孟加拉三分之一的人口（估计在 100 万到 1000 万人之间）在 1769—1773 年间死亡。伯戈因在向议会报告这些“惊骇人性的数字”时，引述了《哈姆雷特》中的名言指控该公司：“肮脏的腐败暗中铺延，无形弥漫。”[14]

人口的大幅减少带来了土地收入锐减。股价开始暴跌，东印度公司债务飙升到了 150 万英镑。1772 年，东印度公司陷入了全面危机。这个世界上最强大的公司需要政府的救助，于是向英格兰银行申请了 100 万英镑的贷款。与此同时，像克莱武这样的董事仍过着富裕的生活，在英格兰各地购置房产。1773 年，由于公司即将面临破产，东印度公司提高了销往北美殖民地的茶叶价格，并由此引发了一连串的事件——从波士顿倾茶事件开始，最终导致了美国独立战争。

伯戈因曾承诺，他的调查将“为公司树立一面真实的镜子，从中公司可以看清自己和所做之事的真实样子”。[15]当他调查该公司在国外的一举一动时，他也用“镜子”照出了当时英国社会的特点。有趣的是，在这些辩论的文字记录中，我们仍能读出18世纪的学者们对“次大陆被征服的受害者”的同情。委员会的辩论常常通宵达旦。代表维根镇的罗金厄姆辉格党成员威廉·梅雷迪斯爵士说：“我相信举头三尺有神明，我也相信，通过流光无辜王子的鲜血、榨干无辜人民的血汗钱而获得的成果，永远无法繁荣。”[16]

然而，伯戈因未能实现他的目标。伯戈因对克莱武的个人致富方式十分愤怒，他认为，克莱武及其高级职员们从孟加拉国库中聚敛的巨额钱财，应属于英国政府。1773年5月3日，伯戈因说：“罗伯特·克莱武勋爵滥用了被赋予的权力，给公职人员树立了负面的典型。”[17]他想投票谴责克莱武，并剥夺他的财富。

然而，克莱武那时已成为民族英雄。他是英国下议院议员，被封为爵士，又被封为男爵，还被授予了很多头衔。议会委员会不仅宣布他无罪，而且还为克莱武增添了另一项荣誉：他们投票一致通过了决议，称克莱武“为他的祖国作出了光荣而伟大的贡献”。[18]

不过，伯戈因委员会的披露确实促成了 1773 年《东印度公司规范法案》的通过，这是英国政府首次试图控制这家公司。这个法案中有一项特别要求：该公司应将所有在孟加拉与收入相关的信函提供给英国财政部，并将所有与民事和军事相关的信函提供给国务大臣[19]；另一条规定则禁止该公司员工收礼或受贿，但是并没有禁止他们送礼或行贿（英格兰到 2010 年才将企业海外贿赂明确定为刑事犯罪）。尽管如此，法案最重要的意义在于，这是政府引入企业合规管理和反腐败措施的一次典型尝试。作为接受这些约束的回报，该公司得到了政府 100 万英镑的紧急财务援助。

罗伯特·克莱武，这位帝国的模范人物，虽然从腐败的指控中被无罪释放，但最终他无法释怀。1774 年 11 月 22 日，他被发现死在家中，很显然是自杀。据说克莱武患有狂躁抑郁症（他一生中曾两次自杀未遂），而且他还是一个吸食鸦片的“瘾君子”，曾因慢性腹痛而吸毒。有人说他是过量吸毒而死，还有人说他是用小刀割喉自杀。历史学家普遍认为，克莱武这个精神不稳定的暴发户，自从名誉扫地后就一蹶不振了。

一周后，托马斯·潘恩坐船抵达美洲。1775 年 3 月，他出版了一本简明扼要却影响巨大的小册子——《关于罗伯特·克莱武生与死的思考》，书中他抨击了克莱武以及英国东印度公司道德的沦丧。潘恩写道："克莱武勋爵的人生就是一篇关于虚荣的论文，用烫金字体印刷而成，英国大不列颠之剑出钱就可以买到，王公们的头待价而沽，双方都收钱受贿。"[20]正如历史学家丹尼尔·奥尼尔所说："发生在印度的暴行是促使潘恩在《常识》（1776 年）一书中为支持美国独立而发声的根本动力。"[21]

潘恩在 1777 年 10 月出版的《严肃的思考》一书中写道："当我回想起英国在东印度群岛所犯下的可怕暴行，想起数千人是如何死于人为的饥荒，我毫不犹豫地相信：全能主上帝最终会让美国脱离英国的统治。"[22]这是最早预示美国《独立宣言》的出版物之一。

在美国独立战争期间，为推动美国独立事业，潘恩再次举了克莱武的例子。他在 1778 年出版的《危机》一书中写道："在克莱武及其继任者的领导下，英国后期对印度的剥削，与其说是征服，不如说是种族灭绝……为了英国国内的幸福和世界的和平，我希望她没有半寸土地在她自己的岛屿之外。"[23]

美国，一个受制于东印度公司经济霸权的君主制国家殖民地，却独特地有这样一种共识：不被胁迫行贿是一种人权，通过斗争可以合法地拥有这种权利。美国被看做是一张白纸，也应是一个远离贿赂、直接反对贿赂的地方。一个建立在这些原则基础之上的国家，也应该是全球第一个首先明确禁止企业在海外行贿的国家——尽管这需要 200 多年的时间。

1975 年，彼得·克拉克是美国证监会执法部的一名年轻律师。执法部成立于 3 年前，负责调查可能违反联邦证券法的行为。一天早上，部门主管斯坦利·斯波金出现在办公室，他非常恼火。[24]当时正在办公室里的克拉克回忆说，斯波金又高又胖、眼睛深陷，他一边挥动着一张报纸一边问："一家上市公司怎么会有行贿基金？太可恶了！"

此时距水门事件爆发已经过去两年了，尼克松总统辞职也快一年了，但这一丑闻的负面影响依然震撼着华盛顿朝野。一些跨国公司一直都在非法资助国内外的政党，包括美国一些最负盛名的公司——这个秘密被曝光之后，美国证监会主席雷·加勒特称其为"水门事件的后半场，也是目前为止最大的那半场"。[25]

1975 年，爱达荷州的弗兰克·丘奇召集了一个参议院跨国公司小组委员会。用他同事的话说，这个委员会就是要审查"美国公司在海外的商业行为"以及"查清这些行为对美国外交政策的影响"。[26]每晚下班回家，斯波金都要通过电视收看听证会。5 月中旬的一个晚上，他听到了海湾石油公司的董事会主席罗伯特 · 多尔西在委员会的证词。多尔西承认，在 1966 年至 1970 年间，海湾石油公司向韩国民主共和党行贿 400 万美元，这些资金主要用于支持该党在 1971 年的连任竞选。多尔西接着交代了海湾石油公司是如何转移资金的：“虽然每一笔捐款都来自在美国的公司基金，但这些转账都被记录为给巴哈马勘探有限公司的预付款，而在巴哈马勘探有限公司的账簿和会计记录中，这笔款项则被记为费用支出。”[27]（1976 年 1 月，多尔西和其他三名海湾石油公司员工辞职。）[28]

斯波金又惊又喜。他不仅是一名律师，还曾经接受过注册会计师的培训，想更多地了解海湾石油公司的行贿基金是如何运作的。于是，他打电话给自己的一名员工罗伯特 · 瑞安，告诉他：“我想让你去海湾石油公司，看看那里发生了什么，他们是怎么做到的。”[29]海湾石油公司的高管们坦率地向瑞安解释说，他们把钱从海湾公司转到巴哈马公司的银行账户，这笔钱数额很小，小到不会引起美国国税局和外部审计人员的怀疑。最重要的是，他们证实了多尔西的证词，即他们故意将付款记为递延费用，在会计账目中又将其作为支出一笔勾销了。[30]

当时，没有任何法律明确禁止美国公司贿赂外国政府官员，尽管包括《银行保密法》《反诈骗腐败法》以及美国国内税务局刑法相关条款都适用于行贿案件。然而，真正令斯波金感到震惊的是，虽然企业必须保留账簿，但没有一条联邦法律要求上市公司如实地记账。他回忆说："让我觉得不可思议的是，公司可能在世界各地行贿，而股东却不知道自己是如何赚钱的。"[31]

美国证监会对海湾石油公司发出了禁令，理由是：该公司的贿赂行为是本应该向投资者披露的重要信息，没有披露这些信息，就违反了现有的联邦证券法。接着，美国证监会又调查了其他大公司，结果发现许多公司都在遥远的他国注册了子公司，开设了账户，隐藏着数亿美元。[32]大多数情况下，公司会将这些资金提现，将现金直接交给外国官员，或转到他们在瑞士或新加坡的银行账户上。

事实上，对于美国的一些大型公司来说，这只是例行的程序。飞机制造商洛克希德公司通过一家名为"三合"的公司贿赂沙特将军。同时，航空业巨头诺斯洛普公司则通过经济与发展公司贿赂了许多外国官员。[33]第二次世界大战后，跨国公司已然建立起现代贿赂的标准模板。以海湾石油公司为例，这家公司的董事长威廉·K. 怀特福德于1959年成立了巴哈马勘探公司，将它"作为支付非法和可疑款项的渠道"。[34]到了1976年，斯波金和执法部已经对65

家大公司下达了禁令。

随着调查的展开，诺斯洛普公司透露，为获取生意，它在短短两年内向外国代理商支付了 3000 万美元。[35]埃克森公司承认向意大利的政党支付了 4600 万美元，[36]而洛克希德公司则向世界各地的外国代理商和官员支付了 2 亿美元，其中包括日本首相和荷兰的伯恩哈德亲王。[37]正如伊利诺伊州的参议员查尔斯 · 珀西所言："我确信，在贪婪的驱使下，有创造力的人炮制阴谋诡计的速度，远快于我们立法的速度。"[38]

这些发现让华盛顿和华尔街都为之震惊。联合品牌公司是一家做跨国水果生意的公司。1975 年 2 月 3 日上午 8 点，该公司的创始人兼首席执行官伊莱 · M. 布莱克来到了他位于曼哈顿区泛美大厦 44 层的办公室。布莱克建立了联合品牌，其中奇基塔品牌占据了美国进口香蕉总量的近三分之一。美国证监会发现，联合品牌公司已经向外国官员行贿了 250 万美元，其中包括洪都拉斯总统奥斯瓦尔多 · 洛佩兹 · 阿雷利亚诺。[39]布莱克用他的公文包砸碎了面朝公园大道的窗户，手拿着公文包一跃而下，坠楼身亡。

"我们不断找出这些案件，这些公司不会为此争辩，我们会达成和解协议。"斯波金回忆道，"公司不愿为此争辩的原因是，它们不想让其行贿的事实被披露出来。"[40]最终，美国证监会对200多家美国公司进行了海外贿赂的调查。虽然这只代表了美国企业在海外开展的业务中的一小部分，但这份名单包括了《财富》世界500强企业中的117家，这些都是美国最大、最好的公司。“做梦也没想到，我们居然发现了数百万、数千万、数亿的规模。”雷·加勒特当时对《新闻周刊》（*Newsweek*）说，“这种贿赂、以权谋私和腐败的规模之大，我从未想到过。”[41]

斯波金的团队没有资源来调查所有涉案公司。彼得·克拉克解释说：“这个团队是一个特别工作组，就像一个临时组建的棒球队——有10位精干成员。”斯波金与加勒特和其他小组成员讨论了这件事，他们还制订了一项计划。1976年年初，美国证监会执法部发布了一个自愿披露计划——美国证监会规定，如果想要解除禁制令，跨国公司必须同意一些特别条款：必须公开披露任何它们可能已有的行贿行为；自筹经费成立一个独立委员会，对贿赂行为进行全面充分的调查；必须确保采取措施防止此类事件再次发生。[42]这种合作信用体系是一种交易，时至今日，它仍是处理企业海外贿赂事件的基本框架。监督该计划的克拉克指出：“它没有任何承诺，你不能保证从此万事大吉。它并没有明确保证你不会受到民事或刑事指控。”

克拉克补充道：“我认为，面对如此多的信息披露，没有人做好了准备。”[43]当时官方报道的数字在 300 家到 400 家公司之间，但克拉克认为这个数字应该更接近 600 家。这些公司已经承认，它们向海外官员行贿的总金额相当于今天的 10 多亿美元；在许多情况下，高层管理人员是知晓这些款项的。[44]参议员丘奇指出：“从范围和规模来看，与海外商业有关的贿赂代表了一种贿赂模式，相比之下，政治上的贿赂就像是小孩子过家家一样。”[45]可问题是，虽然斯波金的团队找到了确凿证据，证明了惊人的腐败行为，却没有法律依据可以对其提出指控。克拉克解释道：“我们可以证明这些公司的贿赂行为，但不能以贿赂罪起诉它们。”

威斯康星州参议员、参议院银行委员会主席威廉·普罗克米雷曾领导调查洛克希德公司在日本和荷兰涉嫌贿赂的事件，因此他当然知道公司贿赂的存在。但斯波金和美国证监会披露的巨额贿金令他震惊。当时，他在公开讲话中表示：“不幸的是，流血仍在继续。这是我们自由企业制度的耻辱。”[46]

普罗克米雷认为，虽然证监会已经为披露计划竭尽全力，但真正需要的其实是一部明确禁止海外贿赂的法律。现有的法律是不够的，因为它们只涉及支付贿金的手段，而不涉及行贿行为本身。海湾石油公司主席罗伯特·多尔西在一定程度上鼓励了普罗克米雷，因为他告诉参议院小组委员会，对这样一部法律公司也会拍手称快。他说：“这样一部成文法规能让我们更容易抵御不时施加在我们身上的巨大压力。如果能援引法律说我们不能这样做，那么我们将能够更好地抵抗这些压力并拒绝这些要求。”[47]

普罗克米雷让他的员工与斯波金取得联系，并向他询问如何协助团队的工作。斯波金回忆道：“我对他说，好吧，在现有条件下，我们已做得很好了，但我们可以利用一部法律。他说：‘什么样的法律？我一直在想这件事。’我说，我们需要一部法律，要求在美国上市的公司必须保留准确的账簿和记录。”普罗克米雷议员回答说：“光有这一点还不够。”“他想要一个贿赂条款。一家在美国证监会提交申请的上市公司，如果通过贿赂外国官员来获得业务，那它就违法了。”斯波金解释道，“但我对贿赂不感兴趣。我认为证明在海外发生了贿赂行为太困难了。那是普罗克米雷的选择。”

1977 年 12 月，经过一番苦战，普罗克米雷终于获得了他想要的法律：众议院以 349 票对 0 票通过了《反海外腐败法》，参议院也通过了该法，吉米 · 卡特总统于 12 月 19 日将它签署成为法律。

40 多年后的今天，该法的执行已经成为司法部、证监会和联邦调查局的一项重要工作。它是私人律所最大的白领犯罪案件之一。它引起了企业文化的彻底改变和公司内部改革，更不用说对国际法的影响了。它导致了数十亿美元的公司罚款。简而言之，它已经从根本上改变了全球商务活动的内涵以及全球商务活动的意义。

问题是：这部奇怪的法律到底代表了什么？它最初希望实现的是什么？今天的执行有没有辜负它的初衷？

为什么现代社会花了如此长时间才取缔这些行为？在腐败方面，企业在海外的早期活动只不过星星点点，但鉴于东印度公司乐此不疲，许多其他公司也争相效尤，尤其是没有任何法律禁止它们这么做。对此，美国作出了独特的回应：以法律的形式禁止公司向海外官员行贿。彼时正遭逢美国历史上黑暗无比、动荡不安的年代。当时，不仅白宫的腐败被曝光，而且海外腐败还破坏了美国的形象，也破坏了美国希望在世界上实现的目标。要理解造成这一局面的原因，回顾这部法律的审议过程是很有启发性的。

1977 年通过该法之前，国会举行了两年的听证会。无论是在此之前还是之后，美国国会和美国公众从未如此深入、毫不妥协地调查过商业贿赂最惊人的一面：它在海外的毁灭性影响。国会审议的自始至终，参议员、议长和专家证人都在强调贿赂不只是一个商业交易或经济问题。当时来自特拉华州的年轻参议员乔·拜登抓住了其中更重要的意义：“我真的感到非常不安，我担忧的不仅仅是贿赂，而是它如何直接违背我们的外交政策和政府最大利益。”[48]

正如美国证监会和参议院的调查所揭示的细节那样，洛克希德公司不仅向日本官员行贿，还向意大利的民主政党行贿了几千万美元。在这两起事件中，这家公司都推销了自己的军用飞机。当这些贿赂被曝光时，涉事的两国政府都受到了影响，险些下台。据说，日本首相收受了 160 万美元的贿赂，并最终辞职。同时，意大利共产党在 1976 年的选举中赢得了令人瞩目的胜利，原因是和收受洛克希德公司贿赂的民主党派相比，该党没有那么腐败。[49]这件事在日本的影响让纽约议员斯蒂芬·索拉兹得出结论：“我们外交政策的核心关系现在可能已受到损害。”在谈及意大利时，他补充道：“不难想象，这些事件的曝光会最终导致我们在地中海和北约南部的整个外交政策毁于一旦。”[50]

1975 年至 1977 年间举行的听证会开启了另一个维度的讨论：贿赂案件的最大后果由受贿所在地的国家承担。在 1975 年的一次参议院听证会上，参议员丘奇与洛克希德公司的国际营销经理威廉·考登交流。丘奇指出，洛克希德公司的 C-130 飞机并没有直接竞争对手，但该公司为了售出这款飞机，却向印度尼西亚的政府官员行贿。他问道：“为什么在这种飞机没有竞争对手的情况下，你们却还是要支付佣金、回扣或贿赂?”考登回答说：“因为我们的竞争对手往往不一定是同类型的产品（即另一种飞机），而可能是与其他类型的产品争夺销售额。”这就相当于承认了一个事实：公司贿赂印度尼西亚的官员，并让他们购买了甚至可能并不需要的军事装备，而这笔钱他们本可以花在别的地方，比如学校。“这是一个不同寻常的论点，”丘奇回应道，“如果你把销售建立在向政府官员行贿的基础上，并让他们变得富有，那么你就能迫使他们进行军事采购，即使采购其他东西可能对他们自己和他们的人民更有利。”他总结道：“贿赂越多，公司的利润就越大，贫穷国家中就会有更多的资源被分去购买这类东西。”[51]

国会审查的这些案件揭露了贿赂对海外政治发展甚至是历史进程的深远影响。例如，在海湾石油公司贿赂了韩国民主共和党之后，它只赢得了51%的选票。艾奥瓦州的参议员迪克·克拉克问罗伯特·多尔西：“在我看来，你的贡献可能已经带来了改变。你认为是这样吗?”多尔西回答说：“从统计学上来说，我得承认你是对的。”[52]众议员约翰·E. 莫斯随后提出了建议：“公众的期待当然不是在联合品牌公司或洛克希德公司的会议室里制定外交政策。”[53]

参议员珀西的观察敏锐而清晰，在审议过程中被称做美国的良知之声。他告诫道：“在这个世界里，我们实现目标的手段决定我们未来生活的世界形态。”[54]

因此，《反海外腐败法》的通过，旨在回应贿赂对美国外交政策和国家安全的影响，以及对外国民主和经济发展的影响。它所强调的商业交易的透明度和维护自由市场，并不是其终极目标。弗吉尼亚大学法学助理教授安德鲁·斯伯丁写道：“起初，国会把它当做在发展中国家推广民主价值观的工具。”[55]当时冷战正酣，法律起草者们担心贿赂会像在意大利那样，被反对党所利用。惩处企业回扣是一个重要的政策导向，因为如果不做点什么去解决这些问题，“哪天这个国家及其主要盟友一觉醒来，就会发现稳定的民主政府的基础已经被回扣侵蚀殆尽”，参议员丘奇说。[56]

斯伯丁描述了这一法律成果是多么的空前：这部法律不仅将贿赂官员定为犯罪（很多现行法律也这样规定），更重要的是它还禁止贿赂另一个国家的官员。这种延伸司法管辖权的主张，就打击贿赂而言，是从未有过的尝试。有了这部法律，美国公司和外国公司在美国境外共同犯下的罪行就能受到有效惩罚，即使这个罪行的最终受害者是外国公民。斯伯丁写道：“国会颁布了一项法规，为保护外国公民免受贿赂的伤害，美国纳税人为他们埋单。”[57]

约翰·T. 努南在他资料翔实的著作《贿赂：道德观念的思想史》中写道：“这是世界历史上首次将一项贿赂相关

措施纳入法律，这部法律对所有受它约束的人而言是普遍适用的。[58]历史上第一次，一个国家将对另一个国家官员贿赂的行为定为犯罪。”努南的观点是，在超过三百年的时间里，企业贿赂一直是一种不可避免的全球性罪恶。

《反海外腐败法》由两部分组成，看似是一部简单的法律。第一部分的制定要归功于斯坦利·斯波金，这部分要求所有在美国证券交易所交易的公司都必须保持准确的账簿和记录，并实施一套内部会计控制系统。换言之，它解决了如何防止通过伪造的财务账目来藏匿贿赂的问题。这部法律不仅适用于美国公司或总部设在美国的公司，还适用于在美国证券交易所发行股票的所有外国上市公司。美国有效地赋予了自己监督外国公司的权力，尽管这些实体公司的母国并没有将贿赂视为非法，甚至有时候还暗中鼓励这样做。（直到 21 世纪初，公司贿赂在德国实际上还是可以抵扣税款的。）这些“治外法权”的条款赋予了该法一种有争议的权力，这些权力后来被重新解释，并产生了戏剧性的效果。总部设在美国的私营公司（并未上市）也受这项法律的管制。

其第二部分的制定，要归功于威廉·蒲克斯迈尔，这部分将向外国官员行贿的行为定为刑事犯罪。该法律规定，一家公司即便没有向外国官员支付款项，也有可能触犯法律——承诺行贿或给予“任何有价值的东西”，都是违法行为。该法令还确保了公司实体无法通过金融欺诈来逃避罪责，例如海湾石油公司、洛克希德公司和其他利用中间人、代理商或隐藏的子公司来进行贿赂的公司。法律明确规定，公司要对其子公司及其代理商的贿赂负责。

蒲克斯迈尔必须为这一法律条文而斗争，因为他在参议院的许多同事认为，将贿赂定为犯罪没必要而且也不可能。一些人认为，要求公司披露自身的贿赂行为就足够了——他们指望跨国公司自己监督自己，提交自己犯罪的证据，并进行必要的改变。蒲克斯迈尔说：“当然，国外贿赂问题是微妙而复杂的，但经过一年多的调查后，我们应该承认，针对贿赂这样简单又离谱的行为，亡羊补牢时机已经来了。”[59]

然而，尽管这部法律的正式批准影响深远，但它后续的执行历史却非常令人失望。在国会听证会上，参议员蒲克斯迈尔和其他议员明确表示，他们希望由美国证监会负责执行所有新的反贿赂法。这是个符合实际的决策，因为证监会拥有长期证券监管的经验，且水门事件后调查了公司贿赂，再加上国会和公众当时对美国司法部有着深深的怀疑。“哪怕吸取水门事件的一丁点儿教训，我们都会知道司法部并不是一个可以永远信赖的部门，尤其是当有影响力的公司高层参与其中时。”蒲克斯迈尔说，“起诉恶棍司法部人员很在行，但起诉白领犯罪他们却没有什么经验。”[60]

问题是，美国证监会不想要这份工作。1976年，证监会主席罗德里克·M. 希尔斯在国会作证时说：“哪怕是民事禁令的执行，他们也不想参与。”[61]辛辛那提大学法学院的法学教授芭芭拉·布莱克指出：“证监会认识到，如果它执行反海外贿赂的法律，那么根据事实，必定会牵涉美国外交政策和国家利益的问题——其中的专业知识会远远超出它‘保护投资者，维护公平、有序、高效的市场，并促进投资’的职责范围。”[62]

最后，解决方案是分工负责：大致来说，美国证监会的任务是执行《反海外腐败法》中的账簿与记录条款，并在必要时提起民事诉讼；而司法部的任务则是执行反贿赂刑事禁令，并在必要时提起刑事诉讼。事实上，无论是从资源配备还是业务能力的角度来看，这两个实体都没有做好充分的准备去起诉那些大公司。这也许并不让人意外：在1977年至2005年间，司法部只受理了67起相关案件——平均每年不足3起。[63]

到了1999年，世界上一些主要的工业化国家效仿美国，终于联合起来取缔商业贿赂。这是通过经济合作与发展组织实现的。它是一个政府间的经济组织，成立于1961

年，旨在协助管理重建欧洲的马歇尔计划。它的成员国有35个国家，包括美国、德国、加拿大和日本——这些成员国总共占据了70%的世界出口和90%的外国直接投资。在美国禁止贿赂之后的很长时间里，许多国家继续对之视而不见，但经过10年的紧张谈判，每个国家都承诺改革各自的法律来禁止商业贿赂，并赋予了它们的执法机构在调查国际腐败时进行合作的权力，包括共享证据。该协定被称为《禁止在国际商业交易中贿赂外国公职人员公约》。

《经合组织公约》是美国在政治和经济上的一次胜利，美国一直在游说其主要贸易伙伴实施这项法律。彼得·克拉克说："我们把所有的鸡蛋都放在经合组织的篮子里，随着时间的推移，这一行动取得了成效，美国如愿以偿。"他曾无数次前往经合组织位于巴黎的总部。

讽刺的是，当工业化国家承诺禁止贿赂时，《反海外腐败法》保护民主政治和海外公民的主要初衷却崩溃了。斯伯丁写道："随着苏联的解体……反贿赂法的外交政策含义逐渐湮没无闻。"[64]1998年，美国国会举行了关于该法的听证会，以修改相关法规使之更好地适应《经合组织公约》的要求，但是，贿赂的影响几乎没有被提及。相反，这些措辞被重新组织，聚焦于其他国家如何利用海外贿赂削弱美国的竞争力。

被视为受害者的，不再是贫穷的海外公民，也不再是民主政治，而是美国企业本身。20 世纪 90 年代从始至终，在支持出口的克林顿政府领导下，企业贿赂实际上已成为一个贸易和商业问题，而不是一个外交政策问题，而《反海外腐败法》则成了保护美国公司的工具。时任美国商务部总法律顾问安德鲁·平卡斯告诉国会，据估计，美国企业已经输掉了价值 300 亿美元的国际合同，因为它们的外国竞争对手仍然可以行贿。[65]“打造公平竞争环境”的新思路，意味着要运用该法来监督市场体系。由于该法的精神与美国司法部的实际执行之间的脱节，政策误入歧途。

与此同时，企业干脆无视新法律，一边逃避执法，一边口头叫嚷要支持严格的会计控制和实施反贿赂措施。在联合国的严密监督下，它们成功地贿赂了地球上最危险的独裁者之一，尽管当时针对这个国家的制裁，是历史上最全面的、看似最有效的。这是一记警钟，它揭示了三个问题：第一，尽管有相关法律，腐败仍然猖獗；第二，仅仅一部书面上的法律，其威慑力是不够的；第三，贿赂仍然是一个关键的外交政策问题。

第二章　钱箱满地

上士肯尼斯·布夫和一级士官丹尼尔·范·埃斯深吸一口气，穿过一幢小楼的漆黑门槛，小楼的正面巧妙地隐藏在一片树林后。那是2003年4月18日，他们所在的美国陆军第三机械化步兵师，刚以迅捷目眩的闪电战方式占领了巴格达。这些士兵在萨达姆·侯赛因的一座旧官邸中扎营，这座官邸位于巴格达近郊，有几十幢豪华小别墅。

自3月19日美军发动入侵后，美国政府的整个国防和情报机构一直在搜寻传闻中萨达姆的大规模杀伤性武器，它们相信这些武器可能藏在某个地方。因此，布夫和范·埃斯非常谨慎。那天早晨散步时，他们偶然发现了一幢样子古怪的小别墅，前门和窗户都用混凝土煤渣块封住了。

看起来不太对劲，布夫想。他回忆说：“有一块木块伸出窗外，我在这个木块后面用撬棍一撬，它就倒了。”[1] 光线涌进昏暗的空间，倾洒在地板上的一堆物体上。待眼睛适应光线后，他们看到那是几十个小盒子，整齐地排列在地上，一直延伸到黑暗深处。

“我们得进去。”布夫寻思着。他们打破了前面的混凝土护栏，然后踢开通往内部房间的木门。里面没有他们所担心的爆炸，也没有毒气，只有一片寂静。当他们走近几步时，才发现那些箱子是用镀锌铝做的，而且用铆钉固定好了。布夫说：“我们非常小心地打开盒子。我们不知道里面装的是什么。”2006 年他从军队退役，如今在一家核电站担任安全员。

两人并没有从箱子里发现大规模杀伤性武器，但他们发现的东西同样令人忧心忡忡。这一发现很快就会与联合国的耻辱联系起来，它与数千名美国和联军士兵的死亡有关，与美国、伊拉克和国际社会仍在努力应对的众多破坏性后果有关。

布夫撬开其中一个盒子，放到光线下一看，里面码放的是一叠叠崭新的百元美钞，每一捆都用蓝色带子扎好。他快速地数了数钱：一个盒子就装了 400 万美元。他和范·埃斯震惊不已，数了数箱子，算出屋子里有 1.6 亿美元的现金。在布夫和范·埃斯的指引下，第三步兵师的人开始进入其他几幢小别墅。一天下来，他们发现了 7.6 亿美元——这是美国军事史上缴获的最大规模的敌方战利品。[2]

十年来，联合国强制实施了一项惩罚性贸易制裁制度，使得萨达姆缺乏外汇储备。但第三步兵师却发现了如此庞大的隐藏资金，以至于不得不征用一架通常用来运送坦克的 C-130 大力神飞机，将其空运到一个安全的地点。布夫说："我们后来得知，在距离美军入侵两天前，萨达姆从约旦银行提取了 10 亿美元的现金。"这位伊拉克领导人是如何在有史以来最严格的制裁计划下，聚敛了至少 10 亿美元的秘密现金的？

2001 年 1 月，奥斯卡·S. 怀亚特登上公司的私人飞机，开始海外旅行。怀亚特秃顶，身材圆胖，是休斯敦学会的骨干，也是一位白手起家的石油巨富，经常乘坐喷气式飞机往返于他奢华的住所和乡村俱乐部之间。但这次他正前往巴格达国际机场。怀亚特的财富大部分都来自萨达姆的石油：在整个 20 世纪 70 年代，他的海岸公司几乎 75%的石油都从伊拉克进口——相当于每天 25 万桶——这让该公司成为萨达姆最好的客户之一。[3]1990 年萨达姆入侵科威特后，联合国实施的制裁断了怀亚特的财路。但到了 1996 年，根据“石油换食品计划”，联合国允许萨达姆恢复石油销售，自那以后，海岸公司在伊拉克的贸易一直生意兴隆。

怀亚特此次前往巴格达，是要去参加在伊拉克国家石油营销组织总部举行的会议，国家石油营销组织是一个在“石油换食品计划”中发挥了关键作用的部门。根据该计划的条款，国家石油营销组织可以在国际市场上向获得批准的买家出售规定数量的石油，例如怀亚特这种买家。但怀亚特和其他客户并不能直接向伊拉克支付购买石油的钱，而是被要求将钱存入纽约一个由联合国管理的托管账户。联合国用这些资金为伊拉克人民购买食品、药品和基础设施供给。这种安排有双重目的：一是减轻惩罚性制裁对伊拉克人民的影响，二是防止萨达姆直接得到这些资金。

联合国实际上已经授予了萨达姆最重要的权力，让他可以选择哪些公司和个人能得到他的石油。事实上，调查人员后来了解到，萨达姆有一份记载着他认可的客户的秘密名单，而奥斯卡·怀亚特的名字总是在名单的最上方。自从“石油换食品计划”开始实施以来，怀亚特已经通过正式协议购买了数亿美元的石油。

一如既往，怀亚特住在巴格达当时奢华的中心酒店“拉希德”。这家酒店出名是因为后来记者在这里报道美国对伊拉克的入侵和占领。从酒店到国家石油营销组织总部车程4英里。他走的这条路线途经伊拉克议会，穿越摇摇欲坠的建筑物与遍布废墟的街景——这都是美国的制裁所致。

虽然怀亚特和当时的美国总统乔治·W. 布什一样都是得克萨斯州的石油商，但他强烈反对政府的制裁计划。伊拉克拥有世界第二大石油储备，并且怀亚特相信，实际上掠夺世界石油资源毫无经济意义，因此他蔑视布什政府，并与萨达姆保持联系。怀亚特曾告诉一名记者："制裁解除后，必须有人与这些大型石油生产商保持联系。"[4]

国家石油营销组织的总部是一座宏伟的苏联式建筑，怀亚特抵达时，官员们热情迎接，并把他带到了大楼的中央会议室。国家石油营销组织是一个活跃繁忙的场所，它一直是萨达姆石油工业的中心，但这次拜访，怀亚特觉得那里似乎比往常更有活力了。正如怀亚特亲眼所见，这是萨达姆亲自发起的一项大规模秘密商业贿赂计划的总部。

怀亚特第一次知道这个机构是在一年前，那时伊拉克官员通知海岸公司的代表，说他们正在建立一种新的经营方式：每一家想购买伊拉克石油的外国公司现在都必须付一笔"附加费"，每桶石油要付10至50美分。伊拉克人坚持认为，这笔费用是有必要的，因为他们要用它来支付联合国拒绝报销的行政管理费用。所附的一项重要规定是：

附加费不能支付给纽约的联合国代管账户，而必须支付给伊拉克控制的一个单独的银行账户，这个账户设在黎巴嫩或约旦。对任何熟悉“石油换食品计划”的人来说，这样做的目的显而易见：尽管联合国可能控制着伊拉克大部分的石油收入，但萨达姆现在要求通过贿赂获得这些收入。奥斯卡·怀亚特的儿子史蒂夫曾以石油顾问的身份多次访问过伊拉克，他记得他被告知过关于附加费的事。“我和国家石油营销组织开了个会。他们说，史蒂夫，现在我们要改变政策了。我说，什么？他们说，要变成将钱直接转入约旦的一个银行账户中。我知道那是违反政策的。于是我说，哇，不了，谢谢。我便鞠躬而退。”[5]

然而，史蒂夫的父亲并没有退出。《得克萨斯月刊》曾称这位老怀亚特“比垃圾场的狗还卑鄙”，他不是那种在挑战面前退缩的人。由于他最重要的石油来源危在旦夕，他便亲自来到了国家石油营销组织。[6]他绝不会叫下属去解决这个问题。那天接待老怀亚特的是伊拉克石油部长阿米尔·拉希德，后来他闻名世界，因为他被美国列为萨达姆政府头号通缉犯，在美军的“扑克牌通缉令”上代号为“黑桃 6”[7]（他的妻子是一名生化武器专家，人称“细菌博士”）。[8]然而，那天，他是老怀亚特一项大胆计划的热心合伙人，该计划会将西方公司的数亿美元直接揽入伊拉克统治者的口袋里。

老怀亚特着陆后不久，雷汉·穆里克博士坐在联合国驻巴格达跨部门观察组的电脑前，苦苦思考着一个令人恼火的问题。

穆里克博士的原籍是巴基斯坦的拉合尔，1999 年他在艾奥瓦州立大学获得了社会学和统计学的博士学位。他非常喜欢埃姆斯城，所以他在获得学位后留了下来，在农业部做着一份勘测员的工作。他白天考察农村的小农场，晚上回到家中，与妻子和小女儿住在一套舒适的公寓里，过着单调而又愉快的生活。

2000 年夏天，穆里克接到了一个改变他一生的电话：一位大学的朋友问他是否有兴趣在联合国一个名为“石油换食品计划”的项目中担任数据库分析师。十年严厉的制裁留给伊拉克人民的只有贫困，联合国希望策划一个历史上最大规模的人道主义行动，打算投入 1000 亿美元。穆里克有机会成为这个项目中的一员，他能够帮助监控流入伊拉克的货物。穆里克说：“去伊拉克，为联合国工作，对于一个刚刚完成学业的人来说，是一个非常让人激动的主意。”[9] 他接受了这份工作。

2000 年 9 月，这位年轻的博士登上了一架飞往约旦首都安曼的飞机，从那里驱车 500 英里经由陆路前往伊拉克。

一路上，他可以看到制裁的影响无处不在：约旦的道路是新铺的，而进入伊拉克境内后，到处都是残破而布满车辙印的路；商店里的药品和食品极度匮乏；房屋里的电和自来水严重短缺。[10]从孩子们的眼睛里也可看出这一点，他们在街道上游荡，想要寻找食物。儿童死亡率剧增。据一项估计，每个月有近 5000 名伊拉克儿童死亡。[11]

当穆里克同意去联合国工作时，他希望好好利用自己的技能，赚一些钱，然后离开伊拉克。但是，当他走进巴格达的办公室后，他开始感到疑惑：所有进入伊拉克的援助到底发生了什么？在攻读社会学博士学位时，他已经习惯通过绘制图表来描述复杂的数字运算，因此他着手绘制了一个图表，用来描述货物运进和援助分发给民众的情况。他对自己绘制出来的结果看得越多，就越觉得不对劲：多达 10 亿美元的援助资金就这样直接消失了。“我开始意识到这个项目有问题。整个项目都是谎言。”他说。

查尔斯 · A. 杜尔弗和他的团队进入了美军基地克罗珀营的拘留区，它位于巴格达郊外，有时也被称为中央拘留所。营地嘈杂而混乱，巴格达国际机场就在附近，飞机起飞时持续的呼啸声震得空气砰砰作响，同时，数百名囚犯被带到这里来时又尖叫又挣扎。

杜尔弗的团队来到了营地中一个较安静的地方，美国人在那里关押着最有价值的囚犯，包括萨达姆·侯赛因本人——这片区域被营地的居民称为“爱宠动物园”。[12]他们进入一排低矮的建筑物，走进了伊拉克前贸易部长穆罕穆德·马赫迪·阿尔·萨利赫的牢房——他在美军“扑克牌通缉令”上代号“红心 6”。

到现在，距布夫和范·埃斯发现萨达姆隐藏的美钞已经过去 10 个月了。伊拉克和华盛顿开始调查这笔钱的来源，以及它们是如何被用来资助萨达姆的大规模杀伤性武器的。由于大部分萨达姆核心集团成员都已被关押，中央情报局的首席武器核查员杜尔弗决定让这些囚犯揭露萨达姆政权是如何资助武器计划的。

杜尔弗回忆道：“我知道，从某种程度上来说，去那儿是要获取一些数据，并且看看他们如何利用手里的资源，这能让我们了解这个政权的意图，尤其是关于大规模杀伤性武器的意图。”[13]但当他发现这些数字时，他意识到事情与他预期的大不相同。

起初，萨利赫拒不配合，但最终还是开口了，尽管他提到的不是生物制剂或核部件。他谈到了卡车——是他的部门通过“石油换食品计划”合法获得的卡车。接着，在明显违反了该计划的情况下，他将卡车移交给了国防部和伊拉克的情报部门。

显然，这并不是杜尔弗想要找的情报，但也是非常重要的信息。许多其他被拘留者也证实了萨利赫的说法。一名高级贸易官员不仅证实了这一点，还告诉杜尔弗：自2000年8月起，根据萨达姆的明确命令，伊拉克贸易部开始从每家通过联合国与伊拉克做生意的公司手中收取10%的贿赂。

不久后，杜尔弗找到了证实回扣计划的证据。那年8月，在萨达姆的指令下，伊拉克副总统塔哈·亚辛·拉马丹亲自向伊拉克各部门发了一份备忘录。这份备忘录概述了“商业活动的额外收入”，命令各部门向代表联合国提供人道主义援助的供应商强制收取回扣。这些供应商数以千计，其中包括强生、沃尔沃和戴姆勒-克莱斯勒等公司。这份文件引人注目的一点在于，它是如此明目张胆又厚颜无耻地描述了付给萨达姆作为贿赂的合同比例：“食品和药品2%到5%……除了食物和药物以外的东西5%到10%。”[14]它还明确表示，与萨达姆做生意的供应商应该十分清楚他收取回扣的要求。成百上千家公司选择了支付这笔费用。杜尔弗的团队还了解到，在同一时期，萨达姆对他出售的每一桶石油都收取了回扣。

“我惊讶于其复杂程度，以及他们创造的不同收入来源。”杜尔弗团队的领导人之一史蒂文·齐德克回忆说。[15]

在 1996 年到 2003 年间，伊拉克向世界市场出售了合计价值为 640 亿美元的石油，并用其中 360 亿美元购买了援助物资。通过贿赂，这位伊拉克独裁者不仅收获了数十亿美元的现金，而且还窃取了价值数亿美元的援助。

实际上，这个错综复杂的盗窃系统可能是这样运作的：一方面，在某一年内，海岸公司可能以 2.5 亿美元的价格购买 1000 万桶石油，并将款项存入了联合国在纽约的托管账户。但另一方面，伊拉克官员还要求海岸公司将额外的 500 万美元回扣——以每桶 50 美分计算——存入萨达姆控制的一个独立的隐蔽账户中。类似的情况是，沃尔沃可能向伊拉克贸易部出售了价值 2.5 亿美元的汽车，据称这些车是用来向伊拉克人民分发食品的，这笔钱会从联合国在纽约的托管账户中支付。但再一次，10%的费用或是 250 万美元被汇入萨达姆控制的一个单独的银行账户。萨达姆除了能收到金钱回扣，还可以为他的军队窃取汽车。

美国中央情报局局长乔治・特尼特曾指示杜尔弗找出传闻中萨达姆的武器计划的“真相”。[16]在一次又一次的审问中，被拘留者坚持声称，萨达姆从未拥有过那些武器，并且这一事实越来越得到实地考察组的证实了。虽然公司贿赂原本并不是杜尔弗要调查的内容，但他还是决定顺着这条资金链继续追查。

当杜尔弗离开伊拉克时，他的 1400 名伊拉克调查组成员已经完成了美国政府对萨达姆政权最详尽彻底的一次调查。这次调查发现，伊拉克迫在眉睫的最大危险并不是大规模杀伤性武器，而是另一个事实——萨达姆利用世界上最大的企业贿赂方案，聚敛了数十亿美元，他已成功地秘密重建了他的军事和情报部门——这一切为日后一场毁灭性的战后叛乱奠定了基础。

世界历史上最大的一次人道主义行动最终因为一个简单但明显的设计缺陷走向失败：萨达姆·侯赛因控制了所有的承包商——既包括向伊拉克购买石油的买家，也包括向伊拉克提供人道主义物资的卖家。“这意味着人们和公司必须为获得萨达姆的认可而竞争，使得整个系统只对行贿的人开放。”维克多·科拉瓦斯说，21 世纪初他曾在美国国务院负责对伊拉克的制裁。[17]这个设计缺陷不仅使萨达姆能够更加偏袒某些公司和国家，而且也能使某些个人受益。

查尔斯·杜尔弗从缴获的文件中获得了萨达姆的石油受益人的秘密名单。购买伊拉克石油的有三家美国大公司：雪佛龙、埃克森美孚和埃尔帕索公司。但是比这些公司更常见的是一个不断出现的名字：奥斯卡·S. 怀亚特。联合国的“石油换食品计划”分为 6 个月进行，在此期间，萨达姆被允许出售石油。在全部的 13 个阶段中，怀亚特都得到了最大的个人购油特权，总计 7400 万桶。事实上，第一艘在“石油换食品计划”下离开伊拉克的油轮就是怀亚特的。严格来说，怀亚特从伊拉克购买石油并不算违法。然而，正如杜尔弗手中的伊拉克石油部文件所披露的那样，怀亚特为了获得这笔交易向萨达姆行贿 700 万美元，这种贿赂行为是非法的。[18]

怀亚特能获得如此多的石油特许权其实并不让人惊讶，毕竟他长期以来与伊拉克政权关系密切，但令人震惊的是，整个“石油换食品计划”的负责人贝农·塞万也出现在这份秘密名单上。

塞万是塞浦路斯公民，1997 年被联合国秘书长科菲·安南精心挑选出来领导“石油换食品计划”。塞万于 1968 年进入联合国，并在联合国度过了职业生涯的大部分时间，在世界上最危险的一些地方协助执行任务，包括索马里、伊朗和阿富汗。[19]年近 70 岁的他被认为是联合国效率和正直的典范。

然而，1996 年后的某个时刻，萨达姆将塞万列入了他的秘密石油名单。塞万将亲自向伊拉克石油部推荐哪些公司应被允许购买其石油配额，然后这些公司的名字会被列入石油部的文档，并用括号标注塞万的名字。在调查过程中，杜尔弗发现，副总统拉马丹只要看到一家公司得到了塞万的批准，就会自动发出命令，让这家公司得到石油特许权。伊拉克的记录最终显示，与塞万有联系的公司购买了 729.1 万桶石油，并通过出售这些石油得到了 150 万美元的利润。

“塞万一开始是一个正直的人，他想让这个体系运转起来，但他却看到这个体系在他周围分崩离析。看到每个人都在赚钱，于是他就想：该死的，为什么我就不能这样呢?”维克多·科拉瓦斯说。[20]

当塞万正忙着做交易的时候，数据分析师雷汉·穆里克的调查却迎来了越来越让人不安的转折，因为他发现，萨达姆的情报人员及阿拉伯复兴社会党（以下简称“复兴党”）的效忠者已经渗透进了“石油换食品计划”的核心。这其中有他办公室的工作人员，这些人就在他身边：萨达姆外交部副部长的女婿、一位前大使的儿子、一名退休情报官员的儿子、其他复兴党成员的亲属，还有一位高官的女儿。他们都有权查看对政府仓库进行突击检查的敏感清单，这意味着他们可以向其复兴党盟友通风报信，提醒他们在检查员到达之前隐藏非法购买的货物，或者确保检查时赃物还在手里，但之后很快被偷走了。

穆里克已经能看到物资正在消失，不仅是几支铅笔和几瓶布洛芬止痛药，还有发电机、电池、汽车配件，最令人担忧的是，还有小汽车、皮卡车和越野车——有数千辆。通过伊拉克在联合国的联系人和消息来源，穆里克能追踪到车辆被转移到了哪里：这些车辆被储存起来，并移交给了萨达姆的军队和他那被称为“秘密警察”的情报机构，以及复兴党的效忠者。一些型号的皮卡车本来是卖给伊拉克运送食物的，却被设计得既可以用来拉火炮，也可以用来安装重炮。伊拉克军方在国际社会的眼皮底下，利用从“石油换食品计划”中获取的资源，重建其军事后勤体系——而这正是该计划本来要防止的事。

穆里克坐立不安，考虑良久，在对个人职业生涯、联合国和伊拉克人民再三权衡后，穆里克将他的发现写成了一份报告，并等待答复。但是没有任何回复。穆里克描述道：“当时我只是个无名小卒，手里拿着一堆数字，喊着有人犯规了。”后来，他突然发现自己的工作职责开始改变。他被调离了数据库分析的岗位，被指派去做与他的实际工作无关的报告编辑，或是在会议上操作投影仪。

2002 年，一名年轻的伊拉克士兵在联合国驻地附近自杀，这名士兵多年来一直守卫着穆里克和他的团队。这对穆里克来说是一个毁灭性的信号，意味着他一直效力的项目是一个彻头彻尾的失败，该项目号称一直在提供人道主义救济，可这名伊拉克士兵的生活却并没有得到改善。“这真的很让人心痛。你不能替整件事辩护。你正在从奄奄一息的饥民那里偷东西。”穆里克说。他已经受够了。他秘密地打包了一个装满联合国文件的袋子，买了一张离开巴格达的机票，前往联合国在纽约的总部。

2004 年 10 月，杜尔弗发表一份 918 页的报告，掀起了一场政治旋风。美国司法部、财政部和六个国会委员会，在杜尔弗发现的大量线索的基础上，展开了一系列前所未有的调查。由于其最高官员的声誉成了众矢之的，联合国指派了一个由美联储前主席保罗・沃尔克领导的委员会。当伊拉克的叛乱全面爆发时，人们会对美国和西方贿赂在煽动暴行中所扮演的角色提出更广泛的质疑。但就目前而言，各种调查都集中在两个人身上：贝农・塞万和奥斯卡・怀亚特。

在沃尔克委员会的配合下，调查人员最终发现，塞万从非洲中东石油公司那里收到了 16 万美元的现金。[21] 塞万从萨达姆那里获得石油配额，非洲中东石油公司出售这批石油后，再给塞万支付好处费。沃尔克委员会发现，塞万也允许其他人从中获利。关于回扣的报道曾多次引起了他的注意，2000 年的一则报道非常具体，具体到包含了几家公司的名字和银行账户，但塞万并没有采取任何后续行动，相反，他在向联合国安理会提交的定期报告中丝毫未提到回扣传闻。

2005年7月初，塞万在接受调查期间逃离美国，前往塞浦路斯。一个月后，沃尔克委员会正式以贿赂罪指控他，并剥夺了他的外交豁免权，使他面临刑事诉讼。

沃尔克报告还透露，塞万并不是唯一失职的人。许多联合国高级官员，不仅没有制止贿赂和腐败，甚至在得到确切消息时，他们还对腐败的具体情况三缄其口。众议员爱德华·罗伊斯后来评论说："这种隐瞒不报是一个可以与'石油换食品计划'相媲美的丑闻。"[22]

当"石油换食品计划"听证会开始时，雷汉·穆里克成为关键证人，提供了一些确凿的证词。2005年3月17日，穆里克说，他几次试图与联合国就腐败问题取得联系，但都杳无音信。2002年10月1日，他设法在纽约联合国总部安排了一次高级官员的会议，在联合国内部监督事务办公室举行。会上，他描述了自己在过去两年工作中注意到的巨大差异，这些情况他已多次作书面报告。穆里克相信这些官员们会跟进他的发现，但再一次，他们没有再联系他。穆里克最终还是收到了联合国的回信，他被开除了！

失业后，穆里克为养家糊口苦苦挣扎了多年，他希望公众的怒火能让他的老东家进行彻底的改革。他对一位国会委员表示："过去在老旧的'黑手党式'的管理下，好心的员工会被羞辱，最后要么与他们同流合污，要么被开除。因此，联合国必须向更加公开、透明和民主的管理风格转变。如此，像我这样的普通人才能在联合国踏踏实实地工作。”[23]

“回顾过去，我一直认为我做了正确的事。”穆里克回忆道，“如果留在联合国，我现在已经是一名高级官员了。但你不会想通过践踏饥民来加官晋爵的。我很高兴我离开了。”

“石油换食品计划”的惨败不仅损坏了联合国的声誉，还将西方企业规模空前的贪婪行为曝光于世。有组织称：贿赂是“石油换食品计划”的核心，这是“我们这个时代最大的腐败丑闻，牵涉数千家公司”。[24]

2005 年 10 月 21 日，联邦特工包围了怀亚特位于休斯敦的豪宅，拘留了这位 81 岁的亿万富翁。第二天，纽约一家联邦法院以电信欺诈罪起诉了他，指控他利用美国银行以转账的方式向伊拉克政府行贿。怀亚特将在接下来的两年时间里与这些指控作斗争，这也是联合国丑闻中唯一进入审判的案子。

奥斯卡・怀亚特的儿子史蒂夫表示，把他的父亲单独挑出来起诉是不公平的。“并不是只有我父亲一个人做了这件事，但他是唯一一个被起诉的人。”根据杜尔弗、沃尔克和其他人提供的数据统计，共有来自 66 个国家的 2253 家公司向萨达姆·侯赛因支付了合计 17 亿美元的回扣。这占了“石油换食品计划”中所有签约公司的一半。[25]尽管美国企业只占总额的一小部分——大概是 3500 万美元——但其中一些企业是位居《财富》世界 500 强之列的公司，包括强生、通用电气和雪佛龙。

杜尔弗、沃尔克委员会以及美国司法部和美国证券交易委员会的证据显示，与萨达姆有业务往来的公司应该知道自己在行贿。伊拉克方面明确表示，如果一家公司想要获得一份合同，它必须首先抬高合同价格——为了能容纳额外的贿赂金额——然后必须将资金存入一个秘密账户。国会听证会提供了一个清晰的案例，关于一家名为伟尔集团的位于苏格兰的大型上市工程公司。美国参议院常设调查小组委员会的律师格罗夫斯在参议院听证会上说：“（伟尔集团）本可以拒绝抬高合同价格，它可以拒绝向伊拉克政府支付回扣。它还可以决定去别处做生意。但不幸的是，伟尔集团同意了遵守伊拉克的新要求。在‘石油换食品计划’的其余部分，伟尔集团将其 15 份合同中每一份的价格都抬高了 11%到 14%，并以科尔辛金融有限公司的名义将抬高的金额存入日内瓦的一个银行账户。科尔辛金融有限公司除了那个银行账户的持有人外，似乎没有其他的身份了。”[26]

史蒂夫·怀亚特声称，他父亲知道向侯赛因政权行贿是违法的，但他这样做是为了在一个以贿赂为常态的市场中保持竞争力。“就像类固醇一样广泛存在：每个人都在这样做。如果你不这样做，你就会被别人甩在身后。当时的想法是：如果埃克森美孚和雪佛龙都在这么做，我们为什么不能？这太普遍了。”

明尼苏达州共和党参议员诺姆·科尔曼在得知伊拉克贿赂的范围后问道：“难道没有人抱怨他们必须支付回扣这件事吗？我的意思是，在公司里，一定会有恪守商业道德的员工站出来说：嘿，这不是正确的做法。有任何人提出警告了吗？”史蒂文·格罗夫斯回答说：“对支付回扣这个事，我们还没有发现任何一起投诉，主要是因为它们似乎不常被拒绝。”

美国公司向伊拉克官员行贿，不仅是为了讨好萨达姆，也是为了阻止它们的竞争对手赢得合同。腐败还导致成千上万质量不合格的产品涌入伊拉克，这些产品要么是有缺陷的，要么是过期了的。格罗夫斯作证时说：“你必须知道，合同中每支付给萨达姆1美元的回扣，就会少1美元用来为伊拉克人民购买人道主义物资、食品、药品或其他东西。”[27]

正如杜尔弗后来在国会作证时所说，到目前为止，最具破坏性的后果，是萨达姆能重新获得原本的制裁试图阻止他得到的东西：数十亿美元的硬通货，民众对其政权的普遍支持，尤其是他在世界各地的影响力。

1996 年以前，伊拉克经济状况一片混乱，萨达姆也在为生存而战。但黑钱就像水龙头里的水一样，源源不断地为他的政权和资源殆尽的军队注入经费。杜尔弗发现，仅萨达姆的国防部就设法从联合国窃取了价值 14 亿美元的重要装备。公司贿赂也为萨达姆的军队提供了至关重要的现金。根据杜尔弗的计算，仅伊拉克军事工业化委员会的预算就从 1996 年的 780 万美元剧增到了 2003 年的 5 亿美元。[28] 很快我们就会知道，萨达姆用这些黑钱对入侵的美军和联军进行了报复。

在巴格达期间，杜尔弗多次前往克罗珀营地的拘留室，通过一次坦率的谈话，他得知了一个阴谋的萌芽，关于伊拉克独裁者在美国准备入侵时的心态。军事工业化办公室负责人阿卜杜勒·塔瓦卜·穆拉·胡韦什在黑暗的牢房中告诉杜尔弗：2003 年，面对不可避免的入侵，萨达姆并没有感到恐慌。

事实上，萨达姆于 2003 年 3 月下旬召开了最后一次部长会议，会上这位四面楚歌的独裁者说了一些令胡韦什震惊的话：“抵抗一个星期，然后我就能控制战局。”[29] 伊拉克官员把他的说法理解为，他确实拥有美国人害怕的大规模杀伤性武器——并且他计划使用这些武器。

当杜尔弗试图证实这些信息时，他逐渐明白萨达姆的计划实际上并不包括用化学武器轰炸入侵的美军，因为他根本没有任何化学武器。相反，他计划通过一场精心策划的起义来牵制住美国人，再将他们慢慢消灭。杜尔弗后来在报告中写道："萨达姆认为，伊拉克人民不会忍受被美国占领或征服，他们会起来反抗——最终引发起义。"他们的计划被称为"挑战计划"，杜尔弗从前伊拉克情报官员（他没有透露他们的身份）那里得知，该计划是由伊拉克情报机构的一个名为 M14 的特殊小组领导的，该小组也被称为"特别行动处"。

根据美国国防情报局的一份报告，2002 年秋天，萨达姆·侯赛因命令 1200 名情报官员在巴格达附近的萨勒曼帕克和比斯马亚的两个场所与 M14 部门一起进行特殊的游击训练。报告称，这些"年轻而有才华"的军官都来自军事情报处和伊拉克情报局，他们每人都被分配了一个号码和一个代号，并被"告知在政权垮台后做好重新联系的准备"。[30]

在美国入侵伊拉克的前几周，萨达姆命令新训练的游击队分散到"关键城市，去协助地方政府保卫这些城市，并发动袭击”。这些人被告知，要开始策划爆炸袭击了。M14 的炸药组花了几天时间生产了数百件自杀背心和腰带。2004 年 5 月，美国国防部副部长保罗·沃尔福威茨首次公开谈论了这个“挑战计划”，并强调了它的致命影响：“M14 设计了道路简易爆炸装置和一些更大的汽车炸弹，这些爆炸已经造成伊拉克人、美国人和其他外国人的死亡。”[31]

2003 年 5 月，美国入侵伊拉克之初，只有 54 名美国士兵受伤。到了 2004 年 11 月，杜尔弗的报告发布后不久，简易爆炸装置造成的受伤人数一个月内竟然高达 1214 人——这是整个战争期间美军伤亡最严重的月份。沃尔福威茨说：“我们应该清楚，包括萨达姆·侯赛因在内的敌人就在那里资助对联军的攻击，一直到 2003 年 12 月萨达姆被捕为止。”[32]

2004 年 11 月，时任美国参议院常设调查委员会主席诺曼·科尔曼，开始对萨达姆的黑钱表示出严重关切。在一场关于“石油换食品计划”的听证会上，他说有可靠的消息来源（他没有透露名字）已经向委员会提出了指控，称资金已经从“石油换食品计划”转移到了萨达姆政权手中。“这个问题必须提出来：萨达姆的数十亿美元到底去哪了？如今这些钱是否被用来推动了一场叛乱？这场叛乱已造成 1000 多名美军和联军军人以及数千名伊拉克盟军军人的死亡。”[33]

西方公司向萨达姆行贿的数百万美元，很可能为这场暴动提供了资金支持。科尔曼和其他人认为，必须对萨达姆的钱追查到底。最后，布什政府的首席财务调查员，包括来自美国财政部和国税局的调查员，都被要求在国会出庭作证。在伊拉克的实地调查人员发现，萨达姆控制的幌子公司利用从“石油换食品计划”中获得的贿金来采购武器，而这些武器很可能最终落入了叛乱者手中。美国财政部负责恐怖主义融资和金融犯罪的助理部长胡安·萨拉特作证说，有一家名为阿尔巴沙尔的幌子公司，利用企业回扣来获取导弹部件和监控设备。萨拉特在谈到联合国的回扣问题时总结道：“这些资金中有一部分可能最终进入了一个资金库，现在用来支持在伊拉克国内外发动的叛乱和恐怖主义行动。”[34]

有一件事让人们更加怀疑萨达姆的贿赂资金助长了针对美国人的袭击。2003 年 3 月 18 日凌晨 4 点，就在美国轰炸行动开始的前几个小时，萨达姆 37 岁的儿子库赛在萨达姆的私人助理阿比德·哈米德·马哈茂德的陪同下，来到了位于巴格达的伊拉克中央银行。库赛后来成为这场叛乱的重要领导人。此时，他带来了 50 个帮手、3 辆平板卡车和一封他父亲的亲笔信，信中吩咐中央银行负责人伊萨姆·拉希德·阿尔·赫瓦伊什将银行保险库中的9.2亿美元和9000万欧元交给库赛。这些钱，包括100美元的纸币，装在250个金属盒子里，然后被装上卡车，[35]工人们花了几个小时才完成这项转移工作。随后，库赛带着现金消失了，这件事被《纽约时报》称为“可能是史上最大的银行抢劫案”。[36]

美情报官员后来得知，这近10亿美元是萨达姆藏匿的一部分黑钱。2003年3月初，萨达姆为了保护他的资产，命令所有在海外有账户的政府部门都将资金转回到伊拉克中央银行。到底有多少资金被转移还不清楚，但这些钱来自相同的银行账户，分别开设在类似约旦和黎巴嫩的拉菲丁银行和拉希德银行这样的银行中，这些银行一直秘密地为萨达姆政权保管回扣存款。这些钱回笼到伊拉克时，萨达姆下令将其中的9.2亿美元和9000万欧元从银行中全部取出，以防美军到达时会被毁坏或扣押。萨达姆的助手马哈茂德亲眼看到萨达姆填写银行支票。[37]库赛转移走的这笔“赃款”，是在两名中士破门而入，冲进伊拉克领导人的前宫殿查获了7.6亿美元之后，才为人所知的。[38]目前尚不清楚库赛劫走的其余1.6亿美元和9000万欧元的去向，但美国官员相信，库赛开始用这些钱资助叛乱活动。[39]

萨达姆政府收受的数亿美元的公司贿赂，大部分未被查获，这些贿款有多少实际上被用于伊拉克叛乱？答案一直都不清楚。联合国“石油换食品计划”引起的问题比它解决的问题多得多。但随着伊拉克局势日益崩溃，引发众怒，这个问题很快就被忘记了。沃尔克委员会的报告似乎为全面起诉奠定了基础，但彻底清算从未到来。

贝农·塞万在失去外交豁免权后，更多的麻烦接踵而至。2007 年 1 月，联邦检察官在曼哈顿公布了一份起诉书，指控他犯有与收受回扣有关的七宗罪。到目前为止，塞万已经成功地避免了被起诉，因为塞浦路斯与美国没有引渡条约。从那以后，塞万几乎没有公开发表过言论。一名曾追踪他的记者发现，他在塞浦路斯堂而皇之地过着平静、舒适的生活，并继续否认自己在现代历史上最大的企业贿赂丑闻中扮演过核心角色。[40]

奥斯卡·怀亚特起初坚决否认对他的指控，甚至聘请了一名曾为黑帮头目约翰·戈蒂辩护的律师。但是，2007 年 9 月，在曼哈顿的一场联邦审判中，由于一些关键证人出庭作证，怀亚特最终还是败诉。这些关键证人中有几名是曾在国家石油营销组织总部工作的伊拉克官员，他们的证词揭露了在石油贿赂中隐藏的大规模贪污体系，这是伊拉克官员首次公开谈论此事。

前国家石油营销组织财务官员雅各布·Y. 雅各布在他

的庭审证词中描述道：到 2000 年，伊拉克的贪污体系已经变得非常普遍而且制度化了，因此国家石油营销组织设立了一个完整的部门致力于追踪、分析和管理这个贪污体系。这个回扣部门不仅有专职工作人员，而且还有一个可搜索的数据库，里面记录了所有向萨达姆政权支付数百万美元的公司，包括怀亚特的海岸公司。随着巴格达陷落，混乱席卷全城，雅各布小心翼翼地备份了数据库。（雅各布拷贝数据库内容的行为，再加上他的证词，基本上已经让他成了众矢之的、一个背叛现政权的叛徒，因此他再也不能回到伊拉克了。）

雅各布出庭作证时，检察官递给他一台笔记本电脑，里面有一份伊拉克贿赂数据库的副本。他输入了“海岸公司”的名字让陪审团看，怀亚特用来行贿走账的各种幌子公司的名字映入眼帘。总之，雅各布证实道，怀亚特向萨达姆及其政权行贿了 700 万美元。[41]

如果怀亚特的五项罪名全部成立，他将面临 70 年的牢狱之灾，这些罪名包括同美国的对手做生意，以及违反了对伊拉克的禁运令。2007 年 10 月 1 日，也就是他受审的第 14 天，他拒绝认罪。站在美国地方法院法官丹尼·钦恩面前，他告诉法庭：

“大概在 2001 年 12 月，我同意他们支付 22 万欧元的附加费……存放在约旦国家银行中由伊拉克国家石油营销组织官员控制的银行账户里……这笔款项违反了联合国的‘石油换食品计划’，因为该计划要求，所有的款项都应该直接支付给美国在纽约的托管账户，而不能直接支付给伊拉克政府。”[42]

最终，怀亚特坚决不承认自己如查尔斯·杜尔弗揭露的那样行贿了整整700万美元。他只承认犯有电汇欺诈罪，并同意被判处有期徒刑一年、罚款1100万美元。[43]这比联邦量刑指南建议的下限少了6个月，但钦恩法官说，说服他从宽处理的，是他源源不断收到的支持怀亚特的“惊人信件”。时年83岁的怀亚特，在得克萨斯州博蒙特他家附近的一座低度设防监狱中服刑。他成为一个衰落时代的象征，在那个时代，企业可以肆无忌惮地自由支付回扣，因为相关法律是“沉睡”的。怀亚特的下狱预示着一种新的反贿赂执法体制的产生，这种体制将从美国开始，并且开始在全球铺开。正如他的儿子史蒂夫所说：“他的这个案子是一个重要的判例案件。”怀亚特于2008年11月被释放，从那以后他就再也没有谈起过他在“石油换食品计划”事件中的经历。

对于伊拉克战争的真相，众说纷纭。除了“伊拉克战争并不是一个有关大规模杀伤性武器的故事”，查尔斯·杜尔弗和他的团队还发现了另外一个真相——正如《华尔街日报》所描述的那样，这实际上是一个关于“世界历史上最大的贿赂阴谋”的故事。[44]对美国来说，这是一个重大的政治时刻分水岭，不仅因为它是那个时代最具灾难性的战争，还因为它迫使美国对企业通过贿赂来影响世界的力量进行深刻思考。西方企业通过破坏一个成功的制裁体系，有效地帮助萨达姆·侯赛因得到了他原本无法获得的破坏力。

如果“石油换食品计划”没有被贿赂所破坏，叛乱还会发生吗？有传闻称，叛乱的领导层——尤其是萨达姆·侯赛因的儿子、亲戚，以及他信任的情报和军事官员——后来组成了叙利亚“伊斯兰国”领导层的一部分。“伊斯兰国”从哪里获得它的第一笔资金仍然是个谜，但如果伊拉克叛乱的部分费用是由西方贿赂资助的，那么，其中一些钱可能也为“伊斯兰国”的创立提供了资金。杜尔弗考虑过这种可能性：“这是未来‘伊斯兰国’滋生的沃土。不管他们之前的资金结构是怎样的，现在都可能已经演变了，并为‘伊斯兰国’组织提供了启动资金。”他补充说：“伊扎特·易卜拉欣·杜里一直在以某种方式为自己提供资金支持。”[45]杜里——在美军“扑克牌通缉令”中代号“梅花 K”，也是萨达姆一位高级军事官员——他因逃避美国的入侵，并在叙利亚发动叛乱而出名。有观点认为，杜里的民兵组织是“伊斯兰国”的盟友，并在 2014 年帮助“伊斯兰国”横扫伊拉克西部和北部。[46]

西方企业可能会辩解，它们只是把行贿当做生意的一部分，但付了这些钱之后，关键的问题仍然是：这些钱去了哪里？在最无害的设想下，“石油换食品计划”中的贿赂从伊拉克秘密流出，使得前萨达姆的忠实拥趸能在西方过上奢华的生活。而最糟糕的情况是，这些钱被用来资助杀害美国人的自杀式炸弹袭击。伊拉克的“装满现金的箱子”强调了这样一个事实：行贿很少仅仅是一种商业交易。这些贿赂的影响远远大于支付这些款项的公司愿意承认的程度。正如杜尔弗观察到的那些贿赂萨达姆的公司一样：“公司作出自己小小的微观决策，然后你把它们全部加在一起，就有了一个宏观的结果。”[47]

在伊拉克，企业贿赂的宏观后果不仅是赋予独裁者权力，还可能资助叛乱分子。最终的结果是，企业行为破坏了全球民主的基础。全世界有 2253 家公司选择无视法律规则，这不仅颠覆了世界各地民主国家所拥护的理想、法律原则和人类价值，也颠覆了自由市场制度的根本基础。很明显，反腐败法规比以往任何时候都更有意义，而这类法规以及公约的制定正是为了防止此类丑闻的发生，但它们并没有发挥作用。

在美国大学研究公司腐败的韩国学者郑裕珍发现，在“石油换食品计划”的丑闻中，《经合组织公约》在遏制贿赂方面发挥的作用微乎其微。郑裕珍分析了在伊拉克开展业务的公司样本，并将其分为两组，一组为母国签署了《经合组织公约》的公司，一组为没有签署公约的公司。她发现那些母国为非签约国的公司有 71%为合同支付了贿赂。令人惊讶的是，即使母国为签约国的公司，例如美国、法国、德国和英国，也有 58%行贿。[48]《经合组织公约》的威慑作用，至少到 21 世纪初，不过是个摆设。

《经合组织公约》比《反海外腐败法》早几年生效，但当“石油换食品计划”开始时，后者也出台超过 20 年了。这桩丑闻让人不安的因素之一，是后者已经变成了一部“沉睡”的法律——并不是因为没有提起诉讼的企业贿赂。起诉企业贿赂确实不是美国政府愿意提供资源支持的优先事项。

1977 年以来，美国司法部专门处理《反海外腐败法》案件的部门只有一张办公桌，负责人是资深律师彼得·克拉克，他是最早执行实施该法的人。克拉克基本上是一个人在反海外腐败行动小组，几十年来一直在进行反海外腐败行为的检控，这证明了他的努力和付出。在一两名尽职尽责的检察官帮助下，克拉克在 21 世纪初起诉了几起重要的相关案件。但他已经捉襟见肘了。美国司法部的高层很清楚，要有效执行该法，像在“石油换食品计划”丑闻中所需要的那样，这个部门就不能只有一个人。

2002 年加入美国司法部反欺诈部门的保罗·佩尔蒂埃回忆道：“彼得·克拉克一个人就是一个机构。由于他在该领域经验丰富，他让该法律部门有了可信度，但没有处理太多案件。只有一名检察官专门负责这件事，只能用尽一切办法，能做多少算多少。”[49]

2005 年，克拉克从美国司法部转业，在一家私人律师事务所担任律师，而反欺诈部门引入了新的管理团队。迈阿密前检察官史蒂文·泰瑞尔就是其中一员，他惊讶地发现，尽管美国司法部有许多案件线索，但没有专门负责这个法律的律师团队。他说：“当我刚开始担任这个部门的主管时，律师们似乎总是在做他们感兴趣的事情。”[50]泰瑞尔让律师们全职处理该法相关的案件，并促使他们更加积极地提出起诉。此过程中，美国司法部与证监会建立了更紧密的联系，证监会也更认真地调查国际贿赂案件了。早在 2004 年，美国证监会就开始向那些被认定对萨达姆·侯赛因行贿的公司发出传票。随着美国司法部和证监会开展合作，此类调查将会越来越多，同时美国联邦调查局也开始参与其中。资源共享使联邦执法部门能追查沃尔克委员会发现的那些更严重、更复杂的指控。

随着越来越多的国家签署《经合组织公约》，公约中被称为“司法协助条约”的证据共享协议，也开始取得成果。过去，一些主权国家不愿意在贿赂调查中分享关键性证据，或只是缺乏证据共享的相关法律机制。彼得·克拉克回忆起一个典型的案例：“根本不存在什么自愿披露，我们有一笔贿赂款项追查到了瑞士一家银行，瑞士人却告诉我们：‘我们本来非常愿意帮助你们’，但他们的法律不允许他们这样做。[51]现在，有了‘司法协助条约’，证据开始自由跨境流动了。”

短时间内，美国司法部对世界上一些大公司处以数十亿美元的罚款，并让它们认罪，其中包括英美航空业巨头英国宇航系统公司，哈里伯顿的子公司凯洛格·布朗·鲁特公司，以及德国工业巨头西门子。尤其是西门子的和解协议，16 亿美元罚款创了纪录，它为《反海外腐败法》如何实施设定了一个新标准，美国联邦调查局也因此产生了一个新部门。时任美国联邦调查局华盛顿现场办公室助理主任的约瑟夫·佩西西尼回忆道：“我们过去一直在努力整合资源对付国内腐败，而无暇顾及国际腐败。突然间，正义似乎得到了伸张，现在我们必须要对付国际腐败了。”西门子一案涉及向数十个国家的高级政府官员行贿，其规模之大不容忽视。国际贿赂将成为联邦调查局最重要的优先事项之一。“我们看了案件，然后说，加些人手吧，这很重要。联邦调查局增加了一个团队，有10至15名特工来处理这件事。”[52]

数百项新调查中数千页的法庭文件开启了该法诉讼的新纪元，揭示了现代企业贿赂制度的运作及其各种关联部分的细节：西方公司为什么要行贿，它们如何隐藏这些贿赂；哪些中间商经常被这些公司雇来在海外进行大规模贿赂交易；以及外国官员用来收受贿赂、洗钱和使用贿赂的公司的法律和金融体系是如何运作的。更仔细地研究这一体系的实际运作方式，就能更明显地发现，这一犯罪的本质与它如何被起诉之间存在着巨大的脱节——并且它对外国受害者造成的潜在伤害常常被忽视了。

公司本身就是贿赂体系的重要主体，在全球大型制药公司的故事中，这点得到了戏剧性的描述。为了提高销量，战胜对手，这些制药企业在一场激烈的竞争中行贿规模惊人，并采取非同一般的手段将其隐藏在世界上最大的药品市场：中国。

第二部分

回扣体系

第三章　药企围猎

在中国东部城市杭州的一条小巷里，丽娟站在一家时髦的咖啡店外等待。杭州约有 1100 万人口，富庶繁华，摩天大楼林立，街道上随处可见高级小轿车。随着中国大城市居民收入的增加，他们在医疗保健上花的钱也比以往任何时候都要多。2015 年，中国仅在药品上就花费了上千亿美元，仅次于美国。由于药品行业利润空间猛增，世界顶级药品公司都在争夺一份更大的蛋糕。默克、赛诺菲、辉瑞和许多其他大型制药公司，在杭州都有医药代表组成的销售团队。他们从一家医院跑到另一家医院，从一个医生到另一个医生，只为了推销外国制造的产品。丽娟就是他们中的一员。秋天的一个下午，她同意谈谈她所在行业的一个秘密：贿赂。前提是不能透露她和她的雇主的真实姓名。这家公司总部位于欧洲，2014 年它在中国的销售额超过 10 亿美元，在全球的销售额接近 150 亿美元。

“中国的医药代表都是年轻漂亮的女性”，这种说法已经不新鲜了。但在这个案例中，它是真的。丽娟是个很有魅力的女性，30 岁出头，身穿时髦的皮夹克、黑色裤子和高跟鞋，齐肩长发是吹干之后做的造型。她看起来更像是一个模特，而不是中国医药行业竞争中的一员。虽然她待人友好又有礼貌，但不会在咖啡馆里待太久。因为，当她过来谈论贿赂问题时，贿赂在中国已经成为一个非常引人关注的话题了。

10 年多来，世界大型制药公司，包括百时美施贵宝、礼来、诺华、阿斯利康、葛兰素史克、赛生等，在中国创造了数十亿美元收入，而且都采取了可以想象到的最简单粗暴的手段：向医生行贿，让医生开药时选用它们的产品，而不是竞争对手的产品。

企业贿赂一般是指“企业为了赢得合同而支付给高管一大笔钱”。例如，在接下来的两章中将要阐述的，支付给巴林总理或尼日利亚总督的百万美元。但是在中国，贿赂规模通常更小，许多公司向基层的医生支付小额费用。有时，这些制药公司甚至不用支付现金，而是赠送香烟、请客去夜总会或迪士尼乐园。像丽娟这样遍布全中国的医药代表大军操纵着这些贿赂事项。这种贿赂当然不像大规模贪污那样引人注目，但有不少公司长期以来一直在中国做这些事情，并且损坏了医生的名声，所以它的影响同样十分严重。正如查尔斯·杜尔弗对贿赂提出的警告：看似微不足道的微观决定加在一起就是一个宏观结果。

由于这种做法，中国制药行业现在处于整顿之中，中国和美国政府终于向制药公司开战了。给医生的回扣导致中国政府的开支不断增加，中国政府每年花费数十亿美元补贴基本医疗，以抵消普通民众难以承担的医药费。[1] 公众对高昂的医药费以及与之相关的腐败感到愤怒。作为中国大规模反腐行动的一部分，许多外国药品公司高管、本地销售代表和医生被捕。2010 年，美国执法部门发起了一次全面打压行动，起诉了像辉瑞、美国礼来这样的行业领导者，征收了数亿美元的罚款，并第一次在公开文件中披露了这个行业贿赂的肮脏细节（根据其相关法律，中国公立医院的医生被认为是公职人员）。

然而，正如丽娟解释的那样，虽然国家全力打击贿赂，但它仍然存在，只是被迫转入地下。

在中国，贿赂医生似乎是一个简单的过程。但每年管理数千笔非法支付，并通过谎言向制药公司母国的投资商和监管部门掩盖这件事情，是一项极其复杂的操作。尽管制药公司表面上在做治病救人的生意，但其贿赂行为影响了医生的决策，并可能危及病人的健康，长期以来破坏了医疗体系。

丽娟露出苦笑和一丝尴尬，坐了下来，解释了大型制药公司如何以及为什么使用这个极其低效又消极的运作，而非一种创新战略，在世界上最有活力的医药市场上销售最先进的药物。

数百万的中国患者迫切需要质量更好的药物，而西方制药公司也迫切需要中国市场来增加利润。在整个 20 世纪的大部分时间里，蓝筹药品制造商几乎没有考虑过中国市场。这些公司通过销售专利药物获得了巨额利润，它们获利最多的是北美和欧洲市场。当药品获得专利后，公司就差不多可以随心所欲地定价收费了，从而获取丰厚的回报。例如，1998 年，“伟哥”在其发售的第一年就为辉瑞公司创造了 10 亿美元的销售额。在这种情况下，利润的增长是确定的。

但是这种情况在 2005 年前后开始改变。随着许多畅销药物失去了独家专利，它们开始面临来自廉价仿制药的激烈竞争。为了保持利润，制药公司需要将新的专利药从产品线中拿出来，并投入市场。然而，在美国和欧洲，受医药产品导致的意外死亡和产品副作用的影响，监管变得更加严格，减缓了新产品上市的速度。[2] 与此同时，研发成本不断攀升，几乎难以为继。

诺华公司是一家总部位于瑞士的癌症和高血压药物制造商。2005 年，它在欧洲的净销售额仅增长了 7%，[3] 到了 2008 年，其增长率已降至 1%。[4] 百时美施贵宝的总部位于印第安纳州的华沙，这家公司畅销的血液稀释药物波立维在美国的专利权即将到期，2005 年它在美国的销量下降了 1%，第二年下降了 7%。[5] 利润的下滑令华尔街和投资者们惊慌失措。随着股价和利润的暴跌，制药公司开始裁员。2007 年，总部位于伦敦的葛兰素史克公司，在其利润下降 2%后宣布，公司将裁员数千人。辉瑞表示将裁员 1 万人，阿斯利康将裁员 7600 人。[6]

制药公司想要生存，就必须向发展中国家的新兴市场拓展。没有任何一个新兴市场的潜力能与中国相比。自 20 世纪 80 年代以来，国际制药公司一直在中国开展业务，但中国市场仍有待大力开发。随着居民收入的增长和中产阶级的扩大，大型制药公司确信中国人将更愿意也更有能力购买昂贵的西药。因此，这些公司在中国投入数十亿美元。葛兰素史克公司首席执行官安德鲁 · 威蒂爵士在 2008 年就准确地把握住了时代的脉搏：“对我们公司而言，业务的重心正在向东方转移。”[7]

为了让医院能弥补赤字，政府允许医院向病人出售药物。医院是中国人最主要的能买到药品的地方，药品销售占到医院收入的50%，通常还占到医院利润的90%。[8]

公立医院主导着药品销售，外国制药公司之间的竞争十分激烈，这让外国企业从事贿赂活动有了可乘之机。

中国有200万名医生，每名医生每天门诊人数有的高达100人，他们几乎没有时间和病人相处，其首要任务往往是为病人开处方药。他们的奖金数量取决于各自医院的收入有多少——当然，这笔收入在有的地方与药品的销量挂钩。因此，一些医生有过量开药的动机，尤其是开新的和昂贵的外国药品。根据一项研究，医生想要获得1美元收入，就必须要开出价值7美元的药品。[9]

然而，所有的外国公司都在激烈地争夺市场份额，在这样的环境下，医生会选择哪种药品呢？阿平（化名）是一位在美国某家大型制药公司工作的销售代表。他说：“医生有很多种抗生素可以选择。公平地说，有没有什么药品是比其他任何药品都更有效、更安全的呢？这很难回答。所以，能促使你的销量增长的唯一手段就是给钱。”[10]贿赂能让医生在开药时使用你提供的昂贵的抗生素，而不是用竞争对手的药。

由于药品开销很大，医生受贿后推荐购买的外国药品，使一些病人的医疗费用非常高（政府医疗保险计划通常不包括许多外国药品，这意味着病人们要自掏腰包）。

尽管西方制药品牌的总部在世界其他地区裁员，但中国区总裁们却开始组建“医药代表大军”，数千名新的销售人员迫不及待地想要打入中国市场。[11]2008 年，英国制药公司阿斯利康中国区总裁曾对一名记者表示：他们公司正在迅速扩张销售大军，因为该公司正准备与其他公司展开“军备竞赛”。当时，阿斯利康公司的心脏药物倍他乐克在西方的销量正在下降，该公司希望这种药在中国能成为大卖的拳头产品。[12]2008 年，总部位于印第安纳州印第安纳波利斯市的礼来公司，在中国有一支由大约 850 名医药代表组成的销售大军。[13]这支“军队”的人数在接下来的两年里翻了一番。医药代表们开始拓展新领域，从一、二线城市涌向农村地区，在农村推销他们公司治疗糖尿病和癌症的药物。所有主要的制药公司都纷纷效仿。仅在 2006 年至 2011 年之间，十大制药跨国公司在中国工作的销售代表数量就翻了两番，从 6000 人激增至 2.5 万人。[14]

丽娟为制药公司业务的增长出了一份力。她解释说，自己已在公司工作了 5 年，专攻 3 种高血压药物。“每个月你都会收到公司的指令，告诉你需要售出多少药品，”她平静地说，“你卖得越多，奖金就越多。”因此，丽娟公司的薪酬制度包含着两个因素，推动她使用贿赂手段—— 一是完成目标销售额，以免被解雇；二是获得更多的奖金。销量不错时，丽娟一个月能赚1500美元，在中国，这可是一笔可观的收入。她工作很出色，十分懂得和医生建立联系，并深谙贿赂之道。

丽娟解释说：“我联络过不少医生，现在我只给其中3位医生支付了回扣。”[15]以前她曾经给所有人回扣，但由于中国执法部门的严厉打击，她的公司不得不变得更加谨慎，所以她现在专注于3位，“因为这3位是非常非常重要的医生，可以为我提供巨大的销售额。他们都处在关键的职位上，能开大量的处方药”。特别是其中一位医生，他是丽娟的“现金奶牛”——他在一家著名的医院有着很大的影响力。丽娟解释说：“有很多病人是专门来找他看病的，他每个月可以开100到200箱药。”

丽娟给的回扣数额并不大。她解释说：“我每个月给高级医生大约90美元到100美元。”医生每开1盒5美元的药，就能收到1美元的回扣，约占销售额的20%。“这是给高级别医生的。”她补充道。

既然回扣的数额是基于医生每月开药方的数量，那么丽娟是如何计算她要支付的贿赂金额的呢？她解释说：“每个月我都会去医院的统计部门，通常来说，医院的信息科负责人或他的同事可以提供一份统计数据清单，显示药品的销售情况。”为了获得这些数据，丽娟又支付了另一笔贿赂，医院每售出价值 150 美元她提供的药品，她就要支付 33 美元到 50 美元不等的贿款。丽娟的描述不仅显示了贿赂体系是如何组织的，也表明对她的公司来说，行贿代价有多高。她的销售额中大约有 20%是用来贿赂医生的，25%是用来贿赂医院信息科的。

丽娟会用这些数据仔细跟进自己每个月贿赂的进展，以确认贿赂对销售的影响如何。“这就像你有一家互联网公司，每个月你都要查看（网络流量的）统计数据。”有时候，她贿赂了一个医生，但那个医生不一定会因此开更多她的药。她可能需要多给他一点贿赂来提高销售额，或者干脆不再把钱浪费在他身上。“这就像大数据。”丽娟笑了起来，显然是被这样一个可能会让局外人困惑的事给逗乐了。对丽娟来说，贿赂是自然而然的。她解释道：“医生们是在帮我，所以我也应该关照他们。”她又补充说，实际上，她的经理们对她的所作所为完全知情，甚至还为她的贿赂行为提供资金。

丽娟的故事只是许多故事中的一个。在中国，医疗系统的贿赂已经在一些地方存在了多年。若真正要为这些回扣提供现金，需要付出多大的努力？若要掩盖这些贿赂行为，需要找多少托词、要多少诡计？或许只有展开大规模调查，这些事情才能得以曝光。随着这些调查的继续，我们发现西方制药公司已成了极度非理性的典范。

2014 年 9 月 19 日，在湖南省会长沙的一个小法庭里，英国葛兰素史克公司中国区负责人马克锐站在法官面前，这家公司的市值约为 1250 亿美元。中国的电视台在现场拍摄。马克锐身穿一套深色西装，脸色紧绷，看起来很紧张。

葛兰素史克公司（以下简称“GSK”）的历史可以追溯到 19 世纪 50 年代。它是治疗哮喘和艾滋病的先驱，也是在伦敦证券交易所上市的最大公司之一。当时 52 岁的马克锐，已经在葛兰素史克公司工作了 25 年。2009 年，他得到了管理 GSK 中国业务的美差。在他的领导下，包括乙肝药物和抗生素在内的公司产品，销售额从 5. 73 亿美元增长到了 2012 年的 12 亿美元，在短短三年内翻了一倍多。[16]

然而，葛兰素史克公司异乎寻常的成功掩盖了一桩非同寻常的罪行。一年前，中国警方指控 GSK 实施了大规模贿赂计划，并在中国各地拘捕了几十名 GSK 的员工，甚至还包括马克锐本人——这引起了全球制药行业的警觉。经过几个月的调查和一天的审判，GSK 和马克锐正在等待判决。

这项指控范围很广。葛兰素史克公司被指控在2010年至2013年期间，向中国各地的医生实施了超过4.89亿美元的贿赂。根据警方的报告，这笔资金用于给医生们开展几千次所谓的“教育研讨会”。有时，这些医生实际上是去了中国香港或夏威夷进行公司资助的免费旅行。但研讨会的“教育”部分通常只持续一两天，在那之后，医生们还会享受几天奢华的观光，会被请去参加娱乐活动，并收到现金贿赂——这些手段都是为了鼓励他们在开药时使用GSK公司的产品。

很多时候，甚至根本就没有真正的会议或旅行。葛兰素史克公司的销售部门在中国旅行社的协助下设计出了这样一条“妙计”——由旅行社来出具一张伪造的发票，要么虚增旅行费用，要么伪造一张假发票。然后，销售和市场部门将这张收据提交给财务部门，将这笔费用作为营销成本报销。此番操作有效地为销售团队提供了一笔贿赂资金，可以用来支付现金贿赂。葛兰素史克公司与中国各地的700家旅行社合作开展这项业务，这意味着公司内外有几千人参与其中。这是中国企业史上前所未有的贿赂行为。

“Receipt”中文称为“发票”。在中国销售医药为顶级制药公司创造了十几亿美元的收入，而其中重要一环却是遍布全国的数千名员工每个月都在制作的假发票。丽娟先用假发票到经理那儿报销，然后再用这些钱行贿。“你只要说这些是在餐馆开的发票就行了。所以我会向朋友们要发票，或者我出去吃饭的时候把发票收集起来，用来弥补原本不够金额的发票。”经理们当然知道这些发票是假的，但只要看上去合法，他们就会报销。

根据另一位医药代表阿平的描述，在他公司里也是如出一辙。“我会举办一次虚假会议。”阿平描述道，“我先用自己的信用卡，然后酒店会把发票返给我，我再向公司报销这笔账。这样，就拿到钱了。”

法官认定马克锐有罪，并对葛兰素史克公司判处罚金4.89亿美元（人民币30亿元）——这是该公司已支付的贿赂金额，也是迄今为止中国对企业开出的最大罚单。法官还判处马克锐有期徒刑三年，缓刑四年，并处驱逐出境。

很明显，法院的判决不仅是在向马克锐和葛兰素史克公司传递信息，也是在向广大的市场和中国人民传递信息。这一判决出台时，正是公众对于飞涨的医药费用和腐败不满之时。根据中国官方数据，仅2014年，公安机关就查处了涉医治安案件4599起。[17]“如果政府不能为人民提供足够的医疗卫生条件，那政府将被视为辜负了人民的期待。”美国对外关系委员会专家黄严忠解释说。在葛兰素史克公司的案件中，中国政府展现了积极主动解决问题的决心。

2016 年 9 月，美国证券交易委员会对葛兰素史克公司展开了调查，也发现该公司存在类似的大规模贿赂行为。美国证监会指控葛兰素史克公司中国子公司“普遍存在不当行为”，并指出：“在该公司员工向医生行贿的几种方法中，有一种是通过与第三方供应商共谋的，例如那些曾为涉事医生的贿赂活动提供策划和旅游服务的供应商。”美国证监会没有像中国警方那样指控 GSK 行贿了 5 亿美元。相反，美国监管机构发现，在 2010 年至 2013 年 6 月间，GSK 在策划和旅游服务上花费了将近 14 亿元人民币（约合 2.25 亿美元）。抽样检验显示，大约 44%的抽样发票虚增了金额，大约 12%是完全虚构的。[18]虽然看起来公司大部分发票似乎都是伪造的，并且公司在短短三年内就在行贿上花费了数亿美元，回扣的真实金额却是未知的。

葛兰素史克公司是第七家与美国证监会就贿赂调查认罚而达成和解的企业。从 2012 年开始，美国监管机构指控辉瑞、礼来和百时美施贵宝违反了《反海外腐败法》。2016 年，它们又起诉了赛生医药、诺华、阿斯利康和葛兰素史克。大体上，这些企业涉嫌贿赂是在 2003 年到 2014 年之间。为了达成和解，这些公司共计向美国财政部支付了 1.315 亿美元的罚款。

在调查中，美国从这些世界一流制药公司收集了大量的书面证据，包括电子邮件、战略计划和其他的公司文件，详细说明了在21世纪前十年后期的活跃阶段，这些公司如何在中国药品市场组织实施精心策划、严密布局的贿赂活动。[19]2006年，辉瑞公司的一位中国营销经理给他的地区经理写信，解释了两名中国医生是如何被前往澳大利亚旅游的项目所贿赂的。作为回报，医生们承诺“每年至少使用4200针（注射剂）”的辉瑞某款产品，并给“他们80%以上的病人”开这种处方药。[20]在一份销售报告中，赛生的一位销售经理将向医生行贿称为“用盈利承诺来诱惑他们”。[21]

销售代表和经理都仔细地记录了每笔贿赂。曾大力推广抗高血压药物和抗生素的辉瑞中国甚至设立了一个积分系统。美国证监会称：“在这个系统中，公立医院的医生可以根据自己所开的辉瑞药品的数量来攒积分。积分可以兑换各种礼品。”[22]诺华和赛生的销售代表一直在用电子表格记录每个月计划贿赂医生的钱。在诺华，开处方药的主要医生被称为“拜金主义者”，赛生则称他们为“VIP客户”。[23]阿斯利康的销售代表和经理们，则“保留了书面图表和详细清单，上面记录了预测或实际付款金额”。[24]

除了支付现金和提供旅行服务，送礼物也是一种贿赂形式。有时，是一些小物品，如香烟、美食、眼镜或礼品卡；有时，是以“性”为礼物。例如，在美国证监会记录的一起案件中，诺华在中国子公司的员工花钱请医生去芝加哥一家夜总会。[25]

通过贿赂，跨国公司不仅提升了产品销售额，还影响了药品进入中国市场的几个环节，从发放许可证，到列入医院处方清单。赛生的一名员工贿赂了两名政府官员，以确保该公司一种药物的续期申请获得批准。2008 年至 2009 年间，礼来的销售代表向政府官员行贿，以“将礼来的产品列入政府报销清单”，这样可以确保某些医院使用这些产品。[26]

爱德华·陈在总部位于欧洲的一家制药公司的中国台湾分公司担任了 12 年首席财务官，该公司是全球十大制药公司之一。此前，他在中国大陆的医药行业工作了多年。陈在 2012 年退休了，但仍定期前往中国大陆，为在那里做生意的大型制药公司提供咨询服务。像他这种声望的高管，很少公开谈论贿赂，但他对贿赂深感失望。

爱德华·陈现居台北，一座繁华的都市，有着大型购物中心、18 世纪的寺庙和五光十色的霓虹大道。在这座城市时尚的西区，陈坐在一家优雅的餐厅里，一边吃着晚餐，一边笑着回忆他在亚洲的职业生涯。他性格和蔼、举止文雅，不像一个强硬的高管人员。相反，他是一个严谨的会计，一个严格遵守规则的人，会确保数字永远正确地相加在一起，无论是字面上还是象征性的。他曾见过一些让他愤懑的事，一位高级经理为了让一种药品获得批准，从车窗向一位政府官员递了1万美元。

爱德华·陈说："我的观点是：不能这样做。这是违法的，不道德的。"[27]他曾经在一家工程公司工作，这家公司经常贿赂中国台湾的官员，作为回报，官员们批准了价格过高或完全不必要的合同。有时，陈自己也不得不分发几瓶酒作为贿赂。他很早以前就断定，通过贿赂签署一份浪费性合同，是在欺骗自己、欺骗纳税人。

在一家全球性制药公司工作，爱德华·陈不可避免地面临内心的纠结。他的困境说明，全球跨国公司内部上演的一场核心冲突——在销售部门和法规部门之间，也在那些愿意使用贿赂的人和那些认为追求利润本应该并能够遵守道德、企业内部控制标准和公认的商业惯例的人之间。从法律上讲，如果公司是人，那么打个比方，这就是他们的灵魂之战。

爱德华·陈说，问题始于一个事实，全球制药公司必定要在国际股票市场上市，而且这个市场需要增长。"对于那些在华尔街和东京上市的公司来说，它们面临着来自股东的压力，也面临着来自投资者和市场的压力。业绩增长是问题所在，也是一种诅咒，或者说是一个噩梦。"

当然，全球制药公司纷纷进入中国市场，是对其发展前景看好。这是一次孤注一掷的冒险，但似乎确实是有回报的。例如，在2007年至2011年间，诺华在中国的销售净额增长了50%以上，从3.29亿美元增长到超过5亿美元。在其2011年年报中，该公司强调其在中国的业务是一个“重大成功案例”。[28]2009年至2014年间，百时美施贵宝在中国的总收入增长了一倍多，从2亿美元增至5亿美元。据咨询公司麦肯锡的数据统计，仅在2006年至2011年间，前十名的跨国制药公司加起来的总收入从40亿美元增至100亿美元。[29]

但在中国市场的增长还远远不够，因为在世界其他地方，乃至全部发达国家，制药公司业绩持续下行。2011年，《纽约时报》报道，随着专利陆续到期，制药公司还面临着数十亿美元的额外收入损失；尽管获得政府批文的药物越来越少，该行业的研发成本却翻了一番，达到了450亿美元；2009年到2010年间，该行业总共裁员11.4万人。投资分析师告诉《纽约时报》，当时正是市场的“恐慌期”，投资者如“飓风”扫过般抛掉了手中的医药类股票。行业巨头辉瑞和默克的股价自2000年以来已经下跌了60%。[30]

对大型制药公司而言，在中国的发展变得越发关键，贿赂也是如此。在葛兰素史克一案中，被捕的官员明确表明了这种联系。有报道称，该公司用贿赂方式达到25%的年销售增长目标，而相比之下，年销售增长的行业标准为7%至8%。[31]引用葛兰素史克公司中国人事总监的话说："公司每年都在提高在中国的销售目标，以弥补其欧美市场的销量下滑。"[32]

当制药公司拥有世界上最好的药品，而在中国，渴望购买这些药品的消费者没有上亿也有千万人时，为什么这些公司会认为有必要用这种荒唐而低效的方法来做生意呢？爱德华·陈回答说："我多次问过类似的问题，而答案总是'因为别人都行贿。如果我们不行贿，我们就会失去市场'。"

2015年，一家总部位于纽约的营销公司对将近2300家在中国运营的公司进行了调查。其结论是："一般来说，公司称它们行贿是为了不落后于竞争对手。争夺市场份额是关键的驱动力。"[33]

爱德华·陈说："实现公司发展不只是对跨国企业首席执行官（以下简称'CEO'）的挑战，更将逐渐波及各个国家的CEO。"总部会毫不犹豫地解雇那些在中国表现不佳的高管。"这些外派人员通常只签订了两到三年的合同"，这意味着他们必须在很短的时间内取得非凡的成就。"如果连续未能达到目标，他们就无法续签合同。"

爱德华·陈认为，当地的 CEO 选择行贿，不仅是因为他们受制于总部的要求，还因为他们受制于自我价值感。“大多数 CEO 都是所谓胸怀大志或天赋异禀的人，是公司里的明星。通常情况下，他们自视甚高，且怀有雄心壮志。”爱德华·陈说，“他们必须不负所望。而这种‘必须’会杀死人，也会杀死组织。”爱德华·陈解释道，一些想不负众望、有所作为的 CEO，可能会为了成功而蔑视商业道德。“对于任何重大或主要的违规行为，销售者们肯定会进行讨论，并得到当地 CEO 的批准。没有当地 CEO 的口头批准或鼓励，我不相信他们敢行贿。”

2014 年，经合组织开展了迄今最大规模的公司贿赂研究，分析了来自 427 家大型企业的贿赂案件数据。这些案件在不同的司法管辖区得到了解决，涉及多个国家和地区，最早可追溯至 1999 年。报告显示，在 41%的案件中，有证据表明公司经理批准了员工的行为；在 12% 的案件中，CEO 知道并支持贿赂行为。这些只是有直接证据的案件，还有很多案件没有直接证据。经合组织认为，这些调查结果揭穿了“‘捣蛋员工’的谎言，并证实了在实施企业反贿赂政策时需要明确的‘来自高层的声音’”。[34]

在公司里，爱德华·陈强烈建议销售部门的负责人停止现金贿赂的行为，并建议他们用一些有创意的方法替代。

“我问……我们能更多地投入到教育和其他服务上吗？我在地区管理层面前对销售总监说：‘我们提供更高的折扣率吧，虽然这将影响我们的收入。’”爱德华·陈的基本论点是：如果现在取消贿赂，我们可能会损失一些销量，但这只是一次性的损失，随着时间的推移，公司最终会收回这笔损失。“我说，让我来为你争取这么做吧。销售总监拒绝了。他说，一旦你取消了这种做法，这个部门的业务就会崩溃。”

爱德华·陈最终认为，尝试去立即结束各种形式的贿赂，不仅在实践中是很难实现的，而且还会影响销售士气。因此，他集中精力于消除直接的现金回扣，他用两年实现了目标。他相信，现金回扣这种做法，在他的分公司已经停止，但销售代表仍在继续为医生提供豪华旅行。

制药公司使用回扣的行为，曾经得到强化。国际公司纷纷建立自己的体系，以求繁荣兴盛。在跨国制药公司扩张的时期，《反海外腐败法》几乎没有得到执行，大多数欧洲国家也几乎没有实施任何反贿赂法律。全球制药公司在行贿时几乎没有任何压力。

当然，那些收受贿赂的医生们增加了收入，“皆大欢喜”。然而，如今，这成为国家、病人和医生开始反思的抉择。

一天晚上，肺病专家李医生边喝着一壶绿茶边说道：“我们的收入不高。因此，这就让药品制造商有了可乘之机，让其来决定我们如何开处方药。”[35]他描述了医生是多么容易受到医药贿赂的诱惑，并且拒绝贿赂又需要多么的自律。

36 岁的李医生是一家公立医院的副院长，该医院位于中国东部一座繁荣的城市。那天，他已经工作了 14 个小时，但还是热情又详尽地讲述了他的职业所面临的一系列问题：一些腐败的人员、腐败的制药公司、沮丧的病人等。

开始，他并不承认自己也犯了相同的错误。但最终，我们快要结束谈话时，他开始自我倾诉。他说，自己不喜欢受贿，却时常受贿，他每开一个处方都能得到一笔回扣。他有妻子和女儿要养活，但他 3 万美元的工资中有一半都是贿款，如果没有这笔钱，他甚至连中产阶级的基本生活都负担不起。李医生承认说：“我从来没有告诉过任何人我的黑色收入。提到这件事让我非常难受。”他的脸上流露出一种真正的挫败感。

李医生说，在他这个职位等级，接收贿赂是很容易的，因为他不用直接收取贿赂：“制药公司的回扣先给部门主管，然后他们再给我。”他怀疑，现在这些贿赂中只有一部分是来自外国公司，还有一部分来自中国公司。但是，他并不知道真实情况究竟怎样，因为这些钱是由部门主管处理的。

然而，他认为，受贿行为不会有损他的道德。“医生不会仅仅为了奖励而开药。医生开处方首先是基于病情。然后，我可能会多开一些其他的药来赚钱。情况并不是：因为我能得到高回扣，所以不管这个药对你是否有用，我都开给你。大多数中国医生都是善良的。如果我们知道某位患者很穷，那么我们就不会开很贵的药占他的便宜。”

即使李医生像他说的那样有原则，但中国的其他一些医生并非如此，病人的钱包和健康都成了牺牲品。

在 2004 年到 2015 年间，西方制药公司行贿最为严重。中国在药品上的支出从 95 亿美元增长到 1150 亿美元。澳大利亚卫生经济研究中心和西安一所大学的一项联合研究发现：“保守估计，中国整体医疗支出的 20%至 30%花在了不合理或不必要的服务和药物上。卫生机构内部药品采购和开处方药方面的腐败，导致了药品支出的快速增长。”[36]

在距离上海约 4 小时路程的宁波，外科医生明医生描述了贿赂给公众健康带来的影响。30 岁出头的明医生曾收受贿赂，为了葛兰素史克生产的一款名为头孢呋辛的抗生素。大约有一年的时间，两名女销售代表每个月都会去她的办公室，关上门，然后把钱放在她的桌子上，约 50 美元。“她们说，谢谢你的支持。”明医生回忆道，嘲笑着代表们在感谢她的腐败时是多么有礼貌。[37]

明医生认为，贿赂导致了中国的过度用药。“为了回扣，一些医生会给你开抗生素，即使你并不需要。这样患者把钱花在了不必要的药物上，而且还会导致过度使用抗生素，对患者造成伤害。”

事实上，中国的过量开药问题比较严重，尤其是抗生素。有关部门曾估计，中国人均抗生素的使用量是美国的10倍。还有研究显示，中国75%的普通感冒患者会使用抗生素，是国际平均水平的两倍。越来越多欧美国家和中国医生的研究表明，像辉瑞和葛兰素史克这样的公司的行贿行为，一定程度上导致了这个问题。2011年，普林斯顿大学和北京大学的一项联合研究声称：“这些激励措施不仅鼓励着医生去开药，还鼓励着他们去开更昂贵的药物，这些药物通常是更新和更强力的抗生素，而这种抗生素本应该在发生更严重的感染时才使用。”该研究还指出：“这种模式可能会使抗生素的耐药性不断增强。”[38]

抗生素耐药性会导致无法用抗生素治疗的细菌菌株增长，这在世界上任何地方都是一个严重的问题。包括来自世卫组织的许多专家认为，过度使用抗生素造成了各种疾病耐药菌株的出现，如肺结核、梅毒，还有各种超级细菌，如 MRSA、mcr-1 和 CRE。[39]卫生官员将后者称为“噩梦般的细菌”，因为它们对所有已知的抗生素都具有耐药性，因此也是致命的。事实上，2016 年 3 月，美国国防部研究人员披露，美国首次在人体中发现了 mcr-1。病人是一名女性，她体内的大肠杆菌菌株对各种药物都有耐药性。

除了耐药性外，抗生素的过度使用还可能导致药物的不良反应。2010 年，中国科学家撰写了一份研究报告，计算出 2001 年至 2005 年间，“中国每年发生的中度至重度抗生素不良反应有 1473.8 万起”。[40]美国对外关系委员会的黄严忠表示，中国政府已经对医生可以开的抗生素数量作出了限制。“抗生素再也不是你想在任何地方买就能买到的东西了。但我认为，伤害已经造成了。”

李医生说：“我们当医生，是因为我们有更高的道德和理想。结果我们不得不面对这件事——就像一记响亮的耳光扇在我们脸上。”

所有被美国监管机构罚款的制药公司都表示，它们已经停止了行贿，很多公司还解雇了对此事负有责任的工作人员。公司都保证不会再继续做这种事，包括诺华和葛兰素史克公司在内的许多跨国公司也都改革了子公司的薪酬结构。医药代表们现在得到的是固定工资，而不是根据他们让医生开的处方数量而获得的奖金。尽管如此，一些公司的中国医药代表们表示，虽然他们不再像以前那样频繁和明目张胆了，但贿赂并未完全消失。

贿赂在这些公司的规模和持续时间以及其影响深度，引发了一个重要的问题：欧美总部的高管们是否知道贿赂的发生，是否批准了这种做法？美国监管机构给出的答案是：尚不清楚。美国证监会判定，辉瑞的管理人员对其公司在中国的不正当付款并不知情，但证监会也补充说，这些管理人员没有采取任何措施去发现违规行为。美国证监会并没有明确排除美国礼来公司的管理层对贿赂知情的可能性，并以公司未能积极主动地反贿赂为由，惩罚了该公司："尽管礼来公司的审计部门知道，违反《反海外腐败法》的行为最容易在某些新兴市场发生，但其位于印第安纳波利斯的总部并没有采取专门措施评估该法或销售与采购环节的贿赂风险。"[41]美国证监会发现，在百时美施贵宝2009 年至 2011 年间的内部和外部审计报告中，屡屡出现为创造贿赂资金而伪造的发票。外部和内部的审查意见逐级上报，从中国的管理层到公司的业务经理，再转向特拉华州的高级管理层。总部虽然知道有违规行为，但还是将伪造的财务报表合并到自己的账簿和记录中。

对这一罪行的公正惩罚是什么？谁应该最终对此负责？毕竟，正如爱德华·陈所指出的那样，是高管们自上而下批准贿赂的，而不是自下而上的。2009 年，时任司法部刑事部门首席检察官助理的兰尼·布鲁尔给出了答案。在制药业贿赂达到顶峰并被调查之际，他在华盛顿特区全球制药业高管会议上说："我们将大力根除医药行业在外国的贿赂现象。我们将会对公司进行调查，如果有必要，还会起诉公司。"然后他补充道："也会对高管进行调查和起诉。"[42]在该法通过后的 30 年里，企业高管很少因为海外贿赂被追责，但布鲁尔似乎是在宣布一种全新的、更强硬的政策。即使制药行业的贿赂程度已在广泛的调查和大量的文件中得到了证实，却没有任何一位高管甚至是工作人员因此而承担责任，更不用说受到指控和进监狱了。

在中国，贿赂基本上是小规模的，并且广泛分散到参与直接销售的基层工作人员手中。但是，当一家公司想要得到一份 1 亿美元的中东国家合同时，它必须逐级付给更高层官员回扣——总统和（阿拉伯）酋长。贿赂中国医生，伪造发票掩盖是一回事，而贿赂中东当权者并掩盖此事，则是另一回事，首先需要有人能接触到中东的高层官员，并且有能力让这笔钱看起来合法，让公司能够声称："哦，我们不知道他们要行贿。"一名前检察官这样描述。就是在这个环节，中间商粉墨登场。

中间商的故事让我们能够对公司内部贿赂系统有更深

入的观察：从第二次世界大战以来，企业是如何通过雇用神秘人物，搭建合法业务和有组织犯罪这两个世界的桥梁，从而接触到最高级别的政治权力，并且贿赂国家元首的。

第四章　幕后黑手

维克多·菲利普·迈克尔·达达尔赫 1943 年在巴勒斯坦出生，在加拿大长大，凭借贵金属矿铝土矿，他建立了一个庞大的帝国。由于铝土矿是炼铝的主要原料，他常被称为“铝业大王”。他住在伦敦最高档的贝尔格莱维亚区，在那儿拥有一套价值 500 万美元的别墅，比尔·克林顿和托尼·布莱尔都是他的朋友。他个子不高，有些发福，发际线后退得很厉害。

据说，达达尔赫的资产价值数十亿美元，其中包括德国施塔德市的一家铝厂和几内亚共和国内好几处铝土矿的独家开采权。他不仅通过采购和精炼铝矿发了财，而且还作为中间人牟利，为他人完成了几桩历史上最大规模的铝交易。在价值 1000 亿美元的铝贸易中，达达尔赫占据了属于自己的一席之地：他是一个亿万富翁，同时也是一个超级掮客，一个手握稀缺人脉资源的掮客，其中有实力强大的公司和隐居的中东国家元首。杰里米·诺丁汉曾在 20 世纪 90 年代与达达尔赫共事，他回忆道："他是个精明的商人。他要么刚在科威特见过'埃米尔'（穆斯林酋长），要么刚在阿布扎比与当权者会面。他是一个完美的中间商。"[1] 据美国、英国、瑞士和挪威的执法部门称，达达尔赫深受企业和外国官员信任，认为他能管理好巨额贿赂资金。

当一家位居《财富》世界 500 强之列的公司想要贿赂一位总统或一位波斯湾的"谢赫"（阿拉伯酋长）时，该公司首先必须通过一个代理人才能接触到他们，而这些代理人本身就来自精英团体。萨西·坎思·马拉拉是英国反重大欺诈办公室的前调查员，曾调查过达达尔赫，他说："(达达尔赫) 是顶级的贿赂掮客，是百里挑一的人物。"他解释说，在中东地区，"谢赫"和"埃米尔"可能只会信任两三个代理人，要他们打理生意和处理贿赂。这些代理人还同时代表了好几家公司。"任何想做生意的人都必须经过这几个掮客。这些人都是亿万富翁。"[2]

贿赂的精心策划需要技巧和判断力，因为它会违反许多国际法规，有时持续时间甚至超过 10 年。如果参与的代理人很有名望，那就会有极大的帮助。

世界上没有代理人比达达尔赫更有名望了，他曾任伦敦经济学院院长，并在克林顿基金会有一个以他名字命名的奖学金。[3] 尽管达达尔赫给全球慈善机构捐了款，并慷慨地资助大学研究中心，但他的隐秘身份还是美铝公司的一个贿赂掮客。美铝公司是一家美国蓝筹股公司，也是世界上最大的铝制造商。通过达达尔赫，美铝公司进行了一桩现代中东历史上最不正当的交易——向世界上最大的冶炼厂供应铝。该冶炼厂位于巴林。美铝公司通过达达尔赫，用1.3亿多美元贿赂了巴林的酋长们。于是，美铝公司在20年间将铝价抬高了共4亿美元，而酋长们同意对此事不闻不问。换言之，达达尔赫是西方自由主义精英的宠儿，他个人要对这类腐败行为负责，因为正是这种腐败迫使几十万愤怒的市民在“阿拉伯之春”期间举行抗议，其中包括许多巴林人。

那些沙漠酋长们有时也会贪污受贿，贪婪的西方公司向他们行贿，这如今已经是老生常谈了。但这一案例的独特之处在于，它揭示了回扣体系中一个根本的、但往往不为人知的维度：代理人的角色。腐败行为的中间人，作为全球商业中的影子人物，他们的存在即使没有几百年，也已有几十年历史了。人们对这类人的了解其实非常少，这正是他们自身能力的证明。自《反海外腐败法》出台以来，执法部门的调查只短暂地捕捉到了其中一小部分人的身影。如果说，人们对普通级别的代理人都知之甚少，那么对达达尔赫这个级别的代理人就知道得更少了。直到最近，人们才对其有些许了解。如果不是巴林王室内部的传统派和改革派之间不和，达达尔赫可能永远也不会被曝光。王室中传统派的权力是通过腐败来维持的，而改革派则认为在一个稳定的权力体系中，腐败是无法维持的。

这个故事阐明了现代国际商务与有组织的犯罪是多么密不可分。它揭露了一个“贿赂掮客”制度——即使是备受好评的西方公司也会将贿赂外包给代理人，并且这种做法往往成为它们成功的秘诀。通过达达尔赫这样的人，外国贿赂影响了我们的世界，破坏了法治，也损害了我们心中自由民主的制度。

1987 年 3 月，达达尔赫在泽西岛的避税港成立了一家名为罗美特的公司。（确切地说，泽西岛是英国王室的属地，位于法国诺曼底海岸，但有自己的议会和司法系统，包括确保企业高度保密的法律。）达达尔赫那时 40 岁出头，他在上层社会的生活中游刃有余。他出生于一个经营着全球性企业的家族。1915 年，达达尔赫的祖父创立了一家名为达科的私人投资公司，达达尔赫继承了这家公司，其总部现在位于根西岛。据一位曾与达达尔赫共事的铝业公司高管说，“二战”期间，达达尔赫的家族企业为英国政府建造了空军基地。他的父亲菲利普·迈克尔在巴勒斯坦的拉姆勒拥有一家公交公司，以及石油和肥皂工厂。1948 年，以色列建国后，他们一家人逃到约旦，并利用家族公司——拉姆勒·苏达巴士公司，帮助了许多阿拉伯巴勒斯坦人撤离被占领区。[4] 财富使这家人过上了享有特权的生活。在约旦度过一段童年时光后，达达尔赫在多伦多长大，然后去了伦敦经济学院上学。他于 1967 年毕业，不久后就成为另一个家族企业菲利普·M. 达达尔赫父子公司的总经理，这家公司是中东地区各种商品的供应商。（根据维基解密网揭露的外交电报，20 世纪 70 年代，达达尔赫曾游说美国驻约旦首都安曼的大使馆官员，希望他们能帮助销售医疗设备。）[5] 在达达尔赫成立罗美特公司之前，他已经建立起了一个全球关系网络，其中包括波斯湾的王室成员。

罗美特公司的注册文件列出了三名股东：达达尔赫，哈利法·阿勒哈利法和巴德尔·阿勒哈利法。除达达尔赫之外，其余两位均为巴林阿勒哈利法王室成员。[6] 从 1987 年到 20 世纪 90 年代中期该公司解散时，达达尔赫拥有公司的 6 股股份，而酋长们各持有 3 股。这些股份本身的价值不会超过几美元，并且罗美特公司似乎只不过是一个空壳。[7]

达达尔赫一直精心地维护自己的公众形象，他是位神秘人物。他从未接受过媒体的采访，他在自己的网站和公共关系声明中公开的个人信息少之又少，通过精心策划，他将自己打造成了慈善家和教育事业赞助人。关于他，一直以来的一个疑问是，他是如何与巴林的统治家族联系如此紧密的。挪威人古德文·托夫特曾在21世纪初担任巴林铝业公司首席执行官，几年前，在接受彭博新闻社的采访时，他透露过一点线索。托夫特说，在20世纪80年代，达达尔赫联系了法国驻巴林大使馆，并通过大使馆与巴林的阿勒哈利法王室建立了联系。[8] 一个与达达尔赫相识多年的企业高管提出了一个不同的看法：美国铝业公司早些年在迪拜就聘请了达达尔赫为其工作，然后将他推荐给了王室成员。达达尔赫证明了他的能力：他不仅越过了麦纳麦宫的大理石门槛，还进入内部的密室。在那里，他的爽快举止、中东血统和商业头脑，让他毫无疑问地成了王室成员的宝贵财富。据认识达达尔赫的人说，他是一个有感染力、有魅力的人，他很容易交到朋友。“他有办法让你觉得自己是受到优待的。”2004年之前一直担任巴林铝业公司副首席执行官的杰里米·诺丁汉回忆道：“我认为，他是那种会让你觉得自己很重要的人。我觉得他也非常小心谨慎。他从来不在台前露面，总是在幕后。”无论如何，达达尔赫已经找到了进入阿勒哈利法家族（巴林王室）的方法。罗美特公司的注册成立表明，到 80 年代中期，他已经成了巴林王室信赖的人，并成了他们进行贿赂的掮客。这种关系对达达尔赫、王室和西方公司来说，都是极有价值的。

美国铝业公司于 1888 年在宾夕法尼亚州匹兹堡市成立，到 2000 年，它在世界各地雇用了大约 12 万人，创造了 205 亿美元的年收入。该公司主要在澳大利亚和几内亚开采和提炼铝土矿，并将其精炼成复合氧化铝，然后用熔炉将其加工成铝。铝是一种利润丰厚的商品，它广泛用于各种产品中，从汽水罐到汽车和飞机零部件。美国铝业还将其大约一半产量的氧化铝出售给其他公司，包括达达尔赫非法交易的重点公司——巴林铝业公司。严格来说，巴林铝业公司的冶炼厂是由巴林王室拥有和管理的。美国铝业与巴林铝业的关系始于 1969 年，在 20 世纪 80 年代初以前，美国铝业一直在直接向巴林铝业供应大量氧化铝。

1988 年，巴林铝业董事长谢赫·伊萨·本·阿里·阿勒哈利法通知美国铝业的高管，如果美国铝业想继续与他们做生意，就必须将氧化铝卖给中间商维克多·达达尔赫，后者再将其出售给巴林铝业。谢赫·伊萨在监督巴林铝业招标过程之时，还是当时该国的石油部长，这赋予了他巨大的权力。他也是王子萨勒曼·本·哈马德·阿勒哈利法的姐夫。这位王子是世界上在位时间最长的首相，自 1970 年以来一直掌握政权。[9] 哈利法王子是阿勒哈利法家族的继承人，这个逊尼派王室家族在 18 世纪末征服了什叶派占多数的巴林，并一直统治至今。谢赫·伊萨被认为是首相的得力助手，因此，如果美国铝业想继续与这个石油资源丰富的国家做数十亿美元的生意，就很难拒绝他的要求。

起初，美国铝业的高层对达达尔赫表示质疑，因为他在铝行业没有任何经验，但最终他们还是遵从了谢赫·伊萨的要求。

聘请代理人的决定并不总是不道德的。代理人拥有关于市场、监管壁垒、外国海关、出口贸易法律的专业知识和人脉网络。雇用代理人的另一个主要原因是可以降低成本：与其在国外“供养”着一间昂贵的办公室和当地员工，倒不如基于各个项目的实施来聘请顾问，况且给顾问的报酬不是固定工资而是佣金。从名义上来说，美国铝业公司雇用维克多·达达尔赫是因为他拥有中东海关方面的人脉和专业知识。美国铝业的一名商业经理写道，达达尔赫旗下的“Alumet”公司是“一家精通中东地区常规业务的公司”，能够“让巴林矿业冶炼厂的各位股东满意”。[10]

达达尔赫与巴林王室组建公司的行为本身并没有什么不妥之处，但是在 1989 年，美国铝业为了将氧化铝卖给巴林矿业公司，其在澳大利亚的子公司向罗美特公司支付了128万美元的佣金，这一安排也因此而变得腐败了。这笔回扣是巴林王室要求支付的贿赂。后来，美国铝业在澳大利亚的一名销售经理在公司备忘录中是这样描述的：美国铝业同意了此事，表明了它愿意与王室成员建立腐败关系，而王室成员也反过来表达了对这家公司的感激之情——美国铝业成了巴林矿业的"首选供应商"。[11]

达达尔赫成功地接洽了这次贿赂活动，向巴林王室和美国铝业公司证明了自己的能力。"中间商必须证明他们是值得信任的。这种信任的建立来自贿赂行为。"一名了解美国铝业案件的前美国执法官员描述道。[12]获得这种信任，是达达尔赫飞黄腾达、跻身全球精英的起点，也是他最终从云端跌落谷底的起点。

1990年，达达尔赫在德奥奇大街开设了一个办事处，这是瑞士洛桑一条树木繁茂的时尚大街。德奥奇大街61号曾经是洛桑莫里斯酒店。这座优雅的四层建筑有着新古典主义的阳台和奶油色的外观，位于日内瓦湖北岸，步行一小段即可到达。20世纪60年代，美国铝业公司收购了这处房产，把它变成了美国铝业欧洲公司的办公室。正是在这栋建筑的四楼，美国铝业公司邀请达达尔赫成立了一家名为"AA氧化铝与化工公司"的新公司，并雇用了少量员工。他甚至印制了带有美国铝业商标的文具用品，表明他和这家公司关系深厚，而且联系日益紧密。那一年，达达尔赫与美国铝业签署了一份协议，成为其官方业务代理人。

作为对达达尔赫提供的本地支持和营销服务的回报，在他撮合的美国铝业和巴林铝业的所有交易中，他抽取交易额的1%作为佣金。[13]在1990年至2009年间，美国铝业一直与巴林铝业维持着一份价值30亿美元的合同——这是历史上最赚钱的铝交易。[14]

一直让人不明白的是：达达尔赫究竟为美国铝业公司提供了什么？为什么他会得到如此高额的报酬？美国铝业本来已经与巴林铝业建立了长期的合作关系，向其供应了数千吨氧化铝。虽然严格意义上来说，达达尔赫现在是一个中间商，但他的公司实际上并不拥有卖给巴林铝业的氧化铝。正如多个国家的调查很快发现的一样，达达尔赫自己也没有安排将这些材料从澳大利亚运往巴林。[15]

美国铝业公司在认可了达达尔赫的中间人身份后，又自觉地接受了使用可疑的财务结构这一条件——企业至少从20世纪50年代就开始使用这个结构来进行贿赂了，而且可能从“二战”之前就开始使用了。这种结构是如何形成的，是战后外国企业贿赂史的关键部分——它所揭示的许多有关代理人和政治权力的情况，在今天仍然真实地存在。

洛克希德飞行器公司成立于加利福尼亚州的伯班克，是“二战”后美国最大的国防承包商，专门生产商用和军用飞机。但到了 1967 年，公司濒临破产。它获得了 2.5 亿美元的联邦救助，但仍然极度需要一笔大宗交易。日本大型商业航空公司全日空，计划购买 21 架飞机，价值 4.3 亿美元。洛克希德公司的竞争对手麦道公司和波音公司，已经提前得到了首肯。

卡尔·科奇安于 1967 年就任洛克希德公司总裁，他坚信，如果公司不设法不计代价地从竞争对手那里赢得合同，公司就会倒闭。来自北达科他州的科奇安是一个直言不讳的人，自从他 1941 年来到洛克希德公司，就在公司步步高升。他多次飞往日本，试图做成全日空这笔生意，但当努力白费时，他采取了更极端的措施。[16]

科奇安最终采取的方法，是雇用一位能与日本国家领导人联系的权力代理人。战后的日本就如同当今许多国家一样，政治权力的核心圈子是不对外国人开放的。语言、礼仪和社会习俗都要求外国人只有通过适当的关系才能接近政府官员。正如科奇安后来向国会解释的那样：“我觉得你们应该认识到一点，日本的权力集团是一个关系相当紧密的团体，在商界和政界都是如此。而美国人并不知道如何进入这个团体，所以我们需要一些帮助。”

洛克希德公司寻求的不仅仅是“一些帮助”。这家公司最终雇来进入日本权力结构的代理人，是该国最臭名昭著的黑社会大佬，也是美国占领日本期间的一名前战争犯罪嫌疑人。

根据美国中央情报局（以下简称“美国中情局”）最近解密的一份卷宗所述，儿玉誉士夫 1911 年出生在日本福岛县的一个武士家族，算是日本的“士族”〔1〕[17]。美国中情局已经对儿玉的活动追踪了 30 多年，其关于儿玉的生平记录被放在 100 多份曾经需要保密的文件中，详细而精彩地描述了这个可能是现代社会中第一位、也是最臭名昭著的超级掮客。

从大学辍学的儿玉誉士夫，年轻时就成为日本民族主义的狂热拥护者。一份美国情报文件称，他在 20 多岁时，就与恐怖事件和右翼分子被捕的事件有关联，而这些事件标志着 20 世纪 30 年代初日本军国主义的高涨。[18] 1932 年，儿玉密谋刺杀日本首相斋藤实，因为斋藤实不赞同他野心勃勃的日本扩张计划，但这次刺杀行动没有成功。儿玉在庭审中被判有罪，在审判过程中开枪自杀未遂，并在监狱中度过了近五年的时间。

〔1〕 日本的“士族”，是由原来的中下级武士和宫廷中的中下级事务官组成的，属于原“公务员”身份的阶层。——译者注

儿玉誉士夫从牢中获释后，当时掌权的日本军政府认为他是可用之人，让他成为一名秘密外国特务，在中国推动日本的军事事业。儿玉在上海建立了一个庞大的贸易帝国，作为他掩人耳目的场所——“儿玉社”。正如美国情报官员所写，该组织由富有民族思想的“恶棍”“浪人”“兵痞”等组成。[19]它的活动包括贩运海洛因、收集情报、准军事行动和黑市采购。[20]据美国情报官员称，儿玉在中国聚敛了一笔私人财富，持有大量的“铂金、钻石和镭”。情报文件声称，儿玉1942年回到日本时，带了1000根金条和等值10亿美元的日元。[21]

有了这些战争基金，儿玉誉士夫成了日本战后最大的“黑幕”，也就是“幕后黑手”。“kuromaku”这个词来源于古代的歌舞伎剧院，字面意思是将演员隐藏在舞台后的幕布（黑幕），指幕后真正拥有控制权的个人。到了20世纪50年代，美国情报界将儿玉形容为“日本右翼无可争议的领袖”。他亲自出资创立了占统治地位的自民党，并资助了许多右翼的事业。正如《纽约时报》的一篇报道所说：“他的权力来源之一，就是他巧妙地操纵了日本人特有的个人责任感。他给那些身居高位的人提供了大大小小的帮助，后来还为他们捐资。”[22]情报文件显示，儿玉还是“一些日本黑帮头目的结义兄弟”。

1971 年，科奇安在东京遇到了儿玉誉士夫，他惊讶地发现儿玉是个其貌不扬、说话很温和的男人。“很难想象他的力量和才能都藏在哪里。”科奇安后来就此事在一本书中这样写道——这是迄今为止出版的少数关于儿玉的一手资料之一。据科奇安所言，儿玉告诉他，如果洛克希德公司不支付贿赂，就永远无法在日本销售，这实际上是“球赛的入场券”。“如果不支付入场费，你甚至都没有资格参加这场比赛——你的产品甚至都不会被考虑。”[23]

洛克希德公司听从了儿玉的“忠告”，煞费苦心地利用一家瑞士子公司来给他暗中付款。瑞士的公司保密法给公司提供了更强大的保护措施，使之不至于东窗事发。自那以后，这一做法一直为索贿的公司采用。因为儿玉坚持要求用现金支付贿款，洛克希德公司在瑞士的职员从香港的外汇经纪人那里购买数百万日元，将现金装进专门设计的包装箱里，然后直接送给儿玉。后来，他们换成了不记名支票，洛克希德公司负责国际金融的副总裁亲自将其带到了东京。

1969 年至 1975 年间，洛克希德公司向日本支付了 1250 万美元贿赂和可疑款项，而儿玉誉士夫获得了其中的 700 万美元（其中 500 万美元是他的咨询费，大约 200 万美元据称是回扣）。另外的 550 万美元，则通过不同的代理商，落入了10多名政府官员的手中。[24]科奇安后来在国会作证说，他从来没有向他的幕后黑手问过这笔钱何去何从，尽管他在书中承认，他知道至少有160万美元给了日本首相田中角荣。虽然儿玉向田中行贿的方式仍是个谜，但在贿款支付后，全日空公司就违背了与波音公司和麦道公司的交易协定，转而购买了洛克希德公司的飞机。

1976年，参议员弗兰克·丘奇作为调查洛克希德海外贿赂案的国会委员会主席，询问洛克希德在亚瑟·扬会计师事务所的首席审计员威廉·芬德利："当你得知这些付款时，你是否曾调查过儿玉誉士夫的身份……你发现他曾是战争罪犯了吗?"〔1〕芬德利回答说：洛克希德公司的董事们知道儿玉的身份，但暗示他们根本不在乎这一点。1976年的听证会还详细地披露了这一真相，事实上，早从1958年开始，儿玉就已经是洛克希德公司的秘密代理人了。[25]

卡尔·科奇安在美国国会承认曾向日本人行贿，这成了日本自"二战"结束以来最大的丑闻。它被认为是日本的水门事件。总共有16名日本高层政府官员和商人被指控

〔1〕事实上，儿玉从未被定罪。在美国占领日本期间，美国军方将他作为甲级战犯嫌疑人逮捕。他在东京的巢鸭监狱被关押了三年，但从未出庭受审。1948年，美军释放了他。一些资料显示，美国情报界对儿玉一案进行了干预，并把他培养成了一名反共产主义"人才"。正如参议员丘奇所说，即使没有被定罪，儿玉也显然是一个"可疑人物"。

犯有贿赂罪或其他罪行。首相田中角荣在1974年辞职，又于两年后被指控受贿。1983年，他被判有罪，判处四年有期徒刑。田中曾提出上诉，但在日本最高法院作出判决之前，他已于1993年去世。[26]儿玉誉士夫是唯一未被定罪的人，他在1984年死于心力衰竭，享年73岁。

洛克希德事件让一个基本事实变得充满戏剧性：在日本，签订一份价值数十亿美元并关系到国家未来发展的最高级别合同，并不是基于其独特优势、产品质量、价格竞争力。这并不是说洛克希德的飞机质量比较差，而是恰恰相反。但这一丑闻不仅首次揭露了这样一个体系的存在，通过这个体系，包括首相在内的日本国家领导人都可以被贿赂影响，还首次揭露了进入这个体系的秘密钥匙就是儿玉这样的人物。

我们永远无法确定，洛克希德公司付给黑社会领袖约4000万美元的贿赂，可能对日本的政治发展及日美关系产生怎样的影响。参议员查尔斯·珀西描述了一件非常可悲的事情："美国最大的国防承包商"向一位空想家支付了数百万美元的贿赂，而这位空想家领导着日本军国主义右翼势力，引发了"一次真正的世界大战和对美国的攻击"。同时，珀西发现了洛克希德与儿玉之间令人不安的关系。"据我所知，就是他们之间的那种联合，我真的感到非常震惊。

洛克希德公司竟然会和儿玉建立那样一种联盟关系，竟然觉得为了在日本做生意有必要那么做。责任在哪里呢？”[27]

美英当局声称，到20世纪90年代初，美国铝业已向达达尔赫支付了数百万美元的“佣金”，然后他将这些钱作为贿金转交给了王室。据英国检察官所说，达达尔赫舒适地待在伊顿广场的爱德华时代的别墅里，用传真机指示多家银行电汇资金，进行大量诈骗。[28]1993年，他在新加坡注册成立了一家名为奎纳伦的新公司。表面上看，它将经手从澳大利亚出口、途经新加坡的额外的氧化铝运输工作。实际上，澳大利亚的美国铝业公司仍在管理这些运输工作。但通过奎纳伦公司，达达尔赫提高了他计划的赌注，并开始抬高他卖给巴林铝业的氧化铝价格。仅在1993年至1996年间，他就向巴林铝业多收了将近1900万美元。

为什么巴林铝业会同意以一个明显抬高的价格购买氧化铝？美国执法部门称，这种加价产生了一笔备用资金，控制着巴林铝业董事会的酋长们可以从中捞取巨额资金。该计划的运作如下：美国铝业以折扣价向达达尔赫出售一吨氧化铝，而达达尔赫以抬高14%的价格给巴林铝业开具发票。巴林铝业将这笔钱全部汇入奎纳伦公司的银行账户，然后那被抬高的14%将产生一笔备用资金。达达尔赫没有把钱留给自己，而是安排好把钱还给了控制巴林铝业的酋长们。虽然酋长们不能公然地从公司财务中窃取数百万美元，因为这样做的风险实在太大了，但这一计划能让他们在暗中完成这件事。从本质上讲，他们是在从国库偷钱，因为巴林铝业是一家国有企业。

根据杰里米·诺丁汉的说法，王室成员知道这种腐败现象。事实上，巴林铝业的董事长谢赫·伊萨亲自控制着招标系统。在这个系统中，巴林铝业的所有招投标都是基于贿赂进行的，而不仅仅是涉及美国铝业的部分。正如诺丁汉解释的那样："规则是，任何超过 10 万第纳尔或 26 万美元的合同在交出去之前，即使我们有自己的招标委员会和内部程序，它也必须经过我们所谓的'市中心'。这是一种委婉的说法。'市中心'意味着它被送去了谢赫·伊萨部长的办公室，部长会告诉我们谁能赢得这份合同。"诺丁汉后来在对达达尔赫腐败案的审判中作证，他补充道："在那个时代，你想得到生意，想得到合同，就只有这一种方法。必须支付贿赂，这是标准做法。"

有了谢赫·伊萨的许可，达达尔赫在 1997 年到 2001 年间，除了他先前已经涨价的 1900 万美元外，还将他出售给巴林铝业的氧化铝总价提高了 1.08 亿美元。据司法部统计，在 2002 年至 2004 年间，他把价格抬高了 7900 万美元；在 2005 年至 2009 年间，他把价格抬高了 1.88 亿美元。在

20 年间，巴林公民为氧化铝多付了 3.94 亿美元，这些钱都是王室从公共资金里捞来的。

在此期间，美国铝业的高管们故意对达达尔赫的公司装聋作哑，甚至为其提供便利。美国司法部称，当美国铝业的律师开始担心，这位代理人的空壳公司可能违反法律时，美国铝业的一名高管为达达尔赫作了担保（这名涉事高管的名字没有被透露）。巴林铝业在对美国铝业和达达尔赫提出民事诉讼时的一部分文件表明，2000 年成为巴林铝业执行总裁的布鲁斯・艾伦・霍尔也开始提出类似的疑问，时任美国铝业子公司营销副总裁的威廉・赖斯从匹兹堡传真给他一封信，信中向他保证，达达尔赫的公司是美国铝业值得信赖的经销商。但霍尔仍然不满意，他差点就放弃了一笔铝交易。赖斯发传真威胁他说，如果巴林铝业拒绝与达达尔赫的公司合作，他将把美国铝业的氧化铝卖给其他买家。赖斯说，他只是负责联络，不对这一具体安排负责。他说："在我的职位上，显然有高于我的管理层在作决定。"[29]最终，达达尔赫找到了自己的方法来说服霍尔——贿赂他。霍尔最终拿到了 1000 万美元的回扣，并于 2011 年 10 月被捕。巴林铝业最终与美国铝业和威廉・赖斯达成了民事诉讼和解。美国执法部门从未以任何不法行为为由起诉过美国铝业的高管们。

2013 年，英国反重大欺诈办公室明确指出谢赫·伊萨是美国铝业的受贿对象之一。根据达达尔赫在英国的案件记录，他通过离岸账户给谢赫·伊萨电汇了至少 600 万美元。美国司法部追查到，在 1993 年至 2006 年间，达达尔赫通过多家空壳公司向巴林王室行贿了至少 1.312 亿美元，其中一位就收到了 8300 万美元的贿赂。这位官员的名字没有被公开，但符合对谢赫·伊萨的描述。据一位与谢赫·伊萨关系密切但不愿透露姓名的商人称，几乎可以肯定，谢赫·伊萨并没有自己留下这笔钱。这名商人说："谢赫·伊萨的生活并不奢华，他是一个非常朴素的人。他只是一名为那个真正赚钱的人提篮子的掮客。"美国和英国的法律诉讼表明，某位王子收受了大部分贿赂。在美国司法部的文件中，这位王子像谢赫·伊萨一样从来没有被公开透露过姓名，而只是被称为"官员 D"。他是巴林王室的高级成员，几十年来一直担任巴林政府的高级官员。[30]美国铝业最终对美国司法部的指控认罪，根据这份指控，达达尔赫的公司给"官员 D"直接电汇了至少 3700 万美元。

美国铝业并不是唯一一家通过达达尔赫与巴林铝业进行交易的公司。2014 年，挪威船运公司托瓦尔德·克拉夫内斯曾将美国铝业的氧化铝从澳大利亚运往巴林，在经过长达四年的调查后，它向挪威当局支付了 500 万美元的罚款。根据挪威经济犯罪调查局的说法，在 2003 年到 2004 年间，克拉夫内斯公司的一个子公司向达达尔赫的空壳公司“Alumet”支付了约 270 万美元的回扣。[31] 达达尔赫利用瑞士和根西岛的银行账户，秘密地将这些回扣的“很大一部分”电汇给了谢赫·伊萨。[32] 托瓦尔德·克拉夫内斯公司是汤姆·埃里克·克拉夫内斯的父亲于 1946 年创建的，汤姆告诉一家挪威报纸，这笔贿款中的一部分是给巴林高层的，但他没有办法证实这一点。[33] 挪威经济犯罪调查局和汤姆·埃里克·克拉夫内斯拒绝对此事继续进行评论。

如果巴林铝业没有在 2008 年向美国联邦法院起诉美国铝业，并索要 10 亿美元的赔偿，这些细节永远都不会曝光。正如一位观察者所描述的那样，这意味着王室家族中出现了明显的分歧，分成了所谓的“好阿勒哈利法”和“坏阿勒哈利法”。“好阿勒哈利法”指的是王储萨勒曼·本·哈马德·本·伊萨·阿勒哈利法。据报道，这位年轻的王储兼改革家认为，他的叔叔兼首相的腐败行为危害了阿勒哈利法王朝的稳定。据说，这位王储已授权巴林铝业的新管理层去调查对该公司招投标系统的腐败指控，然后对美国铝业提起了诉讼。据称，他这么做是为了羞辱他的叔叔和叔叔的亲信们。[34] 诉讼一经公开，美国司法部就介入此事，并开始对美国铝业进行刑事调查，英国反重大欺诈办公室也是如此。

2011 年 10 月 24 日，达达尔赫在伦敦被捕，背景是“阿拉伯之春”运动。就在几个月前，数万名巴林人（大部分是什叶派）走上街头，对首相的行为进行抗议。然而，阿勒哈利法家族为了保护家族利益，阻止了这次运动。“关键是他们要捍卫自己所拥有的特权，这让他们过得非常富裕。”巴林社会活动家阿拉·谢哈比说。[35]尽管首相和谢赫·伊萨拒绝承认任何关于他们的腐败指控，然而 2013 年开始的对达达尔赫的审判首次揭露了他们涉案的真相。

达达尔赫从未否认过行贿。相反，他的辩护团队辩称，这些贿赂是合理且合法的，因为巴林政府知道并批准了这些贿赂。在法庭上，达达尔赫的辩护律师尼古拉斯·珀内尔声称，谢赫·伊萨只是按照首相的命令行事，是首相最终控制了巴林铝业：“达达尔赫先生支付的所有贿款董事会都是知情的，该董事会由巴林多数派以及与首相有关系的人员组成。”[36]

然而，当控方的关键证人，巴林铝业的前首席执行官布鲁斯·艾伦·霍尔改变证词时，英国反重大欺诈办公室的案子告吹了。反重大欺诈办公室曾试图让达达尔赫对整个巴林铝业的腐败案负责，但是霍尔像其他许多人一样认为，这个策划不能仅仅归咎于达达尔赫一人。达达尔赫只是善于操纵它。诺丁汉说："这是一个由政府资助的腐败事件。维克多·达达尔赫是政府资助腐败的关键人物，但他并不是这件事的始作俑者。"两名代表巴林铝业对达达尔赫进行民事诉讼的美国律师，也以"律师与当事人保密特权"为由，拒绝在伦敦作证——这是致命的一击。法官裁定，如果没有权力盘问这些证人，就无法对达达尔赫进行公正的审判，于是对他的指控就被撤销了。2014 年，美国铝业支付了 1.61 亿美元罚款，以了结美国证券交易委员会对其违法的调查。该公司的子公司，即美国铝业世界氧化铝公司承认了司法部的指控，并支付了 2.23 亿美元罚款。[37]

不是每一位代理人都是儿玉誉士夫那样危险的空想家，也不是每一位代理人都像达达尔赫那样有钱有势；并不是所有的海外业务都是通过代理人进行的，当然，也不是所有的代理人都是腐败的。但自从洛克希德公司雇用这些腐败的代理人起，代理人就在数十亿美元的国际公司贿赂系统中发挥了重要的作用。

在西门子公司的工资名单上有 2700 名"顾问"，这是一支名副其实的行贿大军。司法部的一项调查发现，在许多情况下，他们的唯一工作就是"将西门子的贿款转交给负责授予业务的外国政府官员"。[38]西门子庞大的"顾问"团队，使这家公司能够进行规模惊人的贿赂活动：该公司向全球10多个国家支付了至少4283笔贿赂款项，涉案资金近14亿美元。[39]其中一些中间商是低层商人，他们只负责将现金送到高层官员手中，而另一些则是像卡洛斯·塞吉这样的人。塞吉是阿根廷著名的企业家，与阿根廷空军长期有联系。据说，他曾在阿根廷马尔维纳斯战争期间促成可疑的武器销售，并且在内斯托尔·基什内尔执政期间，他还是大型雷达采购项目中的一个影子人物。据称，塞吉还协助策划了向阿根廷政府官员行贿1亿美元的计划，行贿对象包括20世纪90年代的总统卡洛斯·梅内姆和21世纪初的总统费尔南多·德拉鲁阿。[40]正如美国司法部所言，塞吉"对于这个阴谋的价值在于，他能接触到阿根廷政府中有影响力的成员，并能扮演好协调者的角色"。调查中发现的证据表明，塞吉曾给了梅内姆1600万美元，但这位前总统从未受到过指控，并且否认了自己有过任何不当行为。

在与西门子达成交易之后，塞吉又回到了幕后，后来他仍在幕后工作，而美国司法部仍然在对他进行调查。之后，他的名字又在另一起丑闻中浮出水面。2011年，西班牙当局在巴塞罗那机场扣留了一架私人飞机。在这架飞机上的两个长沙发里，他们发现了超过一吨的可卡因，价值约4200万美元。这架飞机之前从阿根廷飞到了非洲的佛得角，由古斯塔沃·朱利亚和他的兄弟爱德华多驾驶，他们计划将毒品走私到阿根廷境内。朱利亚兄弟是已故的何塞·朱利亚的儿子，何塞·朱利亚则是卡洛斯·梅内姆执政时期的前阿根廷空军司令。（2013 年，一家西班牙法院判处朱利亚兄弟十三年有期徒刑。）阿根廷报纸引用未透露姓名的西班牙地方法官的话称，租用这架飞机的费用是 50 万美元，这笔费用是卡洛斯·塞吉支付的。[41]

在一段时间里，西门子无所顾忌地使用中间人似乎是极端的个例。然而，从那以后，包括戴姆勒、惠普和强生在内的世界上许多最知名的公司，都因为使用腐败代理人而受到国际执法机构的调查和罚款。

在超过 50 年的时间里，劳斯莱斯制造了世界上最先进的商用和军用喷气式发动机。在英国乃至全球，主流的说法是，劳斯莱斯之所以成为世界上首屈一指的蓝筹股公司，是因为其出众的工程技术和卓越的企业领导力。确实，据《金融时报》报道，劳斯莱斯的收入从 1987 年的 28 亿英镑飞涨到 2016 年的 760 亿英镑。[42]然而，据英国和美国执法部门称，从 1989 年到 2013 年，也就是劳斯莱斯公司收入爆炸性增长的那段时间，该公司维持着一个分布广泛的行贿体系，通过至少 8 名国际中间商向尼日利亚、俄罗斯、印度尼西亚、哈萨克斯坦、安哥拉等国家的政府官员行贿。这些贿赂为公司带来了至少 2.5 亿英镑的利润。20 世纪 90 年代，劳斯莱斯向其在泰国的代理商支付了1000多万美元，这些代理商继而用贿赂手段让政府高级官员购买了劳斯莱斯的T800引擎，从而击败了普惠公司等竞争对手。2012年，劳斯莱斯在尼日利亚的代理商向政府官员行贿，从而获得了包括通用电气在内的竞争对手的内部信息。劳斯莱斯利用这些信息确保自己在投标报价时处于更有利的地位，并赢得利润丰厚的合同。2017年，该公司承认了所犯的贿赂罪，并向美国和英国当局支付了总计8亿美元的罚款，成为又一个记录在案的最大规模的行贿计划。[43]

2016年6月20日，在多伦多约克大学会议大厅的舞台上，维克多·达达尔赫身穿深红蓝交织的毕业礼服，从椅子上站了起来。他受到了热烈的掌声欢迎。约克大学是加拿大最受尊敬的大学之一，近年来建立了卓越的全球声誉，尤其是其商学院和法学院。自21世纪初以来，达达尔赫就是学校最大的个人赞助者，校园里有一栋以他的名字命名的建筑，另一栋也即将完工。2015年，他捐赠了2000万美元，成立了达达尔赫全球健康研究所。约克大学的院长兼副校长曼杜·舒克里称这是一份“变革型的礼物”，而且还是“校史上最大的校友捐赠”。[44]2016年5月，达达尔赫向蒙特利尔的麦吉尔大学捐赠了350万美元，用于资助神经科学研究领域的一个重要岗位，他于1975年在这所大学获得了管理学硕士文凭。麦吉尔大学称赞他是本校最伟大的英国捐赠者。[45]2016 年 11 月，达达尔赫向英国肺病基金会捐赠了 600 多万美元，这也是该组织收到过的最大一笔捐款。[46]

为了对达达尔赫热心慈善事业进行表彰，约克大学授予了他最高的荣誉法学学位。当他站在会议大厅的舞台中心时，他告诫观众们："尽你最大的努力做一个好公民。并且最重要的是，当你取得成功时，要懂得回报。"[47]然而，当他站在讲台上歌颂利他主义的美德时，他在瑞士的资产被冻结了。从 2009 年开始，瑞士伯尔尼的总检察长办公室一直在进行一场针对"达达尔赫涉嫌洗钱"的刑事诉讼，并且已经冻结了 6000 多万美元。这是一笔非同寻常的巨额资金，但可能只是达达尔赫全部财富的一小部分。[48]

刚开始，达达尔赫通过贿赂赚了几百万美元，但这只是他非凡的职业生涯中的起步阶段。在接二连三的行动中，他洗白了自己的财富，并赢得了声望，还在全球自由主义精英中获得了一席之地。这一过程始于美国铝业公司。达达尔赫一搬进美国铝业在瑞士的办公室，就进一步拉近了与公司圈子的距离。2000 年 5 月，美国铝业公司与另一家美国铝业巨头雷诺兹公司合并，组成了世界上最大的铝业公司。在批准合并之前，欧盟委员会要求美国铝业剥离某些在欧洲的资产，以防止垄断。在公司待售资产中，有雷诺兹并购的位于德国斯塔德一家铝冶炼厂50%的股份。[49]买家是达达尔赫，至此他不再仅仅是一个腐败的中间商，而且还是全球铝业的重要参与者。[50]

2004年6月，斯塔德冶炼厂剩余50%的股份被出售。卖方是一家挪威的能源公司——海德罗公司。达达尔赫花了1.1亿美元买下了这50%的股份，现在他已经持有斯塔德冶炼厂的全部股权了。[51]通过这次收购，他还获得了一家名为哈尔科的公司10%的股份。哈尔科公司是一个由数家公司组成的财团，其中包括力拓加铝和美国铝业，该财团拥有几内亚铝土矿公司51%的股份（几内亚政府拥有其余49%的股份）。[52]几内亚铝土矿公司是该国一家铝土矿开采公司，拥有世界上已探明的最大储量的铝土矿的专营权，而达达尔赫在其中分了一杯羹。即使达达尔赫待在伦敦贝尔格莱维亚的豪宅里，也可以开始直接从非洲采购自己的铝土矿，并在德国的冶炼厂提炼矿石了。他已经成为一个产销一体化的铝业巨头。

到2005年前后，达达尔赫迈出了他的第三步：成为全球捐助者。他以自己的名字成立了一个基金会，并开始向大学、医学研究和自由事业捐款数百万美元。他给国际危机组织捐款数千美元，该人权组织总部位于布鲁塞尔；资助伦敦帝国理工学院的癌症研究所；还给位于伦敦的左翼智库公共政策研究所捐了 2 万多美元。2007 年，全美少数族裔联盟授予达达尔赫“埃利斯岛国际荣誉勋章”，该奖项是用来表彰那些在“专业、个人或慈善领域有益于全球社会”的人。[53]

达达尔赫通过更高层次的人脉圈子得以步步高升，他向英国工党捐款，先后与托尼·布莱尔和比尔·克林顿成为朋友。2004 年，也就是达达尔赫完全控制了斯塔德冶炼厂的那一年，他已开始向克林顿基金会捐款。据报道，他捐赠了 100 万到 500 万美元（该基金会尚未透露具体金额）。[54]克林顿基金会和达达尔赫基金会共同赞助了一项奖学金，使来自贫穷国家（特别是中东地区）的有前途的学生能够在麦吉尔大学上学。[55]

恰当地说，麦吉尔大学见证了达达尔赫慈善事业最辉煌的时刻：2009 年，他说服了学校授予比尔·克林顿荣誉学位。更令人印象深刻的是，当美国司法部对美国铝业和达达尔赫的刑事调查正广为人知时，达达尔赫说服了比尔·克林顿前往蒙特利尔接受这一荣誉。[56]10 月 16 日上午，克林顿站在 700 多名观众面前，达达尔赫骄傲地微笑着，把学位帽拨穗搭在了克林顿的肩上。活动录像中拍到，达达尔赫随后还给了克林顿一个深情的拥抱。

克林顿在演讲中将达达尔赫称为“我最好的朋友”，并在将近一个小时的发言中，一次又一次地提到“道德责任”的必要性。克林顿在他精彩的演讲中列举了许多统计数据，这些数据精确而可怕，涉及全球不平等，以及针对穷人的幕后操纵。克林顿可以重新讲述达达尔赫的故事，这个故事可以充分地说明企业是如何进行贿赂（尤其是像美国铝业这种规模的企业），又是如何通过授权给专制政权加深不平等、损害民主的前景。

如今，达达尔赫继续做着他的慈善事业。他把自己的时间一分为二，要么待在伦敦，要么待在他和妻子在瑞士保德斯地区购置的一座大房子里。这座房子坐落在一条僻静的小巷里，距离达科公司在洛桑的总部只有 15 分钟的车程，那里是这一切开始的地方。在莫里斯酒店的旧楼中，达达尔赫从他与美国铝业的长期关系中继续获取利益。他们在几内亚的合资企业哈尔科公司在 2015 年至 2017 年间的净收入为 1.17 亿美元，达达尔赫抽取了其中 5%的收益。[57]

代理人这一角色，解释了高级别商业腐败导致的最具破坏性的后果之一：一个令人不安的恶性循环。在这个循环中，声望为腐败铺路，而腐败又为更高的声望铺路。一天下午，在匹兹堡的美国铝业民事审判中，巴林铝业的代理律师查尔斯·吉本斯说：“真相会沿着你所问的问题，一路向你走来。”达达尔赫的职业生涯说明了：谎言堆积在无人敢问的问题上。

同样的说法也适用于受贿的外国政府官员。如下一章所述，腐败的外国官员之所以能收钱和洗钱，主要是因为西方有权势的机构和行业（如公司、银行、律师），选择忽视这些黑钱。与中间商的情况一样，这种腐败的影响远不只是停留在海外，还会回到美国国内困扰我们。

第五章　沼泽船屋

2007 年年末，在英国和尼日利亚警方正步步逼近时，尼日利亚三角洲前州长詹姆斯·伊博里，让他的律师在伦敦做了一笔非同寻常的交易：在得克萨斯州休斯敦购置了一栋 7000 平方英尺的豪宅。伊博里用现金购买了这座 180 万美元的房产。[1]他没有特别的理由在休斯敦拥有一所豪宅，事实上，他与得克萨斯州没有任何联系。在 1999 年到 2007 年间，他担任州长的年薪只有 1.8 万美元。

尼日利亚是非洲最大的经济体，它的发展几乎完全依靠石油生产。其中大部分石油（370 亿桶）埋藏在三角洲的沼泽溪流中，成为世界上最令人垂涎的财产之一。伊博里管理三角洲地区时，正逢其历史的关键时期，充斥着前所未有的石油开发和暴力事件。为了从三角洲的土地上获取原油，大型石油公司签署了数十亿美元的合同。这片土地原本属于三角洲地区的少数民族部落，这些部落为了控制石油资源互相残杀，然后威胁外国石油公司。一直以来，詹姆斯·伊博里通过公司贿赂、贪污和欺诈等手段，秘密聚敛了一笔笔不义之财。

在伦敦金融专家和律师的帮助下，伊博里将数百万美元藏匿于世界各地的银行账户中，或者将其转化为不动产。他的律师安排好了一切，一个由空壳公司组成的密集网络遮掩着他的资产，而伊博里的名字在网络中则没有一点痕迹。那座位于休斯敦的豪宅挂在空壳公司 MER 工程公司的名下，英国和尼日利亚的执法部门当时正认定该公司是一起神秘贿赂案的关键。

自 2005 年以来，英国警方一直在调查伊博里的影子帝国，因为他的大部分资金都流经伦敦，而且他有 3500 万美元的资产已经被警方追踪到并冻结了。伦敦警察厅总部“苏格兰场”的侦探们为了搜集证据，一直往返于尼日利亚首都阿布贾。他们要找的证据包括一份看上去可疑的商业合同，该合同将伊博里与世界上最大的两家石油公司联系在一起，即雪佛龙公司和壳牌石油公司。

他们了解到，雪佛龙和壳牌在三角洲租了两艘船屋，实际上是漂浮的旅馆，沼泽地的石油工人和保安人员都可以睡在里面。在 2004 年至 2007 年间，也就是伊博里的第二个任期内，这两家石油公司在伦敦巴克莱银行的一个账户中存入了 340 万美元，据称是用来租赁船屋的。除了雪佛龙和壳牌是将租金付给 MER 工程公司这个疑点之外，这似乎是一笔寻常的交易。巴克莱银行的账户名义上由 MER 工程公司持有，实际上却由伊博里控制。[2]雪佛龙和壳牌辩解道，在伊博里担任州长期间，它们向 MER 工程公司支付数百万美元，这件事并不奇怪。伊博里称，这些存款是合法的商业收入，因为在这之前，他实际上已从公司辞职了。美国、英国和尼日利亚的法庭诉讼讲述了一个不同版本的故事。在这起英国历史上最严重的腐败案中，核心问题是，雪佛龙和壳牌石油是否贿赂了尼日利亚最冷酷无情的政治人物伊博里。“伊博里和大毒枭勃罗·埃斯科巴是同一类人。”调查伊博里的前尼日利亚警官努胡·里巴杜说。[3]

在 MER 工程公司的船屋收入存进伊博里的账户后，他的律师通过秘密银行账户洗钱，并最终将这笔资金分散到其他资产中，包括一辆豪华汽车、一处英国的房产、一架私人飞机的订金，以及得克萨斯的豪宅。如果从雪佛龙和壳牌那里得到的钱是合法的商业收入，为什么伊博里还要如此大费周章地将钱隐藏起来，并在洗钱后用来满足一己之私？2013 年，苏格兰场的一名侦探在满座的法庭上说："我相信，伊博里与雪佛龙的合同是腐败的。"

虽然雪佛龙和壳牌从未被指控有任何不法行为，但伊博里的账户与这两家公司的交易，以及他用这些钱做的事，足以说明腐败的官员是如何收受、转移和隐藏贿赂了。在涉及数百万美元的高层贿赂中，受贿者通常不想要现金，当然，也不想把现金送到他们自己的国家。"像詹姆斯·伊博里这样的人，他们想要进入国际金融体系，拿走最上层的利润，然后洗钱。他们想要一个安全网，一个金融保险箱。"伦敦反腐败组织英国税收正义联盟的反洗钱专家罗伯特·帕尔默解释道。[4]

为了充分享受贿赂所得，外国官员需要用空壳公司来掩盖自己的财产：以空壳公司的名义，在巴克莱银行这样的知名银行开设账户；以空壳公司的名义，在纽约、华盛顿这样的一线城市置办房产；并且由律师和财务顾问团队来注册、管理空壳公司，以进行必要的交易。综上所述，这些要素构成了一种加密技术，将行贿受贿者掩藏了起来。在过去的 10 年中，几乎每一个国际执法机构调查的企业贿赂案，都使用了这些方法，源头甚至可以追溯到 1976 年洛克希德公司的贿赂案。

伊博里的故事阐明了一个道理：一个人的极度腐败与一系列失败的制度脱不了干系。而这一系列失败的制度，又与世界上最大的两家石油公司、世界上多家大银行、离岸空壳公司体系、法律和金融服务行业，以及美英两国豪宅市场有着千丝万缕的联系。

拉沃斯河港口是几内亚湾的一个古老定居点，位于三角洲的西部。早在16世纪，它就成为葡萄牙商人的主要奴隶来源地。葡萄牙的资料称该地区为“奴隶河”。这个名字延续了很久。1998年，雪佛龙公司委托700名尼日利亚工人，在这片沼泽荒原上建造了一个价值10亿美元的设施。到1999年年初，伊博里上任时，雪佛龙每天生产42万桶三角洲原油，使之成为世界上最赚钱的石油设施。

然而，后来暴力事件发生了。

伊贾族、伊策基里族和乌尔赫博族这三个少数民族部族组成了三角洲社区，这些部族长期互相争夺权力和领土。1956年首次发现的石油，进一步加深了种族嫌隙。[5]这些部族眼睁睁地看着价值3000亿美元的石油从其土地上被抽走，石油巨头们和阿布贾的权势精英们的金库充盈了起来，而这些部族自己的村庄却依然贫困，大多数村庄没有电或自来水。每个部族都想分得一份石油财富，用来修路和建学校。当这一切落空时，每个部族又都互相埋怨，互相指责。1999年，全面战争爆发，民族问题使伊贾族对抗伊策基里族，伊策基里族又对抗乌尔赫博族。

2000年，雪佛龙公司在拉沃斯的输油终端成了流血冲突的焦点。多年来，少数民族部族的民兵一直在小溪里互相斗争，后来他们开始攻击雪佛龙的设施、绑架工人，并杀害美国顾问。一名伊贾族的激进分子领袖警告说："我们已经通知了雪佛龙和壳牌，我们已经通知了所有人——从所有设施中撤出你们的工人。"[6]到2003年3月，雪佛龙和壳牌基本上遵守了这个规定，放弃了十几口油井。在接下来的一年里拉沃斯都处于闲置状态，给雪佛龙造成10亿美元的收入损失。这次事件产生的深远影响不仅仅是在三角洲地区。尼日利亚当时是世界第六大石油生产国，每天出口200万桶石油。由于当时委内瑞拉和伊拉克的局势动荡，全球石油供应非常紧张。当三角洲地区的石油产量暴跌30%以上时，国际油价飙升，引起了全球市场的恐慌。

正是伊博里最终促成了部族之间脆弱的和平：他劝诫那些激进分子，批评了少数民族的首领，同情那些被毁坏的社区。当做这一切时，他正坐着豪华游艇出行，身边的安保人员都配备了火箭筒和突击步枪。当伊博里参观雪佛龙公司在阿比提耶的一处被毁坏的设施时，他在记者们的注视下强忍泪水，哽咽道："建设这些集油站是为了促进国家的社会经济发展。因此，这些不法分子的行为造成了严重的浪费。”[7]

没有人知道伊博里背地里向谁承诺过什么，但他的外交策略确实奏效了。在紧张的谈判过程中，他已经证明了自己是个能够左右逢源的专家。伊博里私下会见了雪佛龙的高管，并对他们的财产遭到肆意破坏公开表示惋惜。但他也赞同当地人的看法，认为他们没有得到石油公司公平的对待。伊博里告诉记者：“我对他们深表同情。我来自这个社区，所以我对此深有感触。”[8]他告诉他的选民们：“除非我们把这些通过石油赚来的钱用来修建学校，让我们的孩子能够上学，或把钱投入到生产制造中去，否则你不可能走得太远……上帝不允许我们把钱放进任何人的口袋。”[9]然而，他没有告诉选民们的是，他已经秘密地与雪佛龙和壳牌公司做起了生意，在选民最需要他的时候，他通过这些公司赚取了可观的利润。

这些部族同意和平共处，于是雪佛龙和壳牌回到了三角洲地区。2004 年 2 月，伊博里本人，而不是雪佛龙的职员，带领着一个由社区领袖和记者组成的代表团来到了阿比提耶油田，示意大家雪佛龙公司回来了。多亏了伊博里，拉沃斯工厂如今已是雪佛龙尼日利亚合资企业的皇冠上的一颗明珠了。

2008年1月28日，美国驻尼日利亚大使约翰·坎贝尔在总领事唐娜·布莱尔的陪同下，参观了雪佛龙公司的拉沃斯工厂。时任雪佛龙驻尼日利亚总经理弗雷德·纳尔逊招待了他们。[10]在一份维基解密披露的美国国务院电报中，唐娜·布莱尔描述道，使馆代表团注意到，有数十艘船屋停靠在拉沃斯河边。船屋是整个尼日尔三角洲地区的共同特征，但这几艘船屋显得不同寻常。

雪佛龙公司的高管主动表示，他们向伊博里持有的一家公司租借了几艘船屋。布莱尔在她的电报中指出，伊博里当时正被尼日利亚当局指控犯有100项腐败罪，她补充说："高管们说，雪佛龙在租船屋时，并不知道这家租赁公司是属于伊博里的。高管们对这种关系感到很担忧，并表示雪佛龙正在调查与这次租赁有关的所有选择。"

几周后，弗雷德·纳尔逊出席了尼日利亚报纸编辑在阿布贾举办的午宴。当时的问题是：雪佛龙是否实际上与MER公司签订了合同，以及这些合同是否合法？言外之意是，这些船屋合同或许只是雪佛龙和壳牌公司向伊博里行贿的一个托词。根据当时的新闻报道，纳尔逊解释说："我们和MER签了一份船屋合同。"但他接着说："我听说这家公司属于前州长。然而，合同中没有任何不对劲的地方。我们没有看到异常之处。"[11]

与此同时，雪佛龙和壳牌的油井于2004年恢复运营，两家公司开始将300多万美元存入MER公司在伦敦巴克莱银行的账户。据一位不愿透露姓名的前苏格兰场探员透露，雪佛龙所付的钱款来自加利福尼亚州圣拉蒙的银行家们，那是该公司的总部所在地。就在那时，伦敦的一名律师开始将这些资金转移到世界各地，以便最终能落入詹姆斯·伊博里的口袋。

阿灵顿·夏尔马律师事务所是伦敦一家只有两个人的律师事务所，专门从事商业法和产权交易。办公室设在伦敦市中心圣詹姆斯区的阿灵顿街一栋4层的砖砌建筑内。这家事务所的合伙人之一是维杰·库马尔·夏尔马，他被认为是法律界的中坚力量，曾担任过多个国际非营利组织的董事，其中包括奥地利智库“萨尔茨堡全球研讨会”。2004年，夏尔马是萨尔茨堡专题研讨会上关于欧洲新宪法议题的几位杰出演讲者之一，其他与会者包括美国最高法院大法官安东尼·肯尼迪，以及时任捷克共和国总统瓦沁拉夫·克劳斯。夏尔马的妻子乌莎·普拉沙尔女男爵自1999年以来一直担任英国上议院议员。

阿灵顿·夏尔马律师事务所的另一位合伙人是百德瑞思·戈希尔，他是该事务所商业部门的负责人，也是负责反洗钱的职员。戈希尔在20世纪90年代初加入该公司，现在已经 50 多岁了，他的个子很高，肩膀宽阔，口音优雅，沉着冷静，满足了人们对伦敦梅菲尔事务所律师的所有想象。2011 年，他因在英国历史上最大的腐败丑闻中担任主要洗钱者而被判有罪，入狱三年，但他不断地否认所有指控。他说："我摸着良心说，我知道我什么也没做。"[12]他声称自己从未帮伊博里洗过钱，也从未试图隐瞒伊博里对任何资产的所有权，只是利用了特殊用途工具来管理这些资产。

根据英国警方的说法，戈希尔过着双重生活。尽管是事务所的反洗钱职员，他却专门从事藏匿非法资金的工作。戈希尔自己并不显山露水，但他接手了一些声名显赫的客户，这些客户有惊人的政治权力、财富和腐败，而这都将成为他走向深渊的开始。他办公室的壁炉后面有一间密室，里面藏着两个记录他犯罪证据的硬盘。南华克刑事法庭的一名法官后来这样描述他："他将自己伪装成一个正人君子。"[13]

早在 1996 年，也就是戈希尔 30 岁出头的时候，他就开始在一些国家将数量惊人的离岸壳公司合并重组，比如在毛里求斯、黎巴嫩、瑞士和塞舌尔。这些壳公司具有合法的商业功能——当两家公司合并时，它们通常被用作控股公司——但主要目的是为所有者提供匿名。美国联邦调查局一名负责反洗钱案件的特工注意到："有组织犯罪分子就像政治上的盗贼统治者一样，成功利用壳公司制造的面纱掩盖了秘密。"[14]

例如，如果一个人想购置房产，但又不想以自己的名义购买（这是名人经常作的一种选择），那么他可以成立一家壳公司（或聘请一位律师来为他做这件事），然后以壳公司的名义购置该房产。在英国，或是在美国也一样，成立这样一家公司出奇地容易：整个过程只需几分钟，而且可以全程在线办理，只需要几百美元，并且除了驾照或政府颁发的身份证件外，几乎不需要其他任何证明文件。

尽管单个壳公司的能力有限，但它可以成为众多壳公司的一部分，并按照这样一种方式安排：壳公司 A 拥有壳公司 B，壳公司 B 拥有壳公司 C，而壳公司 C 又拥有壳公司 A 的 50%股份，以此类推——直到一个实体的真正所有权，隐藏在遍布全球的一系列文件中。这要求法庭能熟练地揭开反洗钱专家所称的"分层"。所谓"分层"，是指通过层层虚构的实体，将所有者与其实际拥有的东西拉开距离的过程。"分层"给执法设置了障碍，让罪犯有时间隐藏他们的罪行并且逃跑。前司法部检察官瑞安·罗弗森解释说："一个人在'分层'上花的每 1 美元或每 1 分钟，政府必须要花费十倍的时间和金钱来追踪。"[15]当每个壳公司与一系列银行账户产生关联时，一群实施分层的壳公司就会变得更加强大。银行账户不一定要与公司注册地在同一个国家。事实上，如果它们不在同一个国家，通常是更加“有利”的，因为这样就又增加了一个分层。

到2005年春天，戈希尔达到了事业巅峰。他回忆道：“我非常成功，我的知名度非常高。我相信我是一个很好的律师。”他的盛名最终传到了一个潜在的新客户那里：詹姆斯·伊博里。[16]伦敦警察厅苏格兰场的反腐败部门刚刚对伊博里展开调查，戈希尔当时对此并不知情。[17]戈希尔飞到了阿布贾执行他的“了解客户”（KYC）工作——“Know your customer”。这是一个金融行业中的术语，指尽职调查——以证明他的潜在客户是守法的，没有参与任何不正当事件。伊博里在他那富丽堂皇的家中，设宴款待戈希尔，宴会持续了好几个小时。戈希尔回忆道：“有一位州长作为客户是非常令人兴奋的。你可以看到，这个人很有权势，非富即贵。”

戈希尔断言，他没有发现任何他应该提防伊博里的“预警信号”。“伊博里从未要我洗过钱。”戈希尔坚持说，“他非常坦率。他要我做的第一件事是：‘我住在尼日利亚，但我的孩子在英国上学。你能帮我付款吗？’这些资金来自英国的巴克莱银行。他让我做的并不是：‘百德瑞思，帮我把这些钱藏起来。’”

然而，英国警方称，戈希尔确实做了这些事。大约在2005年4月，戈希尔开始将MER公司在伦敦的银行账户上的数百万美元，转移到在塞舌尔注册的斯坦霍普投资公司控制的瑞士账户上。戈希尔把交易的详细情况记录在一个移动硬盘上，然后把它放到密室里。（戈希尔解释说，他之所以把硬盘藏起来，是因为他的办公室曾两次被人闯入，他担心如果自己的电脑被盗，会丢失特许保密的客户信息。）在伦敦西区，伊博里不久就去了一家梅赛德斯·奔驰经销店。他用斯坦霍普投资公司在瑞士的银行账户里的钱，购买了一台42.2万美元的迈巴赫62，这是一辆定制的、带装甲的豪华轿车，大部分是手工制作的，深受名人青睐。伊博里把迈巴赫运到了南非的约翰内斯堡，他在那里拥有一座价值超过500万美元的房子。[18]

在跨国公司的贿赂里，有时候像船屋合同这样的文件，并不是它表面上看起来的那样。安德鲁·沃伦于2015年从美国司法部的“反海外腐败法部门”退休，在谈到调查贿赂交易的挑战时，他说：“你必须要知道，有些东西从表面上看，或许是孤立的、无害的。但是就目前的情况而言，它是有问题的，而且是一个危险的信号。”[19]他补充说，在贿赂案件中，调查人员必须不断地仔细审查，一层一层地剥开交易的外皮，才能找到真相："这是巧合还是故意的？或者这只是为了掩盖行贿而精心安排的？"

雪佛龙和壳牌与 MER 工程公司的合同正式提出了这些问题：为什么这两家公司在三角洲所有可选的船屋中，选择了租用伊博里的船屋？并且为什么在石油危机威胁到三角洲、全球石油供应和石油公司的收入时，开始支付数百万美元给 MER？这是伊博里敲诈得来的贿赂的一部分吗？如果这些公司不付这些贿赂，他就会拒绝在当地部族之间进行协商、和平解决部族冲突吗？据已认罪的人士透露，在尼日利亚的石油和天然气行业，这种贿赂行为是一种常见的做法。人们经常通过行贿的方式，来确保项目顺利运行。正如美国工程公司克鲁格·布朗·鲁特公司的前高管，在被判入狱时对得克萨斯州的一名法官说的那样："人们认为行贿是有必要的……在尼日利亚，这样做与其说是为了赢得项目，不如说是为了确保项目顺利进行。如果没有某些安排，在尼日利亚就会有各种各样的人出来妨碍这个项目，就如同他们以前做的那样。"[20]

或者，是不是雪佛龙和壳牌主动提议要给伊博里数百万美元的呢？这些公司或许是想以此来换取伊博里的继续支持，确保他会帮公司在一个不稳定的环境中获得最大利益。"在石油和天然气行业，你这不是在行贿，而是在感恩。”美国商人保罗·诺瓦克说。他承认在尼日利亚行贿后，在美国联邦监狱服刑了一年。他解释说，尼日利亚当权的官员们，指望着那些能创造数百万美元收入的外国公司，通过行贿来对他们表示感谢。“感觉就像是上帝保佑了你，你就会发财。你应该心存感激，应该分享财富。”[21]

自1977年以来，《反海外腐败法》强制规定，雪佛龙这样的公司必须有一套内部控制体系，以降低其向政府官员行贿的风险。这套体系的基石是，在与第三方（如船屋公司）签订合同之前，先对其进行尽职调查，以确保它们与政府官员没有可疑的联系。这种联系在贿赂案中十分常见，美国司法部裁决的若干起该法相关案件中均有发现。2004年至2008年间，大型石油服务公司威德福国际，与安哥拉一家本地承包商开展业务。这个看似合法的业务安排，实际上是由一名安哥拉政府官员和他的亲戚秘密控制的。合同的唯一目的，是使威德福的一家子公司能向这位官员转交数十万美元的贿赂。[22]

根据维基解密揭露的美国国务院电报，雪佛龙的高管们声称，他们不知道船屋公司是伊博里所有。要么是雪佛龙没有对MER公司进行基本的尽职调查，要么是它选择了忽略那些将船屋公司与尼日利亚的领导人联系在一起的非常明显的信号。雪佛龙和壳牌租用的MER公司的船屋是由布雷肯公司建造的，该公司在其网站上发布了一些照片，照片上显示，涉案的船只分别名为“特雷莎夫人号”和“康弗夫人号”，分别是伊博里的妻子和母亲的名字。[23]

即使上述的这种联系还不够明显，简单地检查一下 MER 的所有权结构，就能发现伊博里与该公司长期有联系。尼日利亚公司事务委员会保存着在该国注册的公司的档案，尽管这些公司档案不是公开的，但律师可以从这些档案中获得信息。MER 的记录显示，伊博里在 1992 年 4 月 6 日注册成立了 MER，并持有该公司 1 万股中的 9999 股。（剩下的那 1 股由他的律师艾比持有，正是艾比为他购置了休斯敦的豪宅。）MER 的文件表明，1999 年 5 月 21 日，也就是在伊博里成为州长前不久，他辞去了公司董事一职，并放弃了自己的股份。但这些文件也表明，伊博里继续与该公司保持着联系。2002 年，MER 的股票被重新分配：艾比持有 9999 股，一位名叫博格桑的女士持有 1 股。[24]在尼日利亚，众所周知博格桑是伊博里的私人助理。根据尼日利亚报纸的报道，伊博里于 1997 年雇用了博格桑，那时伊博里还未从政，还在尼日利亚报纸《饮食》担任编辑一职。据英国和美国执法部门称，博格桑是 MER 公司在巴克莱银行账户的唯一签字人。鉴于雪佛龙和壳牌在伦敦给博格桑电汇了数百万美元，这两家公司理应先作一些尽职调查，以了解博格桑是谁。

詹姆斯·库基奥斯在2014年之前一直担任美国司法部“反海外腐败法部门”的助理主管，他说：“向第三方付款是企业惹上麻烦的第一区域。”他补充道，如果一家公司声称不知道一家外国公司的实际所有权，这可能不足以成为辩护的理由。“可能有时候情形确实如此。根据法律规定，如果你意识到这些钱大概率会落入外国官员之手，那就足够了。所以你不能视而不见。但与此同时，如果你真的被谎言欺骗了，这或许能成为一个辩护理由。”[25]

伊博里本人从未否认过自己是MER工程公司的所有人，并多次证实MER从雪佛龙和壳牌处收了钱。但是他声称这些石油公司的付款是完全合法的，因为在他1999年成为州长时，就已经从该公司辞职了。然而，这种说法后来被证明不是真的。2012年，美国司法部应英国皇家检察署的正式请求，对伊博里在美国的所有资产发出了限制令，包括他休斯敦的豪宅和华盛顿特区丽嘉酒店的两套价值400万美元的公寓。美方的文件显示，伊博里“在担任三角洲州长期间，依然积极地管理着MER业务”。至于证据，文件称：“其一，伊博里州长在2002年向加拿大皇家银行信托（根西岛）有限公司承认，他拥有包括MER在内的多家公司的商业股份；其二，他于2004年向乌克兰商业银行承认自己是 MER 的大股东。”最重要的是，伊博里还“在 2004 年 2 月向巴克莱银行证明，他拥有包括 MER 在内的多家公司”。[26]

加里·沃尔特斯是伦敦警察厅苏格兰场的前警探，他曾经牵头在英国对伊博里进行调查，他也认为，伊博里与雪佛龙和壳牌的合同存在腐败。沃尔特斯说：“当时的解释是，那时绑架事件频发，这些船打算给工人或保安人员当住所，为他们提供一个安全的地方。雪佛龙和壳牌公司本该使用这些船，但是它们没有。”沃尔特斯现已在伦敦退休，他说：“雪佛龙和壳牌等公司都有自己的安保措施。”他补充解释道，这些公司并不需要船屋，因为它们已经有了完备的安保措施。沃尔特斯还说，雪佛龙和壳牌从来没有被调查，因为警察们太专注于伊博里了，而对涉嫌贿赂的石油公司不够重视，在那个时间点，企业贿赂还不像现在这样是英国警察的优先事项。[27]

沃尔特斯的团队和尼日利亚的调查人员都试图了解更多有关 MER 合同的信息，但他们声称，他们曾多次受阻。一名在阿布贾的尼日利亚调查人员表示，伊博里利用其影响力，使包括他自己在内的经济金融犯罪委员会（EFCC）的调查人员被解雇和遭到骚扰。他说，调查 MER 公司贿赂事件的其他委员遭逮捕，关于 MER 与雪佛龙的合同证据也消失了。[28]（在当时的电子邮件中，伊博里、戈希尔和其他同事讨论说，虽然没办法在英国使对伊博里的调查大事化小、小事化了，但在尼日利亚可以。）[29]一名不愿透露姓名的前苏格兰场警探说，苏格兰场的警探团队原计划与 EFCC 一同前去拉沃斯地区检查船屋，但当时尼日利亚司法部长对 EFCC 下达禁令，阻止调查人员在三角洲地区进行调查。这名警探补充道："几周后，三角洲州政府大楼起火了，楼内大量 EFCC 需要的文档被毁。"[30]

2012 年 4 月 16 日上午，伦敦南华克刑事法庭的九号庭挤满了人，时年 53 岁的詹姆斯·伊博里站在被告席上，他的前面有一道玻璃隔墙。伊博里身穿灰色西装，系着蓝色领带，向他的支持者们挥手致意。这些支持者们从早上 7 点起就一直聚集在法院大楼外面，其中很多人是从尼日利亚飞来为他加油的。到了 11 点，人群已经变得非常庞大，因此警察在法院周围设置了警戒线，并且叫来了一架直升机，进行空中监视。

审判开始后，英国伊博里腐败案首席检察官萨沙·沃斯在法庭上表示："从伊博里当选的那一刻起，他便开始以牺牲世界上一些最贫穷之人的利益为代价，让自己发财致富。在担任州长期间，他贪婪成性，气焰嚣张。"[31]

将伊博里绳之以法并非易事。在他逃往迪拜之前，这位前州长曾两次从尼日利亚警方手中逃脱。2010 年 4 月，在伊博里入住一家五星级酒店几天后，迪拜的当地警方应英国政府的正式请求将他逮捕。伦敦警察厅苏格兰场决定要亲自处理此事，并声称对此事拥有司法管辖权，因为伊博里利用一名常驻伦敦的律师，通过英国的银行和在英国注册的壳公司，对自己收到的贿赂进行洗钱并挪用公款。伊博里在迪拜的监狱里待了一年，最终于 2011 年 4 月被押往伦敦。

英国皇家检察署的调查提供了 6.5 万页的证据。沃斯和她的团队对伊博里提出了 23 项指控，称他从三角洲骗取了高达 2.5 亿美元。他们指控伊博里为自己留了 7900 万美元，并帮助各种各样的生意伙伴和同谋窃取了其余的款项。调查指出，在三角洲州政府出售其持有的尼日利亚 Vmobile 公司的股份时，伊博里操纵合同，仅在这一笔交易中，他就拿到 3700 万美元。伊博里本来准备在审判中反对这些指控，但他在开庭的第一天改变了主意，对共谋欺诈和洗钱的 10 项罪名进行认罪，但辩称这只是为了他 7900 万美元的个人股份。他对其余的指控拒不认罪。

在他认罪之后，英国皇家检察署仍要没收伊博里窃取来的资产，但听证会首先必须确定他实际上到底窃取了多少资产。在整个诉讼过程中，萨沙 · 沃斯始终将 MER 工程公司及其与雪佛龙和壳牌之间充满争议的关系，牢牢地置于伊博里全球腐败网络的中心位置。正如沃斯在宣判书中所述："伊博里能够影响雪佛龙、壳牌与尼日利亚国家石油公司的合同……MER 工程公司与在三角洲经营的各家石油公司之间的合同是充满腐败的。"[32]

企业贿赂当然不是伊博里唯一的致富之道，但却是最重要的。如果雪佛龙和壳牌真的贿赂了他，那么在这位权势滔天的非洲掮客的崛起过程中，以及他的暴力统治和暴政中，这些贿赂资金都发挥了不可或缺的作用。一位美国司法部官员在解释类似案件中的假设问题时说道："我们试图传达的信息是：一个大型石油公司去一个非洲小国家，与这个国家的总统秘密见面，并通过总统的心腹来贿赂总统。这些心腹们在本职工作之外还有一个副业，那就是领导对诋毁总统者的谋杀行动。"[33]

在对伊博里提起法律诉讼的过程中，一个一直没有得到充分解决的问题是，雪佛龙和壳牌支付给 MER 的款项是否合法？如果合法，为什么这些款项经过了洗钱，并用于伊博里的个人利益？因为英国皇家检察署和美国当局都没有指控雪佛龙或壳牌在与 MER 的交易中有任何不法行为，所以这两家公司都没有与英国警方合作的法律义务。事实上，当英国当局与这两家公司接触时，它们都拒绝提供证人证词或任何其他文件，以证明它们与 MER 签订的合同是合法的。正如加里·沃尔特斯所观察到的，“如果你的证人（雪佛龙和壳牌）不情愿讲，你就无法了解真相”。

伊博里的没收财产听证会如果继续，可能会曝光更多有关 MER 与壳牌和雪佛龙合同的细节，但一个意想不到的贿赂新情况的出现，讽刺地暗示英国警方，听证会将永远不会恢复。

世界上像伊博里这样的人，不会，也无法单独行动。虽然戈希尔知道要如何建立必要的洗钱体系，但他并没有自己动手。对于高级官员来说，通常会有一大群“第一世界”的专业人士（如律师、银行家、金融家）为犯罪提供便利，并从中获得巨额财富。这些专业人士之所以至关重要，不仅是因为他们的技能，而且还因为他们的专业地位能打开通往金融机构的大门。

例如伊莱亚斯·普雷科，他就具备这样的资质。作为哈佛毕业生，普雷科曾在高盛公司担任银行高管，年收入 1200 万美元。然后他开始承接私人业务，告诉伊博里的妻子和情妇如何在根西岛建立匿名信托公司，以及如何绕过尽职调查要求，以便伊博里不会被确认为是该公司的实际所有者。普雷科利用自己的声誉，消除了加拿大皇家银行的高级职员对这些信托公司的顾虑。[34]英国皇家检察署声称，通过这些信托，伊博里从定价虚高的国家合同中洗钱500万美元。2013年12月，普雷科在英国南沃克法庭被陪审团定罪，判处四年半监禁。[35]

像伊博里案件中这样复杂的法律结构所提供的保密性，尤其是对壳公司的使用，或许是一个让企业贿赂得以猖獗的最大的法律漏洞，也是国际执法机构侦察和起诉此类犯罪的最大障碍。因此，对这些壳公司的监管是控制贿赂的最大挑战之一，因为它涉及透明度与个人隐私权之间的平衡，以及法律认可的匿名性和有组织犯罪的区分。

美国和英国都在努力对壳公司的注册实施更严格的监管。这是一项全球规模达数十亿美元的业务，但这种业务在美国国内的某些州越来越普遍了，如特拉华州、内华达州、俄勒冈州、怀俄明州和南达科他州。在美国，匿名商业公司的注册是完全合法的，而且没有联邦法律来监管这些公司。因此，某些州根据各自的法律，如特拉华州和俄勒冈州，对公司的所有权进行了极其有限的公开披露。一名美国司法部官员解释说："那儿不是我们可以随意进入，敲敲键盘，海量信息便一览无余的电脑数据库，詹姆斯·伊博里是这家公司的老板。"[36]

企业从来没有被要求提交公开记录或保留任何记录。为了确保更强的保密性，公司的实际董事甚至可以指定代理人来代替他们担任董事或股东，例如其亲属或同事。任何文件中的名字都是指定代理人的名字，而不是真正的所有者的名字。为了增强保密性，可以聘请莫萨克·冯塞卡这样的全球律师事务所，来完成指定代理人的工作。莫萨克·冯塞卡公司成立于巴拿马，在35个国家设有办公室，专攻创建复杂的法律结构：它可能会创建一家壳公司A，然后任命自己为公司A的代理董事；或者任命另一家壳公司B为公司A的代理董事；或者两种方式同时使用。

斯坦霍普投资公司就是伊博里使用的这样一家壳公司。在收到来自MER的资金后，伊博里通过斯坦霍普公司在日内瓦的银行账户，购买了迈巴赫，并支付了私人飞机的首付款。苏格兰场从戈希尔那里知道了斯坦霍普，但并没有公开文件可以证明伊博里与这家壳公司的联系——至少直到2016年3月，非营利新闻组织国际调查记者联盟发布了《巴拿马文件》，这是史上最大的离岸公司记录泄露事件。一名黑客从莫萨克·冯塞卡事务所的计算机服务器上窃取了1150万份内部记录（包括电子邮件、护照照片和往来信件），并把它们泄露给了国际调查记者联盟，随后该联盟将其作为公共检索数据库在线上发布。该资料提供了有关全球21.4万家壳公司的真实所有权的证明文件和信息。

通过被泄露的文件，国际调查记者联盟得以将斯坦霍普与一家名为 Julex 的基金会联系在一起。Julex 基金会于 2003 年在巴拿马注册成立，表面上看，其代理人是莫萨克·冯塞卡，他也是该基金会实际上的唯一所有者。但莫萨克·冯塞卡的内部记录显示，伊博里和他的家人才是 Julex 基金会的真正受益人，而该基金会是斯坦霍普投资公司的唯一股东。这意味着，伊博里通过 Julex 基金会控制了斯坦霍普。将伊博里与斯坦霍普联系在一起的书面记录，是这种清晰联系的罕见例子。[37]

过去 10 年，几乎每一个被美国当局调查的高层贿赂计划都涉及对壳公司的使用。在一个特别复杂的案件中，惠普的俄罗斯子公司聘请的顾问，就利用了一个庞大的壳公司网络。这些壳公司在美国、英国和英属维尔京群岛注册成立，并向俄罗斯高层官员行贿数百万美元。这其中的许多壳公司是由其他壳公司持有的，这使得它们的真正所有者几乎无法被识别出来。受贿者随后通过在拉脱维亚、波斯尼亚和立陶宛等地的另一批壳公司洗钱，有效地创造出了一个美国司法部所描述的“全球迷宫”。惠普的俄罗斯子公司承认了这些指控，并在 2014 年支付了 1.08 亿美元的罚款。[38]

“在这些事情上，肯定会有经常碰壁的时候。”瑞安·罗弗森说，他花了多年时间调查此类案件，包括惠普案。“壳公司的螺旋黑洞如此之深，以至于你不得不叫停，然后退出。在这之后，你会一直投入大量的金钱和资源，从某种意义上来说，这是一种递减的回报。”

在《巴拿马文件》发布后，为了挑战法律和金融架构所提供的保护，一项全球协作开始进行。美国提出了几项针对壳公司的法律草案。2016 年，纽约州代表彼得·金和卡洛琳·马洛尼，以及罗得岛州参议员谢尔顿·怀特豪斯，一同提出了一项法案，呼吁所有在美国注册的壳公司披露其“受益所有人”，即最终从公司所有权中受益的人。美国总统巴拉克·奥巴马在其 2015 年预算中也同样提出，要求所有公司，而不仅仅是壳公司，将受益所有人的情况作为其纳税申报的一部分，一并向美国国税局报告。

这些改革面临着来自商业注册公司以及允许所有权保密的州和司法管辖区的强烈抵制。这让一笔巨额资金岌岌可危。英属维尔京群岛会对 60 万家在岛上注册的公司进行严格保密，[39]它也从公司注册中获得近 2 亿美元的年收入。据《今日美国》报道，内华达州政府推动了公司保密范围的扩大，获得了 1.38 亿美元的公司注册费。[40]

在英国注册公司也同样简单且极具私密性，因此也成为秘密的天堂。正如伊博里一案和其他案件所表明的那样，对这一保密体系的滥用一直十分猖獗。2015 年，当时的英国首相戴维·卡梅伦在新加坡发表演讲时，以伊博里事件为例，来解释为什么英国需要为解决这个问题作出更多努力：“我决定，一定不让英国成为来自世界各地的腐败资金的避风港。我们需要阻止腐败官员或有组织的犯罪分子，通过匿名壳公司，在不被追查的情况下将他们的不义之财投资于伦敦房地产。例如已被定罪的尼日利亚诈骗犯詹姆斯·伊博里，他在圣约翰伍德、汉普斯特德、摄政公园和多塞特郡这些地方拥有多处房产。而像伊博里这样的人，他们购置房产的钱，都是从世界上最贫穷的那些人那里偷来的。”[41]2016年7月，一项新法律生效，规定了在英国注册的公司，现在都要在文件中公开确认“具有重大控制权的人”——实际上就是“受益所有人”。

然而，尽管立法者作出了努力，仍然有其他漏洞存在。“比如说，如果你要洗钱，并且想在没有人监视的情况下暗中进行，那么你可以考虑一下房地产。”司法部的一名官员说，“你可以在贝弗利山庄买一栋漂亮的房子，没有哪个机构或部门的唯一工作是守在那里提防可疑的房地产交易。”

“9·11”恐怖袭击后，《美国爱国者法案》正式通过，其中一项规定要求房地产公司和第三方代理商实施反洗钱计划。但6个月后，在房地产行业的游说下，美国财政部又豁免了这一要求。如今，不再要求房地产公司和第三方代理商知晓其客户身份，或客户用于购买房产的资金来源。同时，越来越多的壳公司被用来在美国购买房产。根据《华盛顿邮报》的一项研究，匿名公司在 2015 年第四季度从美国市场上购买了 612 亿美元房产。[42]伊博里的合伙人维克多・乌杜阿甘成立了壳公司弗拉特维洛，以掩藏伊博里对丽思卡尔顿酒店中两套公寓的所有权。

美国联邦调查局的一名反洗钱专家观察道："我总是惊讶于有多少腐败的外国政客在加州或华盛顿特区拥有财产。"但这种情况开始改变了。2016 年，美国财政部下属的金融犯罪执法网络，发布了一项针对曼哈顿地区和迈阿密戴德县的房地产购买的新命令。对于那些曾在迈阿密购买了超过 100 万美元的房产，或在曼哈顿购买了超过 300 万美元的房产，且全部用现金支付的壳公司，这项暂行的命令要求产权公司确认这些壳公司的"受益所有人"。

英国的法律条例规定，房地产代理商只需要对房产的卖方进行尽职调查，而对买方则不需要。[43]法律假定买方的律师会对此进行调查，但像伊博里这样的案件，他的律师实际上也参与了犯罪。对匿名壳公司来说，甚至是对那些在世界另一端注册的壳公司来说，在英国购置房产也像在美国一样简单。《卫报》最近的一项研究显示，离岸壳公司在英国拥有 9 万处房产。（仅在英属维尔京群岛就有 2.2 万家这样的公司注册成立。）[44]

壳公司和宽松的房地产市场，是伊博里得以通过剥削穷人来享受财富的关键。但是在伊博里的腐败案件中，没有什么比银行体系的漏洞更至关重要，也令人担忧了。

正如美国司法部在没收伊博里在美国的资产时所详述的那样，伊博里已经向巴克莱银行证明了自己实际上就是MER的银行账户持有者。他透露此事，本身就是对自己的违法行为进行了默认，因为尼日利亚宪法禁止州长控制外国银行账户、持有未申报的在尼日利亚境外的资产，以及拥有私人公司的所有权。当伊博里称自己是MER账户的所有者时，该银行负责合规审查的职员本应该发出警告。伊博里的正式身份是一名“政治公众人物”——这是金融监管中，对外国政府官员或在重要政治岗位的人员的称呼。英国法律规定，英国的银行在与潜在的政治公众人物做生意时，必须保持高度谨慎，并不断进行筛选，因为接受他们的钱，意味着要承担很高的洗钱风险。

由于媒体多年的报道，伊博里那时作为一个被暴力笼罩的地区的州长，早已闻名于世了，在该地区，暴力与石油开采行业紧紧交织在一起。伊博里的政治地位和围绕着他的争议都能在互联网上搜到。沃尔特斯称：“巴克莱银行从未将伊博里定义为政治公众人物”，而MER公司在巴克莱银行的账户，在接下来的三年里继续接收存款。

伊博里利用伦敦金融城进行洗钱的消息被南沃克皇家法庭披露后，银行、监管机构以及整个伦敦金融城备感尴尬，因为腐败的尼日利亚官员以前就曾这样做过。据说，尼日利亚前总统萨尼·阿巴查，在其1993年至1998年的执政期间窃取了40亿美元。尼日利亚调查人员认为，这笔钱的四分之一以上来源于公司贿赂，其中包括西门子、德国军火公司富乐斯多和法国建筑公司杜梅行贿的1.66亿美元。[45]21世纪初，英国监管机构获悉，1996年至2000年间，阿巴查通过伦敦的42个银行账户洗钱13亿美元，其中包括部分受贿资金，并且已有1.7亿美元通过巴克莱银行“洗白”。[46]与伊博里一样，阿巴查使用了壳公司和专业金融家组成的网络。在这些消息披露后，巴克莱银行和其他银行信誓旦旦要加强对洗钱的控制。

然而，正如《全球见证》在2010年的一份报告中所强调的那样，巴克莱银行与汇丰银行、纳特韦斯特银行、瑞银集团和苏格兰皇家银行，继续从尼日利亚巴耶尔萨州州长迪普雷耶·阿拉米耶塞加和高原州州长乔舒亚·达里耶等人那里，收取了数百万美元的可疑存款。在1999年到2004年间，达里耶在他的巴克莱银行账户中存入了近70万美元的现金，而巴克莱银行似乎并没有对这笔存款进行跟踪调查。(阿拉米耶塞加后来被一家尼日利亚法院判定犯有33项洗钱罪，而达里耶则被英国警方以挪用公款罪名逮捕，但在保释后逃回尼日利亚。)[47]在阿巴查、阿拉米耶塞加、达里耶或伊博里的洗钱活动中，巴克莱和其他任何一家英国银行，都没有因为涉嫌违反了英国银行业的法规而受到谴责、罚款或追究责任。

批评家和监管机构称，导致这种腐败猖獗的宽松政策仍在英国银行业继续。2015年，英国银行业监管机构调查了巴克莱银行是如何绕过对高级客户的尽职调查要求，完成一笔28亿美元交易的（这是这家银行有史以来的最大一笔个人交易)。虽然银行监管机构称其没有发现金融犯罪的证据，但同时也报道称，巴克莱银行“不遗余力”地避免按照法律要求的那样向“政治公众人物”询问更多问题；“巴克莱银行因此威胁到了人们对英国金融体系的信心，并且未能降低金融犯罪给社会带来的风险。”[48]当加里·沃尔特斯被问及，为了防止像伊博里这样的外国官员再次通过伦敦洗钱，有没有作出什么改变时，他回答说：“没有。”

与它们在英国的同行一样，美国银行也本应该“了解客户”。但美国银行在历史上也长期处于监管松懈的环境中，有不计其数的外国官员通过银行对他们的贿赂进行洗钱。不过，美国最近的贿赂调查显示，当外国政府官员的银行账户似乎被用于可疑交易时，美国国内的银行对这些账户的监控变得更加主动了。2010 年，时任几内亚矿业部长马哈茂德·蒂亚姆的账户收到了来自他外地账户的转账后，两家美国银行（司法部没有公开名字）注意到了他的银行账户变动。在美国司法部对资金来源展开调查之前，这两家银行早就主动关闭了蒂亚姆的账户。实际上，这笔钱是蒂亚姆试图“洗白”的贿金。[49]

然而，在这一案件中，银行账户是以蒂亚姆自己的名字开设的。他本可以通过壳公司来钻美国银行系统的一个重大漏洞，这样银行可能至今都不会发现这些交易。时至今日，美国的银行也并未要求掌握以壳公司名义注册的账户的所有者的信息——这是“了解客户”这一合规性法规的重大缺陷。到 2016 年，美国财政部金融犯罪执法局才出台了新的财政法规，要求银行主动确认与其开展业务的任何公司的受益所有人的身份，试图通过这一举措来堵住这个漏洞。根据美国财政部金融犯罪执法局的指导方针，受益所有人指的是拥有公司 25%或更高份额股权的任何人。然而，要绕过这项新法规也仍然很容易。一个坚决的“盗贼统治者”或他的同伙，至少可以通过在书面上将他们的持股比例控制在 25%以下，来避免引起银行注意。此外，根据美国财政部金融犯罪执法局制定的新法规，银行必须依靠壳公司自己来确定受益所有人的身份。

当百德瑞思·戈希尔坐在旺兹沃斯的监狱里时，他想出了一个上诉的方案。他开始向伦敦大都会警方、公职人员和记者匿名邮寄文件。戈希尔说，这些是他在被关押期间收到的匿名文件，据说它们旨在揭露伊博里案件中一个令人忧心的转折点：一直调查此事的苏格兰场的官员，从伦敦一家私人侦探机构收取了贿赂，而这家机构其实是伊博里雇用的。这家名为瑞思科管理的机构通过支付贿赂，来获得可能有助于伊博里辩护的内部信息。由于戈希尔的指控，伊博里的财产没收听证会在经过多年的初步审理后，于 2015 年 4 月正式推迟。

英国皇家检察署强烈否认这些指控，而花了数月时间调查这些指控的苏格兰场，也没有找到支持的证据。英国检察官反而指控戈希尔伪造文件，以及试图妨碍司法公正。他的案子定于 2016 年 1 月再审。

然而，这个案件随后又迎来了一次转折。在对戈希尔进行再审之前的一次法庭听证会上，英国皇家检察署提交了支持他的贿赂指控的文件（在过去，检察署坚持声称这些文件并不存在）。据《每日邮报》报道，有问题的资料包括收据和笔记，上面显示瑞思科管理公司的董事克利福德·纳基曾在 2007 年与侦缉警长约翰·麦克唐纳私下会面，而麦克唐纳曾是负责苏格兰场对伊博里调查的警官之一。瑞思科管理公司当时受雇于一家伦敦顶级律师事务所，伊博里聘请了这家律师事务所为他准备辩护。瑞思科的内部文件显示，在纳基与麦克唐纳会面两天后，纳基为一个“保密消息来源”支付了5000英镑，作为提供信息的报酬。《每日邮报》称，另一份文件显示，在2007年调查伊博里期间，麦克唐纳往他的银行账户总计存入了19笔现金。[50]麦克唐纳承认曾与纳基会面，但否认他们有任何不法行为，并且瑞思科和纳基也否认了这些指控。这家律师事务所表示，它并不知道瑞思科支付了一些不正当的款项。

2016年5月，在延期了伊博里的财产没收听证会的一年多后，皇家检察署在法庭上承认，它知道有“情报”表明纳基曾与麦克唐纳会面，并且据称纳基贿赂了他。但皇家检察署表示，这一情报是没有事实根据的，因为来源于瑞思科的文件，并且随后的调查也未能证实，因此它从未被披露。[51]麦克唐纳一直没有被起诉。据《泰晤士报》报道，与此同时，萨沙·沃斯主动退出了此案，并将她的案情摘要交还给了皇家检察机关。[52]2018年4月，一家刑事法院驳回了戈希尔的上诉，理由是他的律师未能提供麦克唐纳受贿的证据。

这是英国最引人瞩目的一场对外国官员的起诉。这项调查持续了10多年时间，有苏格兰场最有经验的警探参与其中，并且已经花费了超过500万英镑纳税人的钱。然而，由于事态的发展，这项本该为公正和透明性设定新标准的调查，似乎失败了。因为腐败的污点仍然笼罩在一名负责案件调查的警官身上。[53]和戈希尔一样，伊博里也以警察行为不端为由请求上诉。

2017年2月，伊博里只服了他十三年刑期的一半后，就被悄悄释放了。他登上飞机，飞回了尼日利亚。他的获释当时几乎没有被英国的主流媒体报道，却成为尼日利亚的头条新闻。新闻媒体给了这位前州长一个在飞机上得意地挥舞拳头的特写，在他返回位于尼日尔三角洲的家乡奥哈拉时，狂喜的人群簇拥着他。

现在，对伊博里本身的腐败指控迷失在了这些事态发展的旋涡中，特别是他与雪佛龙和壳牌的关系。石油公司称其与MER公司没有任何异常关系，但这样的话能相信吗？伊博里的财产没收听证会本可以提供更多对这一问题的解释，并且沃斯本来被安排在伊博里认罪前提交为审判准备的证据，但现在，这些细节可能永远不会被披露了。伊博里有效地转移了人们对他的注意力。正如一名曾与伊博里共事的尼日利亚前官员所观察到的那样，“人们越是往伊博里身上泼脏水，他就越是干净”。[54]

不正当的资助和权力，几十年来一直阻碍着像尼日利亚三角洲这样的地区的发展。“少数人利用他们的职位，把一切都占为己有，让其余的人自生自灭。”努胡·瑞巴杜说，“如果这种情况发生，人们的生活当然不会有发展和改变。”

普通的三角洲人，例如来自河州哈科特港的25岁男子维克多，也是这种“循环”的受害者。他获得了机械工程学位，但几年前毕业后，他就一直找不到工作。维克多说，当像他这样的人正在受苦的时候，精英集团却仍在享受着所有的战利品。“我们非常非常生气。从出生的那天起，我们就一直听着相同的名字。伊博里的女儿在议院，她的父亲曾经是州长。”维克多说，“权力只在一个家族内部转来转去，你明白吗？他们仍然在统治着我们。并且他们告诉我们，我们就是明天的未来。可那些人从我出生开始就一直在掌权，直到现在，有什么会让我觉得我将成为明天的未来？有什么希望呢？”[55]

这种希望的一部分，在于追究行贿企业和受贿官员的责任——通过挑战纵容腐败猖獗的势力，来树立典范。但正如本书第三部分将更详细地探讨的那样，企业贿赂的影响通常是十分深远持久和潜移默化的——破坏经济稳定，甚至有助于煽动恐怖主义。因此，对全世界各国而言，要真正解决它必定要经过一场艰难的斗争。

第三部分

贿赂的危害

第六章　希腊米扎

迪奥尼西奥·阿雷奥帕吉图街位于雅典卫城的南坡，是一个古老而富庶的地区。虽然附近的多数街道蜿蜒狭窄，挤满了游客，但迪奥尼西奥·阿雷奥帕吉图街却宽阔、弥长、笔直，令人赏心悦目。这里禁止车辆驶入，营造出一种宽阔的步行街的感觉。它几乎寂静无声，街面铺着镶有小鹅卵石的大理石板，街边橄榄树浓荫蔽日。从新艺术到新古典主义，华美而风格迥异的两层或三层公馆装点着街道的南侧，为之增添了魅力。在这些公馆内可将帕特农神庙的全景一览无余，夜幕时分，灯火通明，帕特农神庙显得格外壮观，这使得迪奥尼西奥·阿雷奥帕吉图成为雅典最独特的地区。

街道上的 33 号是一幢淡黄色的建筑，正面是新古典主义风格，上面有一个精致的大理石阳台。2012 年 4 月 11 日的早晨，它变成了一个经济濒于崩溃的国家最为臭名昭著的地址，直到今天仍然如此。那天早晨，一队警察逮捕了房子的主人——时年 73 岁的阿基斯·措哈佐普洛斯。事件照片显示，一名衣着考究的男子被押送出门，当时他的下巴愤怒地抬起。措哈佐普洛斯认为，他的出身可以保护自己免受法律的制裁：他是泛希腊社会主义运动党的创始人，前国防部长，希腊最为家喻户晓的政治家。

他涉嫌贪污，但和圈内其他人一样，他并没有直接偷钱。他以一种恰当的方式，巧妙地将骗局隐藏在精心策划的层层乱象之后。33 号成为长期的企业贿赂和洗钱的枢纽之地，正是这种系统的腐败将希腊置于崩溃的边缘。

当警察带走措哈佐普洛斯时，成千上万的希腊人聚集在附近的街道上，抗议其水深火热的生活：骤减的工资、极少的养老金、飙升的失业率、申领救济品的队伍以及警察的催泪瓦斯——这些旨在避免经济危机的紧缩措施，有些也是由措哈佐普洛斯这类人提出的。一周前，一名 77 岁的退休药剂师迪米特里斯·克里斯托拉斯在希腊议会门口开枪自杀，对抗议者来说，这种不公正达到了极点。他在遗书中写到，他的退休金大幅削减，他宁愿选择死亡，也不愿靠垃圾来填饱肚子。[1]

那天早上与警察随行的是36岁的检察官帕皮·帕潘德里欧。尽管大多数希腊人从未见过其真面目，但她和她的上司——同样神秘莫测的埃莱尼·雷库不断被新闻报道，而雷库是雅典有史以来首位当选最高检察官的女性。当帕潘德里欧出现在措哈佐普洛斯门前时，有人称措哈佐普洛斯因为这位不速之客的到来而暴跳如雷。“我逮捕你需要事先通知你吗？”帕潘德里欧厉声回道，然后把他押走了。

帕潘德里欧唯一一张为人所知的照片是那天早上在拘捕行动中拍的，照片中的她有些模糊，只有肩膀上方可见。她一头长长的金发，眼睛盯着一个目标，一副全神贯注的样子。希腊政治是一个由幕后交易和贿赂构成的封闭的男性世界，帕潘德里欧和雷库敢于去做之前几代检察官不敢做的事情：她们从迪奥尼西奥·阿雷奥帕吉图街33号的一幢建筑开始，揭开了事情的真相。

一名叫塔纳西斯的年轻记者解释道，希腊人对贿赂有两种不同的定义。一个表示贿赂的词是“小口袋”（fakelaki），字面意思为“小信封”。这是当地人给公务员的小贿赂，以完成一些简单的事情，比如在社会服务中心插队，或者得到房屋修缮的许可。

另一个表示贿赂的词是“米扎”（miza），这本是一个术语，指汽车引擎的启动器。米扎还指外企向诸如措哈佐普洛斯的政府官员支付回扣，以换取巨额的国家合同。[2]

贿赂与希腊经济有着盘根错节的联系。2010 年欧债危机以来，希腊人已经发现国家决策者大幅举债，财政赤字日益严重还刻意隐瞒事实。他们也认识到贿赂导致权力被滥用。

2008 年危机爆发前，希腊的失业率约为 7.7%。到 2015 年，失业率上升到 25%，170 万名劳动力失去了工作。[3]同时，自杀率也增加了一倍。许多人认为自己的生活被颠覆了，而且无法回头。一名出租车司机的养老金从 1500 欧元被削减至 600 欧元，他的女儿会说五种语言，已经去了迪拜的一家酒店工作，时薪为 15 欧元。一位 50 多岁的时尚摄影师几年前刚刚环游世界，并为《时尚》和《嘉人》杂志拍摄宣传照片，而现在如果她能把一部分房子出租给游客的话，就很幸运了。“我以为我退休后还会有很长的职业生涯，”她流着泪说，“但现在我就像个男管家，为客人打扫浴室，叠毛巾。”

自大是导致希腊经济灾难的通常解释，这已众所周知。2001 年，当希腊加入欧盟后，它立刻通过廉价信贷获取了巨额资金。由于当时希腊经济靠的是欧元支撑而不再是德拉克马，欧洲银行更愿意购买希腊的政府债券。由于政府鲁莽冒失的领导，国家债务开始超过税收，当然也超过储蓄。政府隐瞒了开支，到2009年，财政赤字占GDP的15.4%，是欧盟国家中最糟糕的（相较而言，德国为3%，符合欧盟标准），其公共债务达到有史以来的最高点4420亿美元[4]（相比之下，德国有1500亿美元的盈余）。

但财务上的轻率只是经济危机的一个方面。随着在希腊、美国乃至整个欧洲的法庭上爆出一个个丑闻，希腊人认识到，美国医疗设备生产商、德国和法国的军火制造商，以及其他许多公司向希腊官员支付了巨额米扎，并且一直撒谎隐瞒。作为对米扎的回报，受贿官员会签署一些合同，购买昂贵却无用的产品。获得廉价信贷后，希腊启动了大规模的武器扩张计划，并大肆举债以支持臃肿、腐败的公共卫生系统，使这两个领域的支出占GDP的比例超过了欧洲其他任何国家。为了购买价值数十亿美元的德国武器和美国医疗设备，希腊向欧洲银行借贷，而这些银行即使知道希腊政府没有能力偿还债务，在发放贷款时也几乎没有提任何要求。（2010年5月，希腊将最初获得的1460亿美元救助资金中的1100亿主要用于偿还欠外国银行的债务。总体而言，德国银行持有320亿欧元的希腊债务，法国银行持有520亿欧元的希腊债务，其他欧洲银行也持有500亿欧元的债务。）[5]

公司、银行和希腊官员从这些交易中赚得盆满钵满，但希腊的普通民众却因此濒临破产。包括强生、施乐辉、爱立信、戴姆勒、西门子和富乐斯多在内，一些世界上最负盛名的企业也参与其中。尽管现代历史上最严重的主权债务危机并不仅是公司贿赂引起的，但米扎是不可分割的一个因素。

2010 年，希腊刚开始衰落时，埃莱尼·雷库和帕皮·帕潘德里欧开始在雅典的上诉法院大楼工作。她们被安排在地下室一个满是灰尘的房间里，那里连椅子都不够用。雷库在房间里堆了几十箱调查文件，通常用其中一个箱子当做椅子。还有 3 名检察官和 2 名兼职顾问也在那里工作，当有人想离开办公室时，就要把桌子移开腾出过道。那里也没有窗户，一名检察官回忆道："不知道是白天还是黑夜，也不知天气如何，感觉很奇怪。"[6]这就是雅典检察官办公室经济犯罪小组的由来——这是雷库的主意，也是此类组织的雏形。

埃莱尼·雷库只通过她的工作而为人所知。众所周知，她坚强不屈，刚正不阿。她 54 岁，身材高挑，专注而热情。雷库从不接受媒体采访。她来自雅典一个贫困社区的贫苦家庭。她的同事们认为，她的背景决定了她愿意与那些对她而言无足轻重的精英较量。

雷库打破了妻子和母亲的界限，在男性主导的职业中占有一席之地，并因此成名。2010 年，她当选为雅典首席检察官，这是雅典有史以来第一位身居此位的女性。她的同事说，她完全不在意她的性别。“可以说，包括她的同事和警察，每个人都把她看做男人，”一名司法官员说道，“他们经常在她面前咒骂，就好像她是个男人。”

就在那时，雷库产生了创建一个专门预防腐败的小组的想法。和世界各地的检察官一样，雅典的检察官人手极其短缺，同时要处理毒品案件、恐怖主义调查和贿赂。但当他们有时间办理大规模的腐败案件时，他们通常会揭露出国家资源的巨大浪费。一名检察官回忆道：“我们意识到，公共合同浪费了巨额资金，国家支付的金额远远超出了需要支付的金额。”

凑巧的是，在经济犯罪调查组成立一个月后，希腊与欧盟委员会、欧洲央行和国际货币基金组织签署了第一份援助计划谅解备忘录。这份首次公开披露希腊债务规模的谅解备忘录，对雷库的团队是一个启示。一名检察官解释道：“到那时我们才了解到希腊腐败的真实情况。在那之前，人们并不知道希腊的财政状况已经如此糟糕。”

雷库找到了天生的盟友帕皮·帕潘德里欧，她是一名刚从法学院毕业的年轻检察官。和雷库一样，她也来自贫困家庭。她认为，通过自己的努力，正义可以战胜一切，在这种近乎浪漫的想法的驱动下，她在年轻时立志成为一名检察官，她的同事解释道。雷库成了她的导师。

2010 年 5 月的一个清晨，帕潘德里欧在《每日新闻报》上读到一篇关于措哈佐普洛斯及其豪宅的文章。[7]这篇文章写到，这栋坐落于“整个欧洲”最昂贵的街道上的豪宅每平方米价值 7000 美元；还指出，这栋宅子是措哈佐普洛斯通过一个海外的银行账户购买的。

海外的字眼引起了帕潘德里欧的注意，尽管当时她的团队对海外银行业务所知甚少。但帕潘德里欧知道，曾在 1996 年至 2001 年间担任国防部长的措哈佐普洛斯长期以来一直受到腐败指控的追踪调查，但从未被证实。2004 年，措哈佐普洛斯在巴黎举办了奢华的婚礼，迎娶他的第二任妻子瓦西里基·斯塔马蒂。据媒体报道，他们乘坐一辆全新的捷豹车抵达婚礼现场，入住四季酒店一套 2600 平方英尺的套房。薪水有限的前政府部长措哈佐普洛斯何以一掷千金？这引发了公众和媒体的思考。

对他的怀疑最终引起了议会的调查。特别委员会开始调查措哈佐普洛斯任国防部长期间所监管的几项军火交易，一项为美国的雷达系统，批评者认为它对军事不合时宜且毫无用处，另一项为俄罗斯的陆空导弹系统，它过于昂贵且功能微不足道。[8]委员会的结论缺乏说服力，措哈佐普洛斯因此躲过一劫。但是这位前国防部长的审判、生活方式以及由他监管的军火交易的复杂结构仍存在诸多疑点。“大家都知道部长存在贪污问题，”一位司法部人士回忆道，“但是你找不到真凭实据。”

雷库和帕潘德里欧决心找到证据。她们夜以继日地工作。随着了解的深入，她们愈发意识到她们知之甚少，所以都决定调查某个特定领域。帕潘德里欧选择了金融，而雷库选择了国际银行法。她们向同事、家人、朋友和任何可能在金融或法律某个特定领域有专长的人请求帮助。然后，她们开始从世界各地筛选文件。她们也寻求法律互助。

当她们把从国外搜集来的证据和已有的证据拼凑在一起时，她们发现这座位于迪奥尼西奥·阿雷奥帕吉图街 33 号的豪宅原来属于一个名叫托卡索的法人。这是一家在塞浦路斯注册的壳公司，除了使所有者能合法持有和转移资产外，并无其他功能。2001 年，托卡索把房产卖给了另一家海外公司诺比利斯国际，该公司于 1999 年 3 月成立于怀俄明州的夏安地区。随着对所有权的进一步追踪，帕潘德里欧注意到一件有趣的事：2010 年，诺比利斯把豪宅卖给了措哈佐普洛斯的妻子瓦西里基·斯塔马蒂。

当雷库的团队调查托卡索和诺比利斯的公司注册记录

时，他们发现这些公司实际上属于措哈佐普洛斯，由他的表亲担任董事。这意味着前国防部长实际上一直秘密地持有豪宅；他只是把所有权转移到不同的海外公司，最终将房产“卖”给了妻子。这是一桩典型的洗钱案件。

调查继续深入。帕潘德里欧和雷库向瑞士当局发出了正式请求，要求获得诺比利斯和托卡索的银行记录。这些文件显示了更多关于黑钱的蛛丝马迹：20 世纪 90 年代，超过 1700 万美元被存入瑞士诺比利斯的一个银行账户。这仅是诺比利斯在欧洲控制的几个账户之一。

有趣的不仅是这些存款，还有那些存钱的—— 一些世界上最大的国防和军火公司。银行记录显示，对措哈佐普洛斯海外公司的转账，有的来自俄罗斯的金刚石-安泰公司，这就是已受到议会审查的那项地空导弹系统交易；还有的来自德国的富乐斯多集团，该集团在 20 世纪 90 年代赢得了一笔饱受争议的 40 亿美元的希腊潜艇交易。

诺比利斯账户的存款时间也十分可疑，这些存款始于 1997 年，并于措哈佐普洛斯任国防部长的 1999 年到 2002 年间达到顶峰。从大型军火公司到由国防部长控制的离岸账户的现金流，显示出了高级别的企业贿赂的所有迹象。

当收集到所有证据后，雷库和她的团队对他们的发现感到震惊。由于诉讼时效已过，他们无法就贪腐本身对措哈佐普洛斯开展调查（他们共确认了至少 7500 万美元的贿金）。但他们已经掌握了有说服力的证据，并有来自其他国家的宣誓供词证明和银行对账单的佐证，以对他提出洗钱的指控。用一名检察官的话来说，他们感到“欢欣鼓舞”。

“终于，我们找到了证据。没人相信希腊的司法会审判像他这样的人。他们以为什么事情都不会发生。”另一名调查此案的检察官说道。

2013 年 10 月，措哈佐普洛斯被判洗钱罪，处以二十年监禁。另有 10 人，包括他的表亲、妻子、一名律师在内，一起被判有罪。

这幢位于迪奥尼西奥·阿雷奥帕吉图街 33 号的豪宅，曾经是掩饰措哈佐普洛斯犯罪生涯的外壳。但它也被证明是通往另一个未知世界的大门，因为随后在对现金的追踪中，雷库和她的团队很快发现一桩更大的案件：国际国防和军火公司向希腊军队行贿数十年，产生数十亿美元的浪费，导致希腊濒于崩溃。

希腊在 21 世纪头十年进行了大规模的武器扩张。1996 年措哈佐普洛斯上任时，该国险些与土耳其开战，起因是争夺一个叫作伊米亚的无人岛。国防部反复强调战争的威胁，为随后购买武器做好了铺垫。措哈佐普洛斯在欧洲各国首都签署了合同并促成了军事联盟，与此同时，他一直强调土耳其对希腊稳定构成的威胁,[9]用他的话来说，土耳其是“国际争端制造者”。[10]1996年，希腊用于武器的开支达到70亿美元；到2000年，这一数字已升至近90亿美元，对于一个如此小的国家来说，这个数目过于庞大。[11]这些武器包括俄罗斯的导弹、美国的F-16系列战机、捷克斯洛伐克的大炮和德国的潜艇。

关于购买潜艇的疑点最多。这些是新的实验级别的核潜艇，也是该类型的第一代产品。没人怀疑德国集团富乐斯多制造武器的能力，问题是希腊海军为什么需要它们。更引人注目的是价格。1998年首次谈判该协议时，富乐斯多同意以大约18亿欧元（40亿美元）的价格建造三艘新潜艇。但到21世纪初，该合同扩大至升级已购买的三艘潜艇，新增近30亿欧元。10多年后的今天，这桩可疑的案件再次浮出水面，成为希腊最具争议的丑闻之一。

这件事暴露出人类的贪婪是如何导致天价军费开支的。军队内的采购委员会委员基本上都是腐败集团的成员，一名正在调查希腊国防巨额贿赂丑闻的检察官透露：“在我看来，每当部长任命委员会监督采购时，他会说‘官员A和B要在委员会里’，他其实就是在给他们送礼。我让你加入委员会，并保证你会签下所有合同，每签一份合同你都会有贿金。”[12]

他回忆称，富乐斯多高管涉嫌在潜艇交易中向希腊前海军司令乔治·西奥多鲁拉基斯行贿95万欧元。（西奥多鲁拉基斯于2001年至2002年任职，2008年去世。）他的几个下属分别收到了5万欧元。即使这些数额已经很庞大，但措哈佐普洛斯一人就独吞了6000万欧元。据称，负责建造潜艇的希腊造船厂前总经理索蒂里斯·埃马努埃尔受贿2300万欧元。（2011年，富乐斯多承认在希腊行贿，并为了结德国警方的刑事调查支付了1.9亿美元的罚款。自2010年以来，慕尼黑的检察官一直在调查该公司及其合同，包括其涉嫌南非的一系列贿赂案。）

检察官称，最近他的调查范围扩大到其他32名嫌疑人，其中10人在造船厂管理部门工作，5人在工会工作。他还提到时年83岁的希腊军火商帕纳吉奥蒂斯·埃夫斯塔蒂乌一案，此人目前正因贪污而受审。数家军火公司涉嫌通过埃夫斯塔蒂乌行贿。（据路透社报道，埃夫斯塔蒂乌称德国公司阿特拉斯是其同谋；[13]另一家德国公司莱茵金属也承认行贿。）[14]埃夫斯塔蒂乌的贿金分散在军方购买防空导弹和坦克等各种武器的合同中。“他收买了约20名军官。整个军队都贪污了。”检察官说。到目前为止，被指控行贿的有德国、法国、瑞典和俄罗斯的公司。据报道，国防部前采购副主任安东尼斯·坎塔斯也在受审。他告诉一位地方法官："我收了很多贿赂，具体多少笔不记得了。"[15]一份由15名调查人员为他作的表格显示：他接受了共计1600万美元的贿赂，涉及10项单独的武器交易。

希腊检察官和许多反贪官员尤其关心的是，猖獗的贿赂是如何引起成本严重膨胀的——这些成本使希腊债台高筑，岌岌可危。"他们以双倍的价格售卖武器。"他解释道。因为希腊国防官员可以从总合同中获得一定比例的提成，所以他们默许了这样的高价。

检察官说，在富乐斯多一案中，有证据表明，该公司早在1996年，甚至在潜艇合同签署之前就开始计划将其价格提高近一倍。"潜艇的真实价格是10亿欧元多点。另外的8到10亿欧元不是用于买潜艇的，而是给德国公司的。"从那笔虚高的利润中，"1.2亿欧元被用于行贿"，约占潜艇原价的7%。

希腊调查人员一直在调查过去20年希腊政府进行的每一笔重大军火交易。据估计，单是贿赂就给希腊的纳税者造成数十亿欧元损失。一名调查者说："在10年时间里，武器开支达到360亿欧元，其中可能有4%是贿金。"仅是贿赂就高达至少15亿欧元，这还不是虚高的价格给国家带来的全部损失。

更糟糕的是，这些潜艇是残次品。"平衡存在问题。"

已退役准将、军事专家君士坦丁诺斯·弗拉戈斯解释道。[16]结果这些潜艇迟迟未交付，直到近十年后的今天，它们仍在雅典郊外的斯卡拉曼加斯造船厂处于未完工状态。

曾在国防部担任了三年半军事顾问的弗拉戈斯写了一本书，书中详细描述了至少20个案例，在这些案例中，国防合同不仅导致价格虚高，而且造成无用且浪费的采购活动。“他们买了60架没有雷达防御系统的F-16s战机，”他回忆说，“他们买了150辆坦克（该类型坦克的第一代）。”他指的是希腊在2009年买的德国豹式坦克。“但他们当时并未买弹药，10年后才买了弹药。”（2014年，慕尼黑警方突击搜查了这种坦克的制造商克劳斯·马菲·韦格曼的办公室。该公司目前正因涉嫌在希腊行贿而接受调查。）[17]

弗拉戈斯是该国对军方最直言不讳的批评者之一，他认为措哈佐普洛斯的定罪只是解决问题的开始。“只有两到三人受审。他们掌握的证据不足以将罪犯绳之以法。因为他们遭到来自银行甚至整个体系的巨大阻力，他们必须找到黑钱。”他强调因为贿赂数额如此巨大，而且集中，仅前国防部长一人就收受了6000万欧元，所以国家在国防业上的损失相对易于计算。

“军备、军备、军备——军备方面的腐败显而易见，但其他一些领域腐败的程度更高。该怎么说医疗健康领域呢?”弗拉戈斯问道。

2010年4月14日，在伦敦南华克刑事法庭上，44岁的苏格兰人约翰·道格尔站在法官大卫·比恩面前的被告席上受审。道格尔很幽默，在同事眼里“聪明绝顶”，他也即将创造历史。十多年来，在德普伊公司，一家以人造膝盖和人造髋关节而闻名的跨国企业，他一直是一颗冉冉升起的新星。该公司总部设在英国利兹，在全球拥有2.3万名员工，是美国医疗保健巨头强生公司的子公司。道格尔在2007年以前一直担任营销副总裁，年收入20万美元，常坐商务舱、开豪车，过着相对奢侈的生活。但那天上午，一切都以不光彩的方式结束了：大法官比恩判处道格尔一年有期徒刑——裁决不算严厉，但史无前例。道格尔是首个为了赢得生意贿赂外国官员而在英国入狱的高管，也是首个在国际贪腐案件中与英国当局合作的证人。

很快，他的案子在希腊也成了开创性的案例。德普伊的年营业额约为1亿美元，位列该国医疗外科业前五。道格尔证实公司的销售额是由米扎推动的。他承认在2002年到2005年间，向希腊公立医院的外科医生送了1000多万美元贿金。作为回报，这些外科医生帮助公司创造了至少4000万美元的销售额。2007年，美国加入联合调查，道格尔与英国和美国当局一道揭开了案件的真相，并最终揭露了米扎对希腊国营医疗部门的影响。

2011 年，强生公司向司法部支付了 7000 万美元罚款，以了结对其在希腊行贿的调查，并承认在波兰、罗马尼亚和伊拉克行贿。道格尔成了唯一一个因此案入狱的人。但是他呈递给警察的公司内部电子邮件和文件表明，1999 年到 2007 年间，德普伊在高管的同意下在希腊进行了大型的贿赂活动，这也是希腊医疗费用的井喷时期。比恩法官在对道格尔的判决书中写道："我承认腐败实际上是一项公司政策，早在你行贿之前就已经得到高层认可。"[18]道格尔告诉调查人员，德普伊的高管已经为贿赂制定出机构代码，称为"现金激励"和"专业教育款项"。他解释道，为了向外科医生输送"专业教育款项"，德普伊在希腊聘请了一个名叫尼古拉·卡拉吉安尼斯的经验丰富的中间人。卡拉吉安尼斯在给德普伊的一封邮件中写道："在希腊，外科医生收现金激励几乎是常识。"[19]道格尔警告他的上级说，如果停止行贿，"到今年年底，我们的业务将损失 95%"。[20]

2012 年，希腊运用英国和美国调查所获证据，尤其是道格尔的证词开展了自己的调查。措哈佐普洛斯被捕前后，一队调查人员抵达希腊的公立医院，希望有所突破。这队人员询问了医院院长—— 一位赫赫有名的整形外科医生，因为他的财务状况有可疑之处。"我们在他的账户里发现了一些奇怪的变动，同样的变动也出现在他作为牧师的岳父的账户里。”希腊金融情报部门前负责人帕纳吉奥蒂斯·尼科卢迪斯回忆道。[21]

在希腊的整个医疗体系中，近70%的医院是国营的，政府雇用了近7万名医生。自20世纪70年代起，希腊的医院就不再以公开竞标的方式，而是根据医院院长以及著名外科医生的决定来采购物资和药品。这种几乎不受约束的自由裁量权助长了腐败的风气。

尼科卢迪斯的团队在雅典医院分析了医院院长的几十个订单，这些订单可以追溯到21世纪初。强生公司的订单数量尤其多。当他们将日期、价格与院长的银行账户记录进行对比时，他们发现了一个惊人的规律：每当院长从强生公司订货，一周之后，他都会收到一笔相当于订单总价23%的存款。“我们可以真真切切地看到黑钱。”尼科卢迪斯回忆说。

2015年1月，尼科卢迪斯被任命为总理亚历克西斯·齐普拉斯的内阁成员，担任反贪部长。此前，他担任了28年的地方检察官，专门调查腐败问题。但对他而言，医院贿赂问题的揭露只是在提示：医疗保健领域的腐败比其他任何领域都要严重。“贿赂意味着价格提高了23%，有时是20%或21%。在武器合同中仅为4%，在其他领域不超过2%或2.5%。”

2011年，当强生公司向司法部支付罚款时，这家公司和美国当局都没有考虑到腐败可能造成的影响。但对尼科卢迪斯来说，后果是显而易见的。“在21世纪头10年间，有数十亿欧元，也有人说是150亿，浪费在为公立医院提供医疗设备的公司订单上。”德普伊案是鲁莽草率导致国家财政崩溃的典型。

根据美国、英国和希腊执法部门的公开文件，德普伊的行贿流程如下：公司给卡拉吉安尼斯在马恩岛的海外账户中存入数百万美元，每当外科医生做了一场膝关节或髋关节重置手术，或者是使用了诸如骨科螺丝等昂贵的外科手术物品时，他就给他们回扣。一旦外科医生使用昂贵的螺丝钉，他就会收到至少相当于产品价值20%的回扣，有时甚至更多。在给客户的一封邮件中，卡拉吉安尼斯曾解释说：“如果您还不清楚的话，我的意思是，每次手术后，我都会马上支付现金奖励。”[22]

卡拉吉安尼斯和他的雇员在邮件中经常直白地提起贿赂。担心卡拉吉安尼斯的贿赂，也即所谓的“专业教育款项”使他们面临法律风险，德普伊的一些管理层曾经试图终止与他的交易。但当时的副总裁，强生公司的高管迈克尔·多默否决了他们的提议。他在一封电子邮件中写道：

“这个提议的唯一问题是，到第三年我们就会失去一半的业务。”他还说：“在竞争中，我们难以承受近400万美元的终端用户销售额的损失。”[23]多默最终安排德普伊收购卡拉吉安尼斯的公司Medec，以确保“专业教育款项”的持续进行。

“专业教育款项”呈现为不同的形式。“不仅有现金贿赂，而且还包含费用支出、豪华旅行以及设备贿赂，”另一名检察官说道，“我们听说了一些故事。比如在古巴，一些医生在酒店里有女伴。类似的故事很多。”调查人员称，无论是现金还是实物，希腊许多最优秀的整形外科医生都赚了成千上万美元的黑钱。

为了弥补支付回扣、税收费用以及给卡拉吉安尼斯的佣金造成的损失，德普伊把产品的价格提高了35%。[24]这意味着，外科医生每做一次膝关节手术，政府要多付这么多钱。到2005年左右，希腊的膝关节置换手术价格提到8000美元，是欧洲其他国家的两倍。“无疑市场腐败是价格如此之高的原因。”英国皇家检察官约翰·凯尔西-弗莱在约翰·道格尔的判决中指出。[25]德普伊的行贿名单上列着近乎上百个医生的名字。根据希腊检察官的说法，在总共143家公立医院中，德普伊公司贿赂了114家，占绝大多数。

到目前为止，根据美国、英国和希腊调查人员的估计，希腊政府的损失高达1600万美元（即德普伊公司在1998年到2006年间支付的贿金）。雅典公共检察官办公室主任斯皮罗斯·乔治奥利亚斯表示，尽管相对于国家几十亿欧元的债务来说，这仅是九牛一毛，但这不是问题的全部。“考虑到这仅是一家公司，仅是整形外科行业，”他说，“我们看到的只是冰山一角。”[26]

乔治奥利亚斯正在督办德普伊公司一案，他指出，自从2012年起，施乐辉和史赛克这两家整形外科器械制造商都向美国政府支付了巨额罚金，以了结对其在美国系统行贿的调查，这两家公司目前正在希腊接受调查。美国调查的公开文件显示，1998年到2008年间，施乐辉公司向外科医生支付了900多万美元的回扣，这使成本提高了40%。它也利用卡拉吉安尼斯作为中间人，支付贿赂以和德普伊公司开展竞争。2002年，在给施乐辉副总裁的电子邮件中，卡拉吉安尼斯警告说需要更多贿金才能与主要对手竞争，这些对手比施乐辉多付30%到40%的贿赂。[27]“在希腊，给外科医生预留20%的回扣是普遍接受的做法。”约翰·道格尔向英国警方作证说，“所有想要进入市场的公司必须留出这20%。”[28]（约翰·道格尔拒绝评论德普伊公司事件。）

“想想其他领域的医生，”乔治奥利亚斯继续说道，“我们还没考虑眼科和癌症科。我们还没有调查其他领域，比如药品和毒品。”根据他的说法，希腊检察官最近对德国制药巨头拜耳开展了调查，称其和瑞士的诺华贿赂了希腊的800名医生。乔治奥利亚斯说：“因此，如果你把所有这些数目加起来，你就会明白，我们说的金额有数十亿美元。”

仔细考察一下如今希腊医疗费用的飞涨，足以证实希腊调查人员关于回扣的恶劣影响的说法。希腊前总理乔治·帕潘德里欧表示，希腊的心脏搭桥手术费用是德国的五倍。希腊前卫生部长向媒体透露，[29]由于希腊医生被诱导开高价药，国家在处方药上的开支是其他欧洲国家的三到四倍。有些医生为了获取回扣，甚至凭空开出处方。随着越来越多的医生收受回扣，医药费从2000年的14亿美元上升到2009年的76亿美元。[30]2000年到2009年间，希腊的医疗预算赤字达到了500亿欧元，[31]部分原因在于贿赂引起价格虚高。据路透社报道，到2010年，国营医院欠制药公司和医疗供应商近70亿美元。[32]

“我不能说这场危机仅是由腐败造成的，”尼科卢迪斯说，“但这是导致希腊危机的主要原因之一。”尽管希腊医生们因主动接受贿赂而有罪，但是乔治奥利亚斯指控外企漠视其贿赂带来的更严重后果。乔治奥利亚斯说：“我听说，作为一种普遍的辩护手段，公司会说：要在希腊做生意，除此之外，我们别无他法。”“我认为并非如此。这是对我们的侮辱。把所有希腊人说成是渣滓，把自己说成是为了盈利而工作的天使，这太容易了。”

当国际货币基金组织和欧盟委员会同意为希腊提供2730亿美元救济金时，它们的两个核心条件为，该国全面改革其反腐败战略并削减30亿美元的医疗费用。希腊医疗总费用为170亿美元，约占GDP的5%，为欧盟中最高的。自2010年救助计划实施以来，政府承诺提高采购的透明度，要求医院安装电脑追踪采购和费用，并将一度分散的药品采购系统集中化统一管理。欧盟委员会的一项研究表明，自2009年以来，医疗费用削减了25%，部分是由于药品的价格降低，更主要是因为削减了工资及医疗工作者的数量。[33]在政府努力解决医疗卫生行业的浪费和腐败时，医疗卫生行业成了最大的牺牲品。

“自2009年以来，我们收入的40%被直接砍掉了，”雅典一家著名医院的医生工会副主席说，“初级医疗卫生系统被摧毁。”他是指成千上万工作岗位的流失。“找不到初级医疗的医生，大多数人不得不去大医院。求医的需求翻了一番，而费用却被削减了。”“我有一台用了15年的超声波仪器，本应该换掉了，但我现在却不得不推迟。”

“人们正面临着一个陌生而又奇怪的困境。”大都会社会诊所的一名志愿者说。该诊所位于埃利尼科，乘地铁40

分钟即可到达雅典城中心。她说："我从没想过我会沦落到失业的地步。"危机来袭时，另一家公司解雇了她，为此她愤怒了数月，并开始参加雅典的街头抗议活动。因为她不再有健康保险，所以她付不起看病的费用。"这是公共系统首次拒绝没有保险的人。我已经不能去验血了。"她解释道。

根据现行法律，希腊国家卫生服务组织只提供两年的失业保险，尽管许多希腊公民失业的时间更长。根据劳动部一项调查，约 200 万希腊人没有保险。[34]"那些人没有钱，"医生解释说，"如果你没有钱，你就不会去看医生——因为没有钱的人也要面子。但这意味着当他们不得不去看医生时已经太迟了。到那时，病情就更严重，费用也更高。"

希腊现在不仅要处理财政危机和叙利亚战争难民潮带来的新问题，还要应对日益加剧的公共卫生危机。由于削减了蚊虫预防计划的经费，该国 40 年来首次重新出现疟疾。《柳叶刀》杂志 2014 年发表的一项研究显示，街头工作项目的削减导致向吸毒者发放的清洁注射器和安全套减少。结果，感染艾滋病病毒的新病例从 2009 年的 15 例增加到 2012 年的 484 例，"而 2013 年的初步数据表明，这一人群的结核病发病率比 2012 年增加了一倍多"。该研究还揭露了其他令人不安的迹象，包括2008年至2011年间死胎数上升了21%，原因是缺乏产前健康服务。婴儿死亡率也由于经济状况的持续恶化而在2008年到2010年间上升了43%。[35]

“系统已经崩溃了！”一个医生说，“你不得不小心翼翼地重建。我们必须用新的方式来激励医生，必须制定明确的法规以消除渎职行为。”

2013年，希腊政府新设了一个国家级反贪检察官职位，埃莱尼·雷库担任该职位的首位负责人，并在雅典的最高法院大楼有了一间新办公室。帕皮·帕潘德里欧加入了她的队伍。她们掌握的资源依然有限——团队里仍然只有5名检察官，而雷库还经常自掏腰包购买物资——但在许多人看来，她们已经成为希腊重振司法体系强有力的象征。

正如古希腊神话所言，雅典娜女神既是希腊的保护者，也是文明的守护者，还是一位为正义而战的少女战士。希腊民众和媒体经常把雷库、帕潘德里欧比作雅典娜；希腊网络报纸上刊登了一篇文章，描绘了帕潘德里欧身着古希腊长袍，手持利剑和正义天平的卡通形象。然而，事实却是守护正义的路途更加艰辛了。

自从措哈佐普洛斯被捕，雷库和她的同事就一直在调查世界上最大的几家公司，包括西门子、拜耳，最近还有芬兰的电信公司爱立信。他们查获并追回了因腐败而流失的4500万美元资金。“有4亿欧元已经在几起案件中得到确认，并将诉诸法庭，”雷库的一位同事说，“我们不能说已经消除了腐败，但通过希腊检察官的努力，我们遏制了腐败。这种遏制是非常重要的。即使他们不给我们任何机会，我们也会继续调查。”

无疑，雷库在新政策以及新体制的支持下，将会引领希腊发生巨变。但她的团队也承认，即便有证据表明受贿的官员很多，他们还未能成功地指控像措哈佐普洛斯级别的人物。

尼科卢迪斯和他的团队在2012年取得了突破。卡拉吉安尼斯的公司麦迪逊曾煞费苦心地掩盖贿金的流入，并通过在利比里亚、塞浦路斯和马耳他的复杂海外账户网络转移了几笔资金。但是，卡拉吉安尼斯犯了一个致命的错误：麦迪逊把来自不同地方的贿金都转移到了雅典中心宪法广场的一家银行分行的一个账户中。警方发现后，该账户已经被关闭了。

“我以为我们破案在即。”尼科卢迪斯说道，调查人员也认为任务将会变得简单。“我以为我们只要到银行查清那些资金被转移到哪个银行账户，就能轻松地找到那些人。”那些人指的是受贿的医生。

调查人员抵达银行时，消息却不那么乐观。“银行说：‘没有转账。有人带着公文包过来把钱取走了。’”尼科卢迪斯描述道。尽管贿金是通过精密复杂的渠道进入希腊的，但一旦进入境内，就会以现金的形式送到医生手中，因此无迹可寻。

在调查期间，检察官搜查了卡拉吉安尼斯公司总经理德斯皮纳·菲利波的住宅。在她的车库里发现了一张列有250个医生姓名的清单，调查人员认为他们是德普伊案中的受贿者。由于检察官的资源不足以调查所有嫌疑人，他们把调查对象缩小到12个外科医生，这些人的银行账户中都有20多万欧元，看似很可疑。其中一人叫帕纳吉奥蒂斯·苏卡科斯，是希腊最负盛名的外科医生之一，也是整形外科界首屈一指的专家，政治人脉丰富而且是希腊国王的密友。据说贿赂是以现金的形式交付给外科医生的，因此检察官无法证明钱是从卡拉吉安尼斯手中直接付给他们的。2012年，包括苏卡科斯在内的12名嫌疑人最终被无罪释放。“通过调查这些制药公司和医疗供应商，我意识到所有这些关联者实际上都是洗钱方面的专家。”尼科卢迪斯说道。罪犯比法官“早了几步”。雷库团队中的一员说：“他们可以通过网络迅速地转移资金，而法官则要花几年时间追踪。”

在希腊开始调查德普伊公司六年后，这件案子还未给任何一名德普伊公司的员工或是涉案医生定罪。检察官仍希望情况能有所转变。2013 年，他们对 25 名嫌疑人提起了新的指控，其中包括几名德普伊的前任高管，比如迈克尔·多默。来自英国和美国的调查文件指出，英国公民多默明知故犯，他有意继续了德普伊公司的贿赂计划，但未受任何国家的指控；2007 年，涉嫌贿赂事件刚刚冒头，他就从强生公司辞职，承担了“其职位的最高职责”。[36]希腊能否对诸如外国人多默这样的公司高管提起有效诉讼还有待观察。德普伊公司案的结果考验国家起诉高级金融犯罪的能力。

如今的希腊已经摆脱了富乐斯多以及德普伊公司丑闻的困扰。国防合同和医疗采购的规则都发生了巨变，透明度得到提升，腐败的空间也缩小了。更重要的是，随着希腊经济持续衰退——在过去 8 年间有 7 年均是如此——该国在武器装备和医疗保健方面的支出已经大幅减少，腐败的空间更小了。

然而，那些引起现代历史上最为严重的金融危机的人，包括那些促使危机爆发的公司高管依然未被绳之以法。随着调查的持续深入，大多数人仍不为人所知，更别提被起诉了。希腊政府是否有能力责罚涉案权贵尚不确定。雷库有决心与有组织的金融罪犯一战到底，但这不只是意志的较量。这是一场资源的较量，是无数的跨国公司与濒临破产的国家之间的较量，前者花费数十年时间向希腊注入黑钱，而后者试图找到证据并将其诉诸法庭。

这一努力遭到了打击。2017 年 3 月，雷库在争议声中辞职。在她调查的众多案件中，有一起据说是由诺华策划的庞大的回扣计划。显然雷库已经找到了证据，该公司的银行账户向全希腊 4000 名医生支付了 3000 万美元回扣，另外还有包括两名前总理在内的高官。随后，《文档》报上刊登了一篇关于她的文章，文章引用匿名信息，称在一起涉及直升机和护卫舰的政府采购交易调查中，雷库采用不当的手段隐瞒了证据。[37]3 月下旬，在她递交给希腊最高法院的辞职信中，雷库辩称这篇文章只是“腐败的官员和医疗领域的主要利益相关者”企图在“诋毁我的道德，以阻止我们的调查”。根据诺华在 2017 年 1 月递交给证监会的文件，美国司法部和证监会已经对希腊的腐败案件展开调查。[38]不出意外的话，诺华将再次达成公司和解，并再支付一笔罚款了事。

第七章　火上浇油

在莫赫辛·阿里脑中，儿子被谋杀的记忆挥之不去，这让他饱受痛苦的折磨。阿里住在拉杰沙希区的纳特雷村，而这一片大的区域离孟加拉首都达卡西北部有 6 个小时车程。拉杰沙希是危险的保守派据点，也是偏激的宗教观点的发源地。伊斯兰教极端主义者最近用大砍刀杀害了拉杰沙希大学的一位社会学教授，而此人以鼓励学生质疑传统伊斯兰教价值观闻名。孟加拉国的情报机构一直在全国搜查此类伊斯兰教军事组织，其中包括拉杰沙希的几个组织。许多组织与国际恐怖组织有关联，比如基地组织，而且据说这些组织的新成员在阿富汗和巴基斯坦接受过训练。针对令人瞩目且日趋严重的极端主义问题，警察已经开始逮捕与“伊斯兰国”有关的组织成员，这也是该问题的最新进展。在莫赫辛·阿里位于纳特雷的小农场里，芥菜田闪闪发光，土路狭窄而泥泞，风光大好的田园却成了军事冲突的发源地，而几家跨国企业的贿赂行为则助长了冲突。

2004 年 4 月 1 日的清晨，莫赫辛·阿里和他的妻子塔胡拉像往常一样早起去做家务。他们的农场约 1 英亩，有一栋两层的泥土房和一个养鸡和牛的大棚。阿里负责照看家禽，塔胡拉则准备早餐，然后他们等着和儿子蒙瓦尔一起吃饭。蒙瓦尔当时是个 20 岁的帅气小伙，在当地的塔希尔普尔大学读书。从照片来看，他和父亲一样，又高又瘦，穿着修身的牛仔裤、时髦的衬衫。他坐在喷泉边上，戴着墨镜，手里举着他学校的标志物荷花。他的表情严肃而认真——就像一个想要努力成为男子汉的男孩。

蒙瓦尔的生活很忙碌，一边学习，一边帮忙打理农场，同时还负责管理孟加拉两大主要政党之一的人民联盟在当地的学生分会。他不仅勤奋而且有原则，这让他成了全家人的骄傲。“无论在何处，只要看到不公平或不公正的事情，他都会挺身而出。”他的父亲回忆道，[1]“如果有人遇到麻烦，他总是冲过去帮忙。如果他知道你在烦扰某人，他就会走到你身边，告诉你：‘别这样，别打扰他。’”

在蒙瓦尔身上，他的父母看到了更美好的未来。虽然生活很艰辛，但是阿里记得他的儿子是怎么宽慰他的。“他告诉我：爸爸，我们现在面临很多困难，很多不易。但只要再坚持几年，等我毕业，找到工作，我们的苦日子就到头了。再等一会儿，我们的好日子就来了。”

蒙瓦尔是人民联盟的热心支持者，该联盟成立于 1971 年，当时巴基斯坦东部发生了暴力冲突，分裂形成了孟加拉国。人民联盟支持那场分裂，因为其成员认为，孟加拉应该成为独立的世俗民主国家，由印度教徒和穆斯林共同组成，并由共同的孟加拉文化、历史和语言和谐地联结在一起。但是，并非每个人都认同这种观点。很多人认为孟加拉仍是巴基斯坦的一部分，而巴基斯坦只允许有穆斯林的存在。最终双方爆发内战，数千人丧生，孟加拉国也随之诞生。但冲突没有结束，那些极端宗教观的支持者组成了一个新的政党，即孟加拉国民族主义党。在血淋淋的战争结束几十年后，反对派的斗争仍在持续，麻烦找上了莫赫辛·阿里的家门。那天上午 10 点，一群手持武器的人出现在那里，叫蒙瓦尔出门。

随后发生的远不止是一件个别地方的暴力事件。这也是一个悲剧，说明西方企业为追求商业利益而支付的贿金是如何影响诸如孟加拉国普通民众的。蒙瓦尔的故事让本会被掩盖的这类犯罪行为的受害者浮出水面。这件事通过一系列的秘密人物和事件，与世界上最大的工业企业西门子支付的数百万美元贿金产生关联，在该事件中，贿赂的对象是一个叫阿米努尔·哈克的人。哈克是当时孟加拉国执政党民族主义党最有权势的官员之一。哈克一边收受西门子的贿赂，一边还与其盟友秘密建立私人军队，这是一个恐怖组织，旨在摧毁那些像蒙瓦尔一样反对民族主义党的世俗主义者。西门子支付的贿金将孟加拉推向了崩溃的边缘，给这个国家留下了从未治愈的伤痕。

蒙瓦尔被带到稻田射杀，然后被斩首。时间已经过去13年了，他是首个孟加拉国圣战者大会（又称孟加拉国圣战战士）的受害者。正是这个极端组织打开了孟加拉国的伊斯兰激进势力的闸门。即使是现在，孟加拉国圣战者大会仍然对整个国家构成威胁，也仍然威胁着莫赫辛·阿里的个人安危。

蒙瓦尔的谋杀事件与西门子的内在联系背后隐藏着更多的故事，它与孟加拉的政治力量和腐败有关，这也是所有贿赂案件中最为臭名昭著，影响最恶劣的。它所揭露出的贿赂案件在西方国家裁决很久以后，孟加拉国的受害者都从未得到承认，更别提伸张正义了。

2008 年 12 月 15 日，美国司法部宣布了一桩贿赂案的调查结果。这项调查持续数年，涉及美国和德国多个执法部门，是《反海外腐败法》历史上规模最大的一项调查。司法部透露，西门子公司承认在“石油换食品计划”期间，向包括尼日利亚、阿根廷和萨达姆·侯赛因政权在内的全球几十个国家行贿逾8亿美元。时任司法部长代理助理的马修·弗里德里希介绍了西门子在全球范围内通过行贿获得的数十亿美元的项目。比如，它用回扣在委内瑞拉赢得了一项3.4亿美元的铁路系统合同。在孟加拉，西门子的子公司通过行贿获得一项4000万美元的电信项目合同。

2001年，孟加拉国电话电报局宣布准备建立一个名为远程话务（Teletalk）的全国移动电话网络，与当时众多私人蜂窝移动网络展开竞争。该项目标价7500万美元，并将外包给外企。

西门子的电信集团在意大利总部开始策划如何赢得合同。在那一年的一封电子邮件中，公司的一名员工列出了其强大的竞争对手——摩托罗拉、爱立信、北电网络和包括中兴和华为在内的几家中国公司。[2]这名员工接着说，但是西门子能够最终获胜，这并非因为该公司有更好的方案，而是由于它会行贿。贿赂将“使竞争对手的出价失效”，即使这些对手与孟加拉国政府联系密切，甚至“可能有更具优势的财务方案”。[3]

从那年开始，西门子就投入了大量的时间和精力以构建一个复杂的全球贿赂网络，以赢得远程话务项目。它专门在瑞士开设了一家名为英康达的公司，用于处理贿款，并在奥地利和塞浦路斯开办了一些空壳公司，这些公司的银行账户用来秘密输送贿金。西门子另外聘请了两名孟加拉国的中间人来处理贿金的输送。邮件提到，在过去 15 年间，这两人已经在西门子的“几个项目上取得了巨大成功”。

彼得·阿尔布里希担任西门子孟加拉国子公司首席执行官，他提到，贿赂是“助燃剂”。考虑到项目的竞争对手和孟加拉国的官僚主义，赢得远程话务项目将是一个漫长而艰辛的过程。每当西门子在谈判中遇到瓶颈，阿尔布里希就会要求英康达公司提供更多贿金。“我们需要一些燃料来维持火势。”他在一封邮件里写道。[4]然后，英康达公司就会把更多钱打到空壳公司，再从空壳公司转到中间人隐藏在新加坡的银行账户里。

司法部披露，从 2001 年到 2006 年，西门子至少向孟加拉国政府官员支付了 530 万美元贿款。然而，它从未揭示官员的身份，除了两人，其中一个是孟加拉国总理的儿子，另一个是通信部长。

最终，西门子同意支付 10 亿美元的罚款给美国政府，约 5 亿美元罚款给德国政府——这仍然是此类和解事件中最大的罚款额。为了避免刑事指控，公司同意进行彻底改革。它开除了高管，建立了反贪合规体系，对员工进行严格的反贿赂培训，并聘请了独立的、由法院任命的企业监督员来评估公司改革执行情况。

如今，西门子已成为一个更加透明、守法的企业，因而倍受赞誉。这当然也许是真的，但无论是创纪录的罚款，还是司法部的评论，抑或是随后的新闻报道，又或是西门子对内部改革的承诺，都未能弥补公司贿赂给孟加拉国造成的损失，也未能承认那些个人与社区可能受到的影响。至于是谁收受了贿赂，以及他们用贿金做了什么都不得而知。它只不过是一个公司的认罪事件，公司承认其未能保存准确的账簿和记录——换言之，在所谓的自由市场中撒了谎，这仅仅是白领犯罪而已。

然而，在西门子案件了结的几个月前，一名美国联邦调查局特工和一名颇具传奇色彩的司法部检察官在幕后开始了孜孜不倦的工作，追查西门子贿赂的后果，并在双方合作下，帮助孟加拉国对收受贿赂的人进行审判。这种情况极其罕见。

2008 年 1 月，黛布拉·拉普雷沃特第一次来到孟加拉国。[5]她和大多数新游客一样感到很震惊。达卡，一个拥有 1800 万人口的城市，无情地冲击着人们的感官：四处阻塞的交通，水渍浸染的高楼，随处可见的横尸。但她印象最深刻的是贫困——贫困的残酷与普遍。达卡的大街小巷满是乞丐，有的伤痕累累，有的四肢残缺，有的身上长满了疖子。贫穷无助的人们会在交通信号灯处围着车子，向车里的人恳求施舍。这使拉普雷沃特想起那些统治这个国家的高官，他们通过腐败榨取民脂民膏。“这种情况你怎么看得下去，甚至视而不见呢？”她回忆起当时的想法，[6]那次亲身经历给她留下了深刻的印象。

拉普雷沃特是阴差阳错般地成为了看守政府的反洗钱专家。作为一名年轻的探员，她每天花 8 个小时坐在监视车上等待嫌疑犯现身。她精力旺盛，干劲十足，但有时也焦躁不安。为了打发时间，她开始用磁带学习外语，两年内学了九门。

1999 年，看守政府华盛顿办事处的资产没收和洗钱小组有一个空缺职位。该小组专门查处犯罪活动的收益——用贩毒的钱购买的车或者通过银行诈骗获取的豪宅。拉普雷沃特乐于做一些不同的事情，正如一名和她关系亲密的同事所言，拉普雷沃特最终发现，自己对“追查那些腐败的、危害国家稳定的政府领导人”很感兴趣。

在达卡的经历让拉普雷沃特相信，她必须让看守政府的人关注孟加拉国的腐败。对她和她的朋友琳达・塞缪尔来说，这将是一场个人征战。塞缪尔是司法部资产没收项目的检察官。“由于她们两人的参与，司法部才会追查此事。黛布拉和琳达很了不起。”孟加拉国前司法部长萨拉赫丁·艾哈迈德说道。[7]

孟加拉的反腐败委员会位于人口稠密的中心城区。自从 2004 年成立以来，行政部门就授权反腐败委员会独立调查该国的公司犯罪、洗钱和政治腐败。它也是美国联邦调查局和司法部在追踪国际洗钱案件以及其他违法案件时的主要联系单位。拉普雷沃特来到反腐败委员会讨论西门子贿金的去向，并向反腐败委员会寻求帮助以将其追回。

孟加拉，一块面积与宾夕法尼亚州相当的土地，却承载着美国一半的人口，其中绝大多数极其贫困。整个国家分为孟加拉国民族主义党和世俗主义的人民联盟。民族主义党由一位名叫哈利达·齐亚的女性领导，她在 2001 年到 2006 年间两次担任总理，她的丈夫是该党的创始人，于 1981 年遇刺身亡；齐亚将其归罪于人民联盟。人民联盟的领导者是现任总理，一位名叫谢赫·哈西娜的女性。她的父亲被视为孟加拉国的创立者，于 1975 年被刺杀；哈西娜将其归罪于民族主义党。也许唯一能阻挡全面内战的是温和的本土文化，但这种文化正日益受到伊斯兰极端主义的挑战。

拉普雷沃特抵达孟加拉国时，正处于该国史上最为动荡的两年。一年前的 2007 年 1 月，军方认为国家处于暴乱的边缘，于是控制了文官系统。恐怖组织孟加拉国圣战者大会在杀死蒙瓦尔之后，发动了一场暴力运动，杀死了数十人。与此同时，根据有关报道，孟加拉国已成为世界上腐败最严重的国家之一。此外，在全国大选前夕，人民联盟和圣战者大会的激战持续了数十天，伤亡惨重。当时，国际危机组织的一份报告称："孟加拉的民主与稳定面临双重威胁：选举僵局有导致政治体系崩溃的风险，以及激进伊斯兰主义日益猖獗带来的挑战。这些问题相互关联。伊斯兰武装力量在政治失序、人民不满、暴力横行的时代发展壮大。"[8]

当军队最终于 2007 年 1 月 11 日出击时，它赋予了自身一个好听的称号叫"看守政府"，并且组织了一场大规模的反腐败运动，逮捕了数以万计的人以及伊斯兰武装分子。很快达卡的监狱就挤满了这个国家最富有、最有特权、最有权力的公民，包括谢赫·哈西娜和哈利达·齐亚。

关在监狱里的，还有两个被认为是导致该国分裂的罪魁祸首——前总理哈利达·齐亚的儿子塔里克·拉赫曼和阿拉法特·拉赫曼（科科）。尽管两兄弟都不是政府官员，但他们却在达卡的一幢办公大楼里运作一个"影子政府"。

这在孟加拉人尽皆知且都栗栗危惧。他们是民族主义党的秘密教父，也是阿米努尔·哈克的密切盟友，由于他们的家庭关系，他们拥有很大的权力。在他们的办公室里，拉赫曼兄弟发出威胁，勒索会费，并常以价值数百万美元的项目合同获取外企的贿赂。他们用贿赂所做之事更令人不安。多年来，塔里克和阿米努尔·哈克一道，一直在资助包括圣战者大会在内的极端组织。

"塔里克已经吞噬了整个国家的政治文化。国家从那时起不再安稳。军队也从那时介入。"孟加拉国法律部长阿尼苏尔·哈克解释道。[9]

2007 年 3 月初，在警方一系列的大规模突击搜查中，兄弟俩双双被捕。有消息说他们遭受了严刑，负责镇压罪犯的将军们特别喜欢虐待塔里克。"塔里克认为军队首领是他母亲的仆人。""将军们对塔里克感到极为气愤"。[10]不论传言是否真实，塔里克都利用了这些传言。尽管被正式监禁，他还是坐在轮椅上接受了电视采访，并坚称自己需要到国外接受医治。

看守政府暂时承诺清除拉赫曼家族的腐败，愿意在反贪问题上开展合作，以专门对付塔里克·拉赫曼。同时，以中立政府的形式为黛布拉·拉普雷沃特和美国调查人员提供独特的机会，不与民族主义党和人民联盟任何一方结盟。对美国和孟加拉国来说，解决腐败问题不仅需要清除不良企业，还意味着要防止孟加拉国变成一个堕落的国家，正如时任美国驻孟加拉国大使詹姆斯·莫里亚蒂在维基解密泄露的一份国务院电报中所说：

“达卡大使馆在孟加拉国有三个优势：民主化、发展以及不给恐怖分子留空间。塔里克猖獗的腐败活动破坏了这三点。他贪污、勒索以及干预司法，破坏了法治，并可能颠覆美国所标榜的建立稳定、民主的孟加拉国的目标。塔里克助长的商业腐败风气和索贿风气，阻碍了该国发展急需的外国投资，并使美国公司的国际业务复杂化，从而使美国促进经济发展的努力变成徒劳。最终，他对法治的公然漠视为恐怖分子在孟加拉国立足打下了坚实的基础，在加剧贫困的同时也破坏了民主体制。简而言之，孟加拉国的大部分问题都可以归因于塔里克及其亲友。”[11]

自从 2010 年司法部提出“反盗贼统治倡议”以来，美国已经开始运用强力阻止外国官员享受腐败的甜头——包括派遣像拉普雷沃特这样的特工去追踪并没收他们的非法所得。如果一个外国官员用美国的银行系统洗钱——比如，用美元转账支付贿款——美国就有权力没收该笔资金以及从中所得的任何资产。150 多个国家签订的《联合国反腐败公约》为美国和孟加拉国开展合作追回资产，提供了法律框架。

在孟加拉国，拉普雷沃特和塞缪尔找到了一些忠实的盟友，包括当时反腐败委员会的检察官阿尼苏尔·哈克，在哥伦比亚接受教育的经济学家、时任司法部长萨拉赫丁·艾哈迈德，以及以强硬态度持续追查腐败的萨利赫（萨利赫不是其真名）。

当拉普雷沃特会见反腐败委员会主席哈桑·马苏德·乔杜里时，她递给这位备受尊敬的四星将官一份复杂的图表，里面有许多交错纵横的线条。“美国联邦调查局有软件程序，能够追踪银行账户中的钱。你可以把钱的流向打印出来，”艾哈迈德说，“反腐败委员会的领导很震惊。他没想到黛布拉已经掌握了这么多细节，调查如此深入。”

拉普雷沃特解释说，从 2001 年起，贿金就一直从西门子在奥地利和塞浦路斯的空壳公司流向新加坡的银行账户。通过法务会计，她发现账户属于一家在新加坡注册的，名为扎什（Zasz）贸易的公司。事实上，扎什公司属于塔里克·拉赫曼的弟弟阿拉法特·拉赫曼。（“Zasz”这个名字来自阿拉法特·拉赫曼的两个女儿和他妻子名字的首字母，她们分别叫作扎希亚、沙米拉以及扎菲亚。）2005 年 8 月，扎什公司的账户从西门子中间人那里收到了 18 万美元的款项。拉普雷沃特坚信，孟加拉国在美国的帮助下可以追回这笔钱。

不仅如此，西门子有大约170万美元从美国的空壳公司流到了汇丰银行账户中。那笔钱是给当时孟加拉国电信部长阿米努尔·哈克的贿金，他过着危险的双重生活。

在武装队伍到达莫赫辛·阿里农舍的前几天，他已知道他儿子的学生团体成员和当地受控于阿米努尔·哈克的民族主义党派之间产生了宿怨。

2003年，不明身份的袭击者在省会城市拉杰沙希枪杀了民族主义党在该市的领导成员。2004年2月，来自拉杰沙希的前民族主义党国会议员的侄子被枪杀。随后又发生了两起针对该党领导及其家属的暗杀，这些人与阿米努尔·哈克及其强大的盟友关系密切。警察从未逮捕任何袭击者，他们的身份也从未披露。但当地的民族主义党激进分子立即将矛头指向了人民联盟。根据一份警察报告，哈克的一位亲密盟友带领一群暴徒冲进了人民联盟的据点纳特雷，烧毁了近40栋房屋和商店。

仅仅几个星期后，蒙瓦尔就成了另一位牺牲者。“因为我儿子是人民联盟学生组织的领导人物之一，他也就成了袭击的目标，”莫赫辛·阿里说。他还补充，据他所知，他儿子从未参加过任何恐怖袭击或暴力活动。

民族主义党和人民联盟之间冲突频发，且持续多年。

冲突很暴力，甚至造成伤亡。但袭击蒙瓦尔却有不同意义，杀害他后，袭击者留下被斩首后的尸体作为警告，这实际上宣告着孟加拉贾马特-乌尔-圣战者组织的诞生。

四天后，4 月 5 日上午 11 点左右，阿里听到外面震耳欲聋的摩托引擎声。他冲到门口，发现有一大群人，100 到 150 人左右，正涌向他的农场。有些人手持猎枪和手枪，其他人带着棍子和铁棒。暴徒们一边高呼："阿米努尔万岁！"一边对天鸣枪。莫赫辛和塔胡拉躲在农场的一座小屋里，而他们的邻居则在慌乱中逃离了。暴徒们毁掉了阿里的房子，将其夷为平地。一切结束后，他们发出胜利的欢呼声，骑上摩托车，消失在尘土飞扬的路尽头。

现在，莫赫辛·阿里相信阿米努尔·哈克与他儿子的谋杀案有关。

阿米努尔·哈克当时 61 岁，顶着一头浓密而鬈曲的灰发，鼻子凸出，戴着一副大而黑的眼镜。当时他处于事业的巅峰，创造了孟加拉辉煌而漫长的政权。

哈克是孟加拉一个显赫的地主家庭的后代。他在英国学习法律，1974 年在 31 岁时获得林肯律师学院的律师资格。[12]回到孟加拉后，他顺风顺水，成了一名律师，并在国家最高法庭当辩护人。1991 年，他作为民族主义党的候选人参与国会选举，并在整个 20 世纪 90 年代三次赢得拉杰沙希的席位。

在孟加拉支离破碎的政治版图中，拉杰沙希是一个重要的选区，因为它是民族主义党保住权力的关键。哈克在维持权力中发挥着关键作用。2001 年，他再次赢得席位，而民族主义党也赢得了全国大选。作为回报，他获得了通信部长这个令人梦寐以求的职位，负责监管数十亿美元的项目。哈克成为该党最具影响力的人物之一，是民族主义党中央执行委员会的成员。很快，他也成了塔里克·拉赫曼的亲密盟友。哈克也是孟加拉技术发展与进步的公众代言人，常在新闻发布会上露面，宣扬移动话务计划的好处，以及它将如何重塑孟加拉的未来。事实上，这个计划也在重塑他的未来，使他变得格外富裕。

西门子公司的管理层意识到，要赢得移动话务项目这桩生意，就必须向哈克行贿，他们早在 2002 年年初就做好了安排。哈克一位亲密的家族朋友米扎努尔·拉赫曼就此事和西门子进行了接洽。“当阿米努尔·哈克上台执政时，米扎努尔专门负责与西门子接洽业务。米扎努尔说：‘没有我，西门子就没有这单生意。’”孟加拉国调查员萨利赫解释道。[13]2002 年 12 月，西门子孟加拉公司与米扎努尔·拉赫曼达成了一项协议。就像许多腐败案件那样，拉赫曼会充当哈克的中间人，收取一笔“咨询费”，实际上这笔钱会作为贿金送到哈克手里。米扎努尔的合同规定，如果西门子中标，他将收取与电话电报局签订合同总额的5%，总计约375万美元。

没有数据显示在那期间有多少资金流向阿米努尔·哈克，但他开始在幕后夜以继日地工作，以确保西门子的出价达到国家采购委员会的要求。他已经成为西门子腐败计划中的关键一环——而西门子的贿赂似乎也成了他个人规划中不可或缺的一部分。

2004年，蒙瓦尔谋杀案的消息登上孟加拉国各地的头条，举国震惊。更令人不安的是，圣战者大会还在持续制造流血事件，在四个月时间内造成25人死亡、500人受伤，众多受害者都是人民联盟的支持者。作为拉杰沙希的议会成员，哈克还管理着整个行政和公共安全。当一个警官向他恳求更多资源以对抗圣战者大会时，哈克回复道："你不必担心，因为总理和她的儿子们知道正在发生什么。"这个官员大吃一惊，然后回答道："我必须做点什么，这是我的职责。"然后哈克警告他："你什么都不能做，因为那个组织受到总理、她的儿子以及情报机构这些政府最高层的资助。"[14]

"哈克在支持圣战者大会，他还让我支持他们。"警官最近回忆道。虽然他认识哈克已经11年了，在对抗圣战者大会时受阻，他仍然感到很气愤。这个组织当时还比较弱小，本可以将其扼杀在摇篮里。他很快就发现，他再也无法指挥那些听命于哈克的下级军官了。“如果我让他们去逮捕某人，”警官说，“他们就会通报总理然后阻止我。”

由于哈克的影响，当地警察形同虚设，圣战者大会在拉杰沙希开创了军事基地。大约在那时，孟加拉国记者朱尔菲卡尔·阿里·马尼克来到该地，设法采访了该组织的领导人西迪奇·伊斯拉姆，绰号孟加拉巴伊或孟加拉兄弟。伊斯拉姆曾在阿富汗与塔利班作战期间接受过游击战训练。他对记者夸口说，他现在指挥着 1 万人，[15]这个数字无从考证。但是一天下午，该组织在拉杰沙希市中心举行了一场喧闹的大型游行。数千名圣战者大会的支持者参加了这次游行，游行队伍由 60 辆巴士和上百台摩托车组成，而警察在两旁护卫。[16]有消息称哈克公开资助这个团体。

许多认识哈克的人都对如此位高权重的人与孟加拉国的恐怖主义有密切关联而感到震惊。“他很出色，”一位了解哈克的西方外交官评价道，“我认为他有出色的分析技能，极富耐心。那种耐心，以及对全局和长远目标的洞见令我印象深刻。”[17]

哈克和塔里克·拉赫曼本身并不是宗教原教旨主义者。达卡的一名前刑事情报官员表示，他们对恐怖组织的支持几乎完全是出于战略和政治考虑，这名官员已经花费数年时间，追查孟加拉国恐怖主义的兴起。“塔里克·拉赫曼可能并不会每天祷告 5 次——他自己也不想要伊斯兰教法，”这位官员说，[18] “但他想用伊斯兰教主义者对付其政敌。”他接着描述了哈克和拉赫曼与孟加拉巴伊以及圣战者大会达成的协议：“通过给该组织提供庇护，他们的目的是利用该组织消除人民联盟。另一方面，这些伊斯兰教主义者得到了庇护、政治和资金支持，这有助于该组织推进其活动。”

但情形很快就失控了，警官继续说道。他把圣战者大会描述成一个肆意生长的怪物，它把自己塑造成阿富汗塔利班的样子。“圣战者大会反对民族主义党，”警官解释说，“这给民族主义党造成了一场危机。武装分子与其赞助者之间发生了一场冲突。”

他们之间的关系最终在 2005 年 8 月 17 日破灭了。那天早上，圣战者大会行动者同时在孟加拉国 64 个中的 63 个地区引爆了近 500 枚小型炸弹。无人死亡，但重点不在伤亡，而是圣战者大会正在传递这样一个信号：它的野心已经膨胀到不仅仅想要杀害拉杰沙希地区人民联盟的支持者。现在它打算要建立一个“伊斯兰国”，任何阻碍其目的的人，包括其赞助者在内，都会面临战争威胁。

在袭击发生后不久，当地报纸报道称，孟加拉国的情报机构和警察官员仓促上阵，想要找到这个紧迫问题的答案。这种规模的袭击说明圣战者大会拥有精密的训练、一个庞大的全国性网络、炸弹专家以及获取致命武器的渠道。该组织的资金又从何而来？[19]

无巧不成书，就在袭击后的第一天，2005 年 8 月 18 日，正如后来银行记录显示的那样，西门子公司向一个海外的银行账户汇了 15 万美元。这笔钱是用来贿赂阿米努尔·哈克的。

2009 年，黛布拉·拉普雷沃特和琳达·塞缪尔坐在达卡的一个安全地点，这是由孟加拉宪兵提供的安全住所。他们周围的环境看着像普通的会议室，有着一张大桌子和几把办公椅。在过去的一年里，拉普雷沃特到过孟加拉几次，大部分时间是和塞缪尔一起去的。这两名女性一起与孟加拉国的将军们以及反腐败委员会发展了良好的工作关系。在美国和德国，西门子贿赂案已经判决并且结案，这家公司也进行了反思和彻底的改造。但是，追踪腐败、将受贿人绳之以法、查明他们在孟加拉国一连串暴力事件和动乱中扮演了什么角色，这些工作还在持续进行。

那天，塔里克·拉赫曼及其兄弟科科都没有受到这两名女性的盘问。2008 年 9 月，塔里克因医疗原因获得保释，并立即飞往伦敦。维基解密公开的一份美国国务院电报称：

"塔里克与国内最高法庭有着深厚的政治联系，他设法操纵了司法程序，看守政府阻止其获得保释的努力也徒劳无功。"[20]科科也获得了医疗保释，先飞到了曼谷的一家医院，然后又前往马来西亚，据说他在那儿有一座豪宅。

在两兄弟缺席的情况下，军方安排了拉普雷沃特和塞缪尔调查嫌疑人、线人、中间人以及联络人。孟加拉国宪兵将这些人逮捕，并带到一个秘密地点。气氛很紧张，很多人哭了，因为他们知道，自己可能因为与美国联邦调查局谈话而受到威胁或伤害。美国人采用了温和的办法，告诉他们："瞧，我们正在帮助政府反腐败。我们正在对西门子进行调查。我们知道你们有信息。这是完全自愿的，你可以随时离开。"[21]一些人确实离开了，但大多数还是留下了。很多人曾和拉赫曼兄弟密切合作，并开始坦白秘密。"你会对这么多人愿意坦白而感到惊讶，因为他们希望自己的国家比现在更好。"美国联邦调查局的一位调查员说道。

这些人中有西门子贿赂计划的主要中间人费兹莱·塞利姆和祖尔菲卡尔·阿里。塞利姆声称他从西门子那里获得了用于贿赂的资金，并告诉美国人，西门子的一位高管主导了整个计划，决定"应该向哪些政府官员行贿以及应该支付多少钱"。[22]阿里称哈克和其他官员把远程话务项目交给西门子，不是因为它给国家带来了最好的交易，而是因为贿金会流入他们的腰包。

在与线人进行数小时甚至数天的会面后，西门子黑钱流动的画面开始呈现。拉普雷沃特及其同事不仅证实贿赂流向了阿米努尔·哈克和科科，还找到一条新的线索：塞利姆和阿里会从西门子的贿赂中取出一部分再转交给塔里克·拉赫曼。

“西门子的钱从孟加拉国当地货币塔卡账户中流出，以现金的形式到达塔里克手里。我们采访了一些人，他们说，‘我们会等。我们要么被要求把钱快递给他’，要么他会到他们的办公室取钱。要么他会派一个代表。”一名美国联邦调查局的调查员说。塔里克通过一个又一个代理人来转交现金，创造了一个复杂的层级系统，以使自己远离贿赂的源头和罪责。“据说人们会带着装满给塔里克贿赂的手提箱，从孟加拉飞到像迪拜这样的地方。”萨拉赫丁·艾哈迈德回忆道。科科则没有这么谨慎，他让人把西门子的贿金直接汇到他在新加坡的账户上。“科科的案件几乎显得愚蠢了。”

西门子的内部调查追踪到孟加拉国共有 530 万美元的电汇贿赂。在 8 月份炸弹袭击发生后，西门子继续向阿米努尔·哈克支付了一年贿赂，大部分为 25 万或 34 万美元。这些贿款加起来总共有 170 万美元，全部都汇到了米扎努尔·拉赫曼的银行账户中。代理人阿里和塞利姆总共收到320万美元，这其中有220万美元被分配。还不清楚他们传送的贿赂有多少流到了塔里克口袋里。美国联邦调查局拒绝置评，称调查仍在进行中，萨利赫也拒绝置评。可能还有更多去向不明的钱。塞缪尔和拉普雷沃特访谈的证人告诉她们，在远程话务项目交易中，支付的贿赂总额实际接近1200万美元。塔里克和阿米努尔收到的贿赂可能比之前报道的还要多。

一份由维基解密泄露的美国国务院电报表明，[23]在西门子分配给塔里克·拉赫曼的贿赂中，远程话务项目中的款项只是一部分："一名从西门子向塔里克及其兄弟科科输送贿赂的证人称，塔里克收到的贿赂（以美元支付的）[24]大约是西门子在孟加拉国所有交易的2%。"如果真是这样，这意味着在拉赫曼母亲2001年至2006年掌权期间，西门子可能向他行贿数千万美元。

在孟加拉的时光让拉普雷沃特想到："贿赂存在多米诺骨牌效应。为了获得合同，有数百万美元流入这个国家。这些钱去了哪里？"

过去10年，美国政府展示了打击企业腐败的决心，但到目前为止，其法律权限、政策授权和资源也决定了它只能做这么多。其结果是，在诉讼中，从未提及贿赂造成的后果。同样，这些公司也从未基于像哈克这样的外国官员使用贿金的方式而受到处罚。

调查员萨利赫是一位反洗钱专家，也是在孟加拉国权力最高层有影响力的人物。他不是正式的政府官员，因此不受官僚规则的约束。相反，他处于灰色地带，在暗中开展工作。他是一位有作战经验的前军官，举止极为专注且态度严肃。他为反腐败作出的努力使他在孟加拉树敌无数。他隐藏了个人身份，与其说是为了个人安危，不如说是为了家人的安全，为了以防万一，他已安排家人离开孟加拉。

萨利赫数年来一直在追查这些资金。在仔细地分析西门子的贿赂后，他越发关注造成严重后果的孟加拉国腐败，据称付给阿米努尔·哈克、塔里克·拉赫曼和科科的数百万美元公司贿赂和伊斯兰恐怖势力崛起之间存在联系。

最近几周，萨利赫找到了哈克的踪迹，他住在离达卡有 90 分钟车程的一个公园附近的出租屋内。自从他煽动圣战者大会事件暴露后，他就成了隐匿高手。最初，总理哈利达·齐亚和其他民族主义党领导人否认孟加拉巴伊和圣战者大会的存在，认为它们是媒体捏造的。但 2005 年 11 月，圣战者大会进行自杀式爆炸，这是该国史上首次自杀式袭击，造成 11 人死亡、100 人受伤，政府被迫采取行动。[25]2006 年 3 月，一场全国性的警方收网行动，抓获了孟加拉巴伊和其他 5 名圣战者大会的领导者。一年后，军方上台，6 人被处以绞刑。多年来，蒙瓦尔的父亲穆赫辛・阿里一直活在恐怖的阴霾中，但随着这个极端组织逐渐被消灭，他在拉杰沙希对哈克提起诉讼，认为他应对自己儿子的死负责。圣战者大会的其他受害者称，孟加拉巴伊经常与阿米努尔・哈克通电，后者有时指导他们的暴行。[26]同时，警方也对哈克提起了诉讼，所以这两起案件合并处理。

基于目击者的证词，第二委员会的法官雷扎尔・伊斯拉姆在拉杰沙希的法庭上宣判前部长和其他 17 名圣战者大会的支持者犯有蓄意谋杀、绑架和挑起战争罪——这是孟加拉国史上第一次作出如此判决。伊斯拉姆指控哈克亲自策划了多起圣战者大会的袭击，并指责暴力是对伊斯兰教的歪曲。2007 年 7 月，在哈克缺席审判的情况下，他被判处三十一年半监禁。在审判时，检察官说：“阿米努尔和其他政客们或直接或间接地支持和赞助了圣战者大会。”[27]

那时，无论是伊斯拉姆，还是其他任何与案件有关的人，都没意识到部分资金或许来自西门子的贿赂。2009 年，关于这些故事，笔者首次在 PBS《前线：世界》节目和《基督教科学箴言报》《明镜周刊》等一系列杂志中发表了一些报道。[28]作为对这些报道的回应，孟加拉国政府宣布成立一个议会委员会，调查来自西门子的贿金是否被用于资助圣战者大会。[29]然而，委员会从未公布调查结果，西门子贿赂所起的作用始终是个谜。

对萨利赫来说，他相信“有部分资金一定流向了恐怖主义。恐怖主义者采用不同渠道获取资金，但是贿赂肯定是资金来源之一。公司资助了出于宗教动机的恐怖主义暴行”。他指出，在西门子给米扎努尔·拉赫曼的贿赂中，哈克收取了170多万美元。西门子的顾问也给哈克支付了大笔不可追踪的现金，塔里克·拉赫曼也收到了。

萨利赫的指控得到了一名孟加拉国情报官员的证实，这名官员在国家内部安全部门任职。在任职期间，他亲自审问了圣战者大会的领导者以及一个名为伊斯兰圣战的附属组织，而该组织与基地组织有关联。“当我们审问圣战者大会和伊斯兰圣战的领导人时，我们开始认识到腐败发挥的作用。同样的钱在四处流动。有时它会流入恐怖分子的银行账户；有时流入恐怖分子背后的操纵者手中，”情报官员解释道，[30]“他们明确地提到了阿米努尔·哈克和塔里克的名字。哈克在道义和经济上支持他们。”萨利赫和情报官员都没有证据可以直接证明哈克把一部分西门子的贿金直接交给了圣战者大会，但是他给的钱几乎肯定是现金。

萨利赫和情报官员都认为圣战者大会没有被击败，而是转向了地下活动。该组织已经转移，变得更为训练有素且有杀伤力。最近一次反恐行动表明，该组织不再像最初那样，核心成员由受教育程度很低的伊斯兰学校学生组成。“有一天晚上我们逮捕了 7 名圣战者大会成员，”情报官员说，“7 个当中有 6 个在私立大学念过书。其中一人来自南北大学。”这所学校被认为是孟加拉最为自由的大学之一。“他们极为激进，”情报官员继续说，“他们不惧死亡。他们准备前往巴基斯坦然后到叙利亚。他们想要与‘伊斯兰国’并肩作战。”

2009 年 1 月，司法部门在华盛顿特区开展了一项没收行动，以追回科科・拉赫曼在新加坡账户里的 200 万美元，以及留在阿里和塞利姆新加坡银行账户中的 100 万美元。司法部主张其有司法管辖权，原因在于贿赂是以美元支付并通过美国银行转账的，司法部希望一旦这 300 万美元被追回，就将其返还给孟加拉国，并指定用于支持反腐败委员会。

然而，为了达到这个目标，司法部需要新加坡政府的同意和协助，但新加坡拒绝合作。“新加坡人担心开创通过其司法系统追回赃款的先例，因为他们经手的此类案件颇多，”一位在该地区有多年经验的前美国国务院官员解释道，[31]“所以他们面临一个如何作出取舍的难题：是成为一名优秀的国际玩家，还是守住袋子里的钱？最终他们发现两者都重要。”

当新加坡政府最终冻结科科在扎什贸易公司的账户时，他通过律师回应称该账户不属于他。拉普雷沃特打印了扎什公司的银行记录的副本，包括一张通过国际执法联系获得的护照照片，该护照用于开通账户。科科继续否认持有该账户，并最终得到司法部的支持。由于无人前来认领这笔资金，司法部得到了缺席审判。美国和新加坡都放弃了这笔钱，最终，这200万美元归孟加拉反腐败委员会所有。

这是一场既微小又重大的胜利。拉普雷沃特、萨利赫、塞缪尔和艾哈迈德为构建国际合作的模式打下了基础。“我们创造的是新兴事物，但只要有希望，我们就会让其持续运转。”萨利赫说。远程话务项目的灾难性后果，凸显了打击此类贿赂的重要性。2009年，一个专门小组调查了这个项目，发现阿米努尔·哈克管理不善，加上腐败和拖延，造成了3000万美元的损失。调查报告表明，由于哈克一直在幕后操纵，以确保西门子能够赢得竞标，该项目被搁置了好几年。远程话务项目却未能成功打造用户基础，如今，其仅占孟加拉9500万移动电话用户中的1%。[32]“如今远程话务项目规模如此之小，以至于无足轻重。”2012年一份针对孟加拉国电信行业腐败的市场调研报告指出。

拉普雷沃特的团队持续深入调查。他们无法追踪到阿米努尔·哈克的钱，但是2011年，他们对哈克的代理人米扎努尔·拉赫曼提起了逃税诉讼。

然后，他们将目光着眼于更大的目标塔里克·拉赫曼身上。孟加拉国政府还没有掌握指控拉赫曼洗钱，或者其他16项指控中的任何一项的证据，包括针对他提起的谋杀诉讼——他们无法没收他的钱，因为毫无线索。“众所周知，他已经收了很多贿赂，并且为了分发合同建立了一个平行政府。他就是最为腐败却也是最难被抓住把柄的人。”艾哈迈德说，“将他绳之以法将极具象征意义。”

但大约在拉普雷沃特访问线人的同时，一个名为卡迪扎·伊斯拉姆的女商人向警方自首。通过与新加坡的官方沟通，拉普雷沃特获得了塔里克的花旗银行记录，用以追踪他用部分贿赂在全世界的消费情况。这是他们掌握的证明塔里克与洗钱案有关的最直接证据。

由于证据是拉普雷沃特发现的，如果孟加拉当局要采纳的话，她就不得不亲自前往作证。在此之前，从未有过任何一个美国联邦调查局特工在孟加拉国法庭上作证。

2011年11月16日，拉普雷沃特和萨缪尔登上了东行的飞机。在她们离开的前几天，萨缪尔把拉普雷沃特叫到一边，说：“我只是想让你知道我得了乳腺癌，”她告诉她说，“所以我可能会提前离开。”拉普雷沃特吃了一惊，告诉她："去做任何你需要做的事吧。如果你不必去的话，就别去了。"但萨缪尔坚持要陪她。

关于塔里克的洗钱案，拉普雷沃特提供了一个半小时的证词以及近 300 页的证据。[33]"塔里克的律师强烈反对。他们认为根据法律，这是违法的，美国联邦调查局特工不能作证，"萨利赫说，"但我们做到了。"

2016 年 6 月 21 日，孟加拉国高等法院作了一项标志性的裁决，认定塔里克·拉赫曼犯有洗钱罪，并在其缺席的情况下判处其七年监禁。这是在数十年的法律斗争中哈里克首次被判有罪。[34]根据孟加拉国法律，这项裁决意味着他也许再也无法参政。尽管法院的裁决与西门子案没有直接联系，但它是那项调查的一个重要分支，而且是因为美国联邦调查局和孟加拉国政府之间独特且持续的合作，才使这一切成为可能。

不幸的是，琳达·萨缪尔没能活着见到她努力的成果。2013 年 9 月 13 日，她死于癌症。[35]但是，孟加拉法庭的裁决标志着黛布拉·拉普雷沃特在美国联邦调查局的职业生涯圆满谢幕。她几个月前才退休，之后，她在哨兵组织担任腐败调查员，这是一家由乔治·克鲁尼和约翰·普伦德加斯特成立的非营利组织。拉普雷沃特仍在全世界奔走，调查诸如索马里和刚果等国的领导人如何运用腐败收益资助冲突和内战。

塔里克·拉赫曼被定罪两周后，7名武装分子突击了达卡一家很受外国侨民欢迎的西式咖啡馆。在投掷手榴弹后，他们劫持了人质，然后把穆斯林和非穆斯林顾客分开。劫持事件持续了一整晚，圣战者大会表示对此次袭击负责，并宣布与总部位于叙利亚的国际恐怖组织“伊斯兰国”结盟。第二天早晨，警察击毙了全部7名武装分子，但此前，圣战者大会成员已经杀害了18名外国人，制造了孟加拉国史上最严重的袭击事件。[36]塔里克的定罪和暴力事件无直接关联，但它们清楚地呈现了孟加拉与腐败和恐怖主义进行的斗争，以及这两者如何与阿米努尔·哈克、西门子的贿赂以及蒙瓦尔的谋杀案相关联。

哈克一直在逃。他只公开露过一次面，那是在2009年，他出人意料地因非法敛财自首。[37]在获得保释前，他只在狱中待了四个月，然后再次消失。[38]从那时起，他就利用自己和一些律师在法庭上的影响力，让至少13场指控他勒索、贿赂、腐败和洗钱的案子得以暂停、终止并反转。2011年4月，哈克成功地就其支持圣战者大会提起申诉。[39]在听证会上，主审法官批评检方起诉的证据站不住脚。然而，检方已经提起诉讼，正在等待最高法院的判决。

2012年，反腐败委员会对哈克和米扎努尔·拉赫曼提起了新的诉讼，指控其为前部长从西门子收受的170万美元贿赂洗白。哈克目前正在应付这些指控。[40]哈克的恐怖主义和腐败案件的结果如何，将成为对孟加拉国持续进行的正义斗争的重要考验。

“如果腐败和暴力不受控制，民族主义党重掌政权，又会怎样？”萨利赫问道。“阿米努尔·哈克会成为更大的部长。当他重掌政权，那些杀人凶手就会加入政府。他们会对他说：‘我为你效劳，帮你获得政权；你应该回报我们。’那些相似的暴徒就会成为警察和官员的一部分，”他说，“这不仅对孟加拉，对整个区域来说，都是很恐怖的。”

连环暴力对像穆赫辛·阿里这样的人来说是真正的威胁，甚至在蒙瓦尔遇害10多年后，他们仍然生活在恐惧中。“因为他们已经杀死了我的儿子，他们也会毫不迟疑地杀死我们。”塔胡拉谈到圣战者大会在该地区的特工时这样说。

“当地的圣战者大会特工住在村子周围，他们会一起坐在集市里的茶摊上。他们常对我说，一旦人民联盟下台，他们就会杀了我。”阿里说。他在两周前收到了这样的威胁，当时圣战者大会的支持者告诉他：“我们会杀死一切指控我们的人。”

当司法部宣布与西门子达成庭外和解时，政府代表在随后的新闻发布会上间接提到了损害，尽管他们倾向于笼统地谈论腐败，而不具体说明西门子腐败产生的影响。“国际腐败破坏了善治，”约瑟夫·佩尔西奇尼当时公开评论道，“它阻碍了社会和经济发展，破坏了公众对公司、政府以及基本公平理念的信任。”但更为普遍的情况是，司法部、美国联邦调查局以及国税局的官员讨论了腐败如何破坏竞争以及扭曲自由市场体系。

尽管贿赂对自由市场有害，但对收受贿赂的国家毫无影响，这一观念得到强化，因而涉事公司仅需支付罚金——白领犯罪的罚金——而不承认对当地社区造成的损害。但是正如《反海外腐败法》的起草者最初认识到的那样，贿赂确实会对社会、政治、经济和其他方面产生严重影响，这也是实施法律禁止贿赂的初衷。

同样的，那些刊登在美国和英国报纸、杂志、法律期刊以及网络出版物上的数千篇报道中，好像没有一篇讨论贿赂对那些收到贿金的几十个国家的影响。

唯有通过追踪这些贿赂产生的后果，揭露受害者的经历，我们才得以全面理解外国公司腐败造成的全部损失。

第八章　贿赂的后果

2010 年 1 月 18 日，理查德·比斯特朗终于用了近 3 年时间促成了他人生中最重要的一笔交易。经过 1000 多天的谈判，发出 2 万多条手机信息，他的焦虑无处安放，即使是绕着公园跑圈也无法使他冷静下来。当他看到一队越野车向这个城外偏僻的会面地点驶来，车队离他越来越近时，他终于开始感到一阵轻松。

55 岁的比斯特朗身材高大，体格健康，带着一种学者的气质。他原本想成为一名外交政策教授，但在过去 20 年里，他却成了一名成功的武器销售商。他们家有一个销售防弹衣的家族企业。后来，他成为装甲控股国际销售的副总裁，这是世界上最大的武器经销商之一，其客户遍布从中东到拉美的政权。[1]他借助不正当的幕后交易将手榴弹出售给他们，并为他们的总统卫队配备武器。

比斯特朗早已迷失了生活方向。尽管他的收入达到了有史以来最高水平，他有豪车，在佛罗里达有公寓，但他经常光顾妓院，每个月都要吸食 1.5 万美元的可卡因。他撒谎成性，惯于欺骗，过着双重甚至三重的生活，并且在瑞士有一个秘密的银行账户。贿赂是一个简单的部分：在这里的监管表格上造假，在那里伪造一张假收据。没有人因此受损。他的公司不以为意，执法部门也毫不关心。他现在成了一名老手，在各国首都之间奔走，支付回扣，取得买卖，提前安排给苏黎世的好处。

但是，这一单生意有所不同，因为比斯特朗戴着窃听器。他曾被起诉，现在成了美国史上潜伏时间最长的白领犯罪卧底。政府给了他两个选择，要么协助破案，要么在监狱度过余生，他选择了前者。司法部想要逮捕那些行贿的个人，而不仅仅是要他们的公司交罚款。

1901 年，华盛顿特区的债券大楼建于第十四大道和纽约大道的交会处，位于首都东区中心，是黄金时代的标志。它正面低矮，清晰地呈现出一种美术风格，据说这反映了一种“做作的世俗魅力”。[2]这种描述或许也展现了这栋大楼的主要住户司法部刑事司反欺诈部门的特征。反欺诈部门在 4 楼，资产罚没处在 10 楼。2010 年年初，司法部新设立的“反海外腐败法部门”占了 11 楼整层。部门负责人查尔斯·查克·杜罗斯一搬进来，就感觉“我们到了”。[3]从他们所在的位置往下，可以俯瞰金融区，杜罗斯和几个律师正着手改变国际贸易的方式。

查克·杜罗斯高大魁梧，平易近人，迈阿密是他开启职业生涯的地方，联邦检察官通常在那里处理毒品案件和有组织犯罪。他们整理案件，将罪犯送进监狱，熟悉在法庭上如何推进案件进展。在他的新职位上，他要接受 20 多名检察官的报告。他精力充沛，手头事情有点多，他一坐下来就开始和他的团队“清理文件”，他回忆道。

反欺诈部门的《反海外腐败法》案件数量最近激增，在过去的四年时间里，检察官从一些世界上最大的公司，包括贝克休斯、朗讯和沃尔沃那里收取了创纪录的 40 亿美元罚款。他们的调查登上了头条，改变了商界甚至国际执法部门对该法的看法。越成功，资源越多。负责刑事部门的总检察长助理兰尼·布鲁尔后来回忆道，为聘请更多的执法检察官，他曾出面游说拨款，以“使该部门制度化”。[4] 11 楼很快就成了一个繁忙的场所，配备了法律助理和一个翻译团队，以仔细研究不同语言的证据。该部门还聘请了精通刑事贿赂交易的法务会计。这些额外的资源增加了线索的数量，超出了杜罗斯和他的团队所能追踪的范围。

“我记得我越来越害怕那些悬案，”杜罗斯回忆道，“司法部对外宣称案件的数量有 150 起——但实际上更多。该追踪哪些案件，你需要作出艰难的选择。”

许多前检察官将这一过程称为案件归类。考虑到案件的各种限制，庭外和解而非漫长的审判是最合适的解决方式，对那些公司来说更是如此。检察官通过所谓的暂缓起诉协议处理了大部分案件。暂缓起诉协议是一种新颖的法律文件，最早于 20 世纪 90 年代在公司案件中实施。[5]过去，司法部要么不对公司提起诉讼，要么就争取胜诉。[6]但是有些案件，法官难以找到证据给公司定罪，而且定罪也会给有问题的公司带来灾难性的影响。比如，导致政府合同被取消，还可能引起破产。

暂缓起诉协议是双方的妥协，属于法律的灰色地带。联邦政府根据有罪公司的贿赂范围和程度对其处以罚款，并没收其从回扣中获得的利润。该协议还规定，公司应同意解决其问题，包括开除参与贿赂的雇员；实施更为严格的内部控制，比如提供更好更详细的交易记录；以及实施强有力的反腐败合规计划，比如对员工进行培训。经过司法部规定的一段时间，通常是 3 年，如果该公司成功地证明它进行了改革，司法部就同意撤销指控。作为暂缓起诉协议的一部分，公司通常也公开承认司法部指控的罪行，但这和认罪不同。然而，与证监会达成民事指控和解协议的公司，“既不承认也不否认”自己的罪责。

随着对欺诈案件关注范围的扩大，暂缓起诉协议的数量也在增加（不起诉协议也是如此，在不起诉协议中，司法部收取罚款，但若这家公司积极配合，就不对其进行全面起诉）。根据一项分析，2009 年，仅有 24%的该法相关案件是通过暂缓起诉协议或不起诉协议解决的。而到了 2010 年，该类案件的比例上升到 40%，[7]持续产生了数十亿美元的罚款。这些罚款引起公司行为的巨大变化，司法部门的许多人在想：正义在何方？那些对数百万美元贿赂负有直接责任的人却很少入狱。很多人希望这种仁慈和纵容得以改变。

保罗·佩尔蒂埃就是其中之一，他在司法部工作了 25 年，当时是反欺诈部门的首席副主管。“在公司这个语境下，我的看法是，如果你不进行行政诉讼，就不会对公司产生影响，”他说，“不然，公司就只要付超速罚单，不会有文化上的改变，让我们努力有回报。”[8]

半英里外，唐人街边上 H 街上的一幢办公楼，是联邦调查局的“反海外腐败法小组”所在地，其正式名称为国际反腐败小组。来自该小组的特工和司法部的工作人员一起开展调查，常多次前往国外搜集证据和采访证人。和司法部的“反海外腐败法部门”一样，到 2010 年，联邦调查局的调查小组在资源和规模上都有显著增长，调查人员达到 15 名。他们也希望看到执行主管们锒铛入狱。

“他们这样做是要找到幕后主使，”一位前联邦调查局官员在谈到他手下的特工时说，“一定要找到这些人。归根结底，我们都想要将那些有罪的个人绳之以法。”[9]

“我坚信，你必须追究机构的责任，但你也必须追究个人责任。”兰尼·布鲁尔这样说，他在 2009 年到 2013 年负责监管《反海外腐败法》的所有起诉政策。“但坦白说，那时没有一名执行主管被起诉。对我来说，这是一个问题。”

事实上，布鲁尔已在全国甚至全世界奔走，目的就是要宣讲这个观点。

布鲁尔、佩尔蒂埃和杜罗斯认为，为了实现目标，他们必须找到能为案件辩护的律师。“那些来自律师事务所的检察官都很聪明且勤奋。但他们缺乏审判经验，”杜罗斯解释道，“你需要了解如何证实一个案子。”杜罗斯联系了迈阿密的联邦检察官，说服了几名检察官加入该小组。与此同时，布鲁尔聘请了像纽约前反恐检察官杰弗里·诺克斯这样精明能干的律师。

2010 年 1 月，联邦调查局在拉斯维加斯逮捕了 16 家国际武器公司的 22 名高管，并指控他们意图向非洲国家加蓬的高官行贿。这是美国司法部有史以来提起的最大一场针对个人的贿赂诉讼，也是《反海外腐败法》执行过程中的里程碑事件。这次行动是由司法部和联邦调查局隐藏起来的一张秘密王牌促成的，他就是自命不凡的前军火销售高管理查德·比斯特朗。

等到司法部抓获比斯特朗时，他已经在美国甚至全球触犯了十几项法律。除了其他一些刑事犯罪，他还在多个国家贿赂政府高官，挪用公款，骗税，洗钱，携带非法数量的货币跨越国际边界，输送违禁物品。仅洗钱这一项指控就足够判他二十二年有期徒刑，除非他与司法部合作。

2007 年某个时间，装甲控股的一个揭发者发现，为了赢得一份合同，比斯特朗向联合国官员行贿，并一直在进行洗钱。同年 5 月，管理层开展调查，然后开除了比斯特朗；一个月后，他的妻子提起了离婚诉讼。与此同时，他的毒瘾也失控了。正当他以为情况已经不能更糟时，2007 年 6 月他的律师接到一个电话，告知他装甲控股已经将他的贿赂行径上报给了司法部。“我们想让他过来和我们谈谈。”比斯特朗记得一个联邦检察官这样对他的律师说。

大约在 2000 年，比斯特朗开始涉足贿赂，当时他在玻利维亚和尼日利亚这样的发展中国家的生意日渐红火。“我开始听到这样的言论：为了赢得合同我不得不‘照顾’外国终端用户，我不得不‘照顾’这个人。”比斯特朗回忆说。他又补充说，实际上，在一桩数百万美元的武器交易中，贿赂通常以销售主管和代表外国政府的中间人的协商为起点。如果政府官员也在场，交易则借一场简单的晚餐进行。无论何种情形，交谈都很简短，当然更不会提到“贿赂”这个词。“你亲眼见证着一件交易在你的眼前进行，交易的语言也不是你的母语，”比斯特朗描述道，“你不通语言，代理人也不会告诉你说：‘顺便说一句，我刚刚给了那家伙一笔贿赂。’这一点从未被明确说出来。”但就像他解释的那样，直觉告诉他有些事不对劲。“你可以看到这些危险信号。你很清楚，你应该打电话给你的公司，转身离开，但与此同时，我欺骗自己说这是获得投标的必要条件。”

他接着说，贿赂是由销售主管的焦虑驱动的，“因为想到如果没能完成业绩指标，结果将是灾难性的”。他详尽地描述了自己的情况，回忆说：“当时，我一年要在海外奔走250天。我要在周日晚上飞到英国，周一工作，周五搭乘下一个航班离开。我现在负责1亿美元的销售额。对此我一直感到焦虑。”

当司法部和他联系时，比斯特朗很担忧，但同时他也准备好了合作。"我过着一种偏离轨道的生活——失去了与家人、朋友和宗教信仰的亲密感，"他解释道，"加入政府给了我一个反省的机会，让我去思考一直以来的所作所为——不仅坦诚对待政府，也坦诚对待自己的生活方式。"在宪法大道罗伯特·F. 肯尼迪大厦大法官办公室的会议室里，比斯特朗和一位名叫乔伊·利普顿的司法部律师以及两名联邦调查局特工进行了交谈。"这是一条底线，"利普顿告诉比斯特朗，"不管你过去的所作所为如何，现在你在这里。"

跨国公司贿赂作为一种犯罪极难被察觉。联邦执法部门自己也承认常常对如何界定它感到不知所措。"大多数犯罪问题很容易被发现。你知道去年有多少家银行被抢。但跨国公司贿赂怎么掌握呢？"一个联邦调查局特工解释道。[10]调查人员通常在一片黑暗中摸索线索。

"我们没有特别的高科技，"杜罗斯说，"一切都像雾里看花。"司法部常常不得不等待有人站出来再开始破获一起案件。有时是一个人认为其公司犯罪而进行检举；有时是公司自己发现其员工在海外行贿而检举，公司这么做是因为对他们的罚款可以少些。不过，由于多数人不会选择自首，联邦检察官通常不得不被动对贿赂案作出反应，而非主动揭发。"在这个行业里你必须积极主动才能取得成效，"

佩尔蒂埃解释道。

比斯特朗提供了改变这种状态的机会。在第一次见面时，他揭露了大量内幕，不仅有关于贿赂的运作方式，也有关于贿赂带来的心理感受。他谈到了一个行贿的高管的内心活动。实际上，他就是一本关于贿赂的百科全书，不仅描述了他自己的罪行，也呈现了军火行业500亿美元回扣的全球文化，从厄瓜多尔到土耳其，从阿姆斯特丹到尼日利亚。他自己就认识几十个地下军火商、代理商以及经销商，其中许多总部设在美国。“我谈了许多亲眼所见的事情，”比斯特朗说，“你向他们打开了国防出口业务的窗口—— 一个通往行业的窗口。”

几周后到了7月份，他们第二次会面，特工克里斯·福沃问比斯特朗是否愿意戴窃听器。“我们希望你能和几个生意上的伙伴见面，把这个过程记录下来，并和他们讨论你和我们说的这些东西。”比斯特朗记得美国联邦调查局特工这样说。他立即答应了。

在不断升级的反海外贿赂战中，司法部和美国联邦调查局无意中觅得了最终的卧底。这样，在秘密的腐败军火世界，或至少一个小角落里，我们有了一个线人。显然这是在冒险，因为比斯特朗是一张“野牌”—— 一名正在康复的瘾君子、撒谎者、有案底的人。但正如一位美国联邦调查局前官员所言，“只和天使打交道你无法抓住恶魔。所有的信息来源都掺杂着一些不光彩的东西”。然而，还是有些人忐忑不安，尤其是比斯特朗。“只要记住，”福沃安慰他说，“美国联邦调查局总是最终赢家，你站对了队伍。”[11]

根据联邦证据规则，要使一项罪名成立，联邦检察官必须在排除合理怀疑的情况下证明自己对事件的看法。他必须以这样一种方式证明犯罪的每个要素，在这种方式下，陪审团除了对被告作出有罪判定，别无其他结论。“排除合理怀疑”所要求的举证责任是极高的，因为刑事定罪的后果往往很严重——最严重的就是丧失个人自由的可能。

在案件中，司法部有证明行贿意图的责任。不一定要证明贿赂确实已经发生；证明承诺贿赂就足够了。问题在于：在一家大公司里，检察官如何确定由谁来承担行贿意图的责任，以及如何排除合理怀疑。

在任何刑事案件中，证明个人意图都是具有挑战性的。但是，外国贿赂案件又增加了一层复杂性。在一个规模庞大的贿赂计划中，资金在多个国家间流动，检察官可能需要几个月来决定通过什么渠道获取证据，比如银行记录，然后又要花几个月通过请求法律互助才能获得这些记录。“你查明第一个国家，发送法律互助协定，这需要几个月时间，”杜罗斯解释道，“你用了几个月时间得到银行记录，却得知钱只在那里停留了一天。”如果钱被送往其他地方然后消失了，检察官便不得不从头再来。

在国外执行调查任务的联邦调查局特工境况也不好。没有可靠的盟友，他们常常不能完成任务。“你无法相信任何人。你身处在一个不知什么值得信任的世界里。有健康问题，有在异国他乡执行任务的问题。”约瑟夫·佩西奇尼说。数年来，美国国务院和联邦调查局一直致力于在孟加拉国和尼日利亚这样的发展中国家加强与执法机构的联系。但是，这些本应用于降低搜集证据难度的联系，却通常被用作掌权者的保护伞。“如果你身处某个混乱的非洲国家，并正调查与总统有关的贿赂，你真的得不到什么帮助。”一位联邦调查局反腐败调查小组的高级官员表示。包括司法部和联邦调查局在内的十多名前任和现任联邦执法官员一致认为，即使已经掌握了证据——银行记录、公司内部电子邮件、文件，仍然极难证明某个人有贿赂意图。那些行贿的人显然想要掩盖这一行径，所以有力的证据很少。“你很少有确凿的证据。”就像一位前检察官解释的那样。而且，要证实银行记录或电子邮件显示了个人意图，检察官需要愿意在法庭上作证的现场证人，以将案件提交陪审团审理。然而，就像物证一样，相关证人通常远在天边。仅仅是找到他们就已经困难重重，要得到他们的合作更是机会渺茫。“主要的人员可能在巴西，但巴西不引渡本国公民。如果那人说我不来了，那就没戏了。”另一位前检察官解释道。“你如何才能从尼日利亚得到证人证词？”杜罗斯问。还有个人诉讼时效的问题，时效一般是在据称行贿的五年后。

执法官员也强调，证实个人行贿意图具有挑战性，尤其是在大公司里，证实高管，比如首席执行官和首席财务官的意图通常是不可能的。“很多时候你都能在交易层面上证实个人行为。但这几乎都像有组织的、有层级的犯罪。你怎么触及老板这个层面？即使你怀疑他们对贿赂早已轻车熟路，仍然很难证实。”一位美国联邦调查局前官员说道。

美国联邦调查局和司法部的规模越大、资源越多，它们就越能把目标专攻于个人——然而，调查人员却认识到自己缺乏足够的手段，因为个人诉讼需要足够多的证据。“这是一个资源的问题，”杜罗斯解释道，“如果你要对世界上最大的公司之一提起诉讼，你需要两个以上的工作人员。”在“反海外腐败法小组”成立之初，有 24 名检察官，平均每人有超过 6 件复杂的案件要处理。

在理查德·比斯特朗一案中，有确凿的证据，有可信的证人在陪审团面前作证，有可及的被告，还有充足的资源。

窃听监视将记录电话和面对面谈话的内容，电子邮件和短信都将受到监控。这些嫌疑人都在美国或者常去美国，所以逮捕和审判他们没有什么困难。最后，这次行动将会配备充足的人员。人员最多的时候，有 12 名美国联邦调查局特工和 3 名检察官负责此案，这也是该反欺诈部门发起的最大一场秘密监视行动之一。此次行动代号为“交替入侵”。

很多事情取决于这次行动，如果成功的话，不仅能体现司法部对待此事严肃认真的态度，具有提起个人诉讼的能力，而且说明它在积极主动地追查此案，而非仅仅被动应对。一名前检察官透露，此次行动开始时，兰尼·布鲁尔特别紧张。他对“反海外腐败法部门”说：“这个案子一定别输了，因为我还准备去全球各地宣讲。”[12]

在拉斯维加斯参加了一年一度的武器交易展后，21 名武器公司高管乘坐 6 辆城市越野车前往沙漠，去结束一场由理查德·比斯特朗在这些公司和加蓬政府之间撮合的价值 1500 万美元的武器交易。这行人包括富裕的国际商人、独立的武器经销商，以及来自史密斯-威森等大公司的高级经理。有些甚至是具有很高国家威望的人，像前特勤局副助理局长 R. 帕特里克·考德威尔，现任防弹衣公司的首席执行官。比斯特朗会和他们见面，展示一些装备，比如合同中的武器、弹药以及加蓬总理卫队的装甲车，然后把他们介绍给加蓬国防部长，他们大约是这样被告知的。

当车辆沿着道路朝目的地行驶时，司机们突然猛打方向盘，然后停了下来。全副武装，手持突击步枪的联邦调查局特工猛然推开了城市越野车的车门。在一片恐慌和混乱中，特工把这些人从车上拖了下来，给他们戴上手铐，然后把他们带到了一座提前定好的大楼里进行审问。为了不露馅，比斯特朗戴上手铐被一同押走了。

在一个安全地点，摆放着一张长桌，上面排列着一些盒子。每个盒子中都有一名被告的照片，上面写有姓名、生日以及“武装且危险”的字样。其中一名被捕的人记得自己看到盒子时感到一阵恶心。他回忆说：“看到那个让人很崩溃。”因为他是商人，而非犯罪分子。[13]他还补充说，同样令人崩溃的是看到美国联邦调查局特工把比斯特朗领到另一个地方去了。后来，这个高管注意到，美国联邦调查局特工领着比斯特朗去了其他地方，所有人都被转移到相同的拘留点，而他却走了。他最终发现比斯特朗把他们出卖了；他已经和政府合作，并且撒了几年的谎。（另一名被告在同一天在佛罗里达州被捕，总被捕人数达 22 人。）

直到几个小时后被正式审问时，他们才意识到其被捕的原因：根据美国联邦调查局解释，为了赢得1500万美元的武器销售额，他们打算共同向加蓬国防部长行贿150万美元。美国联邦调查局拥有150多次会议的共615段音视频记录和5000多个通话记录。据说两年时间内，高管们在这些电话里讨论了回扣的问题。[14]

第二天下午，司法部宣布此次逮捕是"司法部对违反《反海外腐败法》的个人所进行的最大行动"。R. 帕特里克·考德威尔涉案，诸如史密斯-威森等公司也参与其中，引起了媒体的关注。兰尼·布鲁尔在新闻发布会上宣布："彻底消除公司海外贿赂的斗争不会一蹴而就，但这些行动是转折点。"[15]他表情严肃地说，"这是一个发生在拉斯维加斯但不会仅仅停留于此的案子。"

在某种程度上，布鲁尔是对的："交替入侵"行动是一个转折点，但它与司法部和美国联邦调查局所预料的那种方式不同。

在长达数月的秘密行动中，比斯特朗和美国联邦调查局探员创办了一个非同寻常的线人联盟。他们之间的关系和谐融洽，比斯特朗与克里斯·福尔的关系异常亲密，正是这名特工说服前者做了卧底。近3年来他们几乎日日交谈。("坦白说，我和他的对话甚至比我和妻子的还多。"福尔后来证实说。)[16]他们甚至相互取绰号：福尔叫比斯特朗

“闪光弹”，指的是一种会发出强烈的光和震耳欲聋声响的惊人手榴弹，除了迷惑敌人外没有其他作用。这个标签是对比斯特朗几种才能之一的认可，即欺骗和诱惑人们，打他们个措手不及。

司法部的起诉理由为，在他们 7 个小时的谈话中，比斯特朗明确告知这 22 名被告，要赢得加蓬的交易就要同意支付一笔佣金，这笔钱的一部分将流入加蓬国防部长的口袋。事实上，比斯特朗从未使用过“贿赂”或“回扣”等词，但他确实明确表示国防部长需要被“照顾”。根据美国联邦调查局的解释，所有官员都被记录为同意“照顾”官员，而那份证据被视为确凿的证据。

然而，这个有条理的论点在审判中被推翻了。前执法官员们认为，在听证会开始前，法官理查德·利昂的初步裁决就预示着司法部赢不了这场官司。司法部的检察官原本打算递交证据，据称这些证据表明许多被告参与了早期的贿赂计划。这些被视做之前违法行为的证据，目的在于证实被告知晓贿赂是如何运作的，以及腐败交易是如何开展的——换句话说，当比斯特朗说他们不得不“照顾”国防部长时，他的意思是指什么。然而，法官利昂裁定，在交替入侵案件中，那些所谓的之前犯罪行为的证据是不可采纳的。“我们赢不了了。”保罗·佩尔蒂埃总结道。

审判时出现了更多麻烦。比斯特朗应该是完美的证人。他是贿赂计划的核心人物；他见证了该计划的实施；他可以清楚地向陪审团解释这个计划。但是出庭作证时，当他承认他之前滥用可卡因以及沉迷嫖娼后，辩方一再质疑他的可靠性。“他是一个骗子，这个特工却开始信任他了。”一名辩方律师在结案陈词中指着福尔说道。[17]辩方还抓住比斯特朗和美国联邦调查局探员的密切关系，列举了数百条他们拿性、女人和足球开玩笑的信息。辩方辩称这个案子对比斯特朗来说是追求自我满足，他不会认真对待，只要能帮他减刑，他会做任何事情，包括陷害无辜。

也许审判中最大的障碍在于语义上的问题：事实上，比斯特朗从未在录音带中使用“贿赂”“回扣”等词，被告也从未使用过。在真实的贿赂计划中，比斯特朗和前检察官坚信，没人使用这样的词语；参与者使用了更模糊的语言作为一种暗号。“毒贩们不会坐着说：‘我从哥伦比亚进口了 7 公斤可卡因。’他们会说：‘小女孩到了。’”从 2014 年以来一直担任反海外腐败法部门副主管的詹姆斯·库基奥斯说。“那个和贿赂没什么区别。”首席联邦检察官劳拉·帕金斯费了很大功夫向陪审团解释这种细微差别。结果，这些大段大段的录音远不算是确凿的证据，而被陪审团视为与贿赂无关的谈话。

最终，3 名被告在审判前认罪并被判刑。剩下的 19 名继续接受审判。该案分 4 次进行独立审判。第一次涉及 4 名被告，结果悬而未决。第二次审判宣告包括 R. 帕特里克·考德威尔在内的 2 名被告无罪，而对另外 3 名被告陪审团未能取得一致意见。第三次审判定于 2012 年年初开始，根据法官利昂之前的裁定，司法部的许多人认为他们不可能赢。

2012 年 2 月，兰尼·布鲁尔宣布司法部将对这些案件撤诉。“我认为在两次审判后，我们要把资源转移到其他地方，”他解释道，“我不认为第三次会有不同的结果。”

政府撤诉的决定招致了法官利昂的严厉谴责。他斥责控方的“极其激进的阴谋论，这将其已经十分宽松的标准无限放低”。利昂还有先见之明地告诉法院：“这看似是漫长而悲剧的白领犯罪的结局。”[18]在一些律师、美国政府官员以及企业游说者看来，这个案子是一场灾难。他们认为，美国《反海外腐败法》的起诉政策往好了说就是含糊不清，往坏了说就是过于激进极端。乔治·W. 布什政府的前司法部长阿尔贝托·冈萨雷斯在华盛顿对一名听众说：“庭审中败诉非比寻常，但也不罕见。但是政府以如此彻底的方式放弃一个案子，这几乎是闻所未闻，凸显了政府的巨大失败。”[19]

大约在同一时间，司法部在洛杉矶输掉了一场重要的审判。3 名被控行贿的被告成功地以起诉行为不当为由推翻了对他们的定罪。该案的法官带着偏见驳回了政府的起诉。

在该案败诉后，债券大楼 11 层上方笼罩着一层阴云。根据兰尼·布鲁尔的指示，该法相关案件受到了更为严格的内部监管和审查，并增设了层级。这些措施旨在剪除检察官的羽翼。布鲁尔经常要求开会讨论案件的进展。检察官们的决策受到更多来自监管机构的质询，而该行为被视为对检察官的猜疑，是对他们缺乏支持的体现。正如一位前司法部高官所言：“在这种环境中有无数次没有意义的审查，根本无法工作，这样人们就可以说，‘你没这么对我说过。我有会议记录’。”

布鲁尔出生在纽约皇后区，在加入司法部之前，他在法律领域已经成就显赫。他最初是曼哈顿的一名区助理检察官，然后在私人执业和公共服务之间轮转了几十年，在华盛顿著名的科文顿·柏灵律师事务所工作。在那里工作了数十年后，他于 1997 年被任命为克林顿总统的特别法律顾问，并在弹劾起诉期间为其辩护。后来他又回到私人部门工作，一直到 2009 年，他被奥巴马总统任命主管刑事部门。

布鲁尔因极大地扩大了司法部的调查范围而广受赞誉。

在他任期内，公司案件的和解产生了前所未有的巨额罚款，这促进了欧美商业文化的重大改革。

然而，布鲁尔仍是一个备受争议的人物，他的白领犯罪执法所遗留的影响仍受到公众及其前同事的质疑。在一些前司法官员的印象里，从布鲁尔在司法部就职起，他行事就过于谨慎，因为他更在意提升自己的资历，而非处理一些棘手的案件。人们认为他过于关注媒体如何报道其进行的调查，并进一步了解其对他声誉的影响。“兰尼非常关心《纽约时报》的报道，就是这样。”一名前检察官说。尽管在他加入司法部前，比斯特朗案的行动就已经开始，他还是一个人承担了责任，并且有一些人认为，随后的政府监管一定程度上是为了保护他免受负面报道的影响。“既然我们注定会输掉案子，那为什么要接手呢？”一位前司法部官员这样形容新官员的心态，并补充说，“他们传递的信息是：兰尼的形象不能坏。我会说：‘我不为他工作。我为司法部工作。我不会因为他的形象不好而有任何不安。’”

一些美国联邦调查局的官员也感受到司法部开始变得过于被动，以至于引起了美国联邦调查局反海外腐败行动小组的不满。“在案件中，他们谨慎得可笑。有人会说：‘为什么我们要接手这些案子？反正没有人会坐牢。’他们不清楚动机——他们不相信有纯洁的心灵。”一位官员回忆说。美国联邦调查局自己的反海外腐败行动小组希望继续保持积极主动，但司法部希望对其进行更严格的约束。司法部似乎更不愿意起诉高管个人，而是退回到只满足于给企业定罪。美国联邦调查局官员这样描述他们的态度：“如果我们能为公司定罪，为什么还要费力为难自己呢？你真的想把事情搞砸，然后再花两年时间证明给副总统看吗？”

也许对布鲁尔最为严厉的批评来自 PBS《前线》纪录片《贱民》，片中他被形容为司法部管制华尔街的系统性失败的罪魁祸首。[20]节目中采访他的部分广受批评，人们说他花了太多时间来说明司法部不应该采取针对个人的行动，而非解释支持这一行动的理由。[21]节目播出后不久，布鲁尔就辞职了，但他对外宣称人们的批评与他辞职的决定无关。

在最近的采访中，布鲁尔表示“反海外腐败法部门”在他的领导下发起了一场空前激烈的运动，以指控高管贿赂。“我们起诉的人比以往任何时候都多。”他说，并补充说这 4 年时间内部门的工作“有些惊人”。当被问及尽管全行业都在打击制药公司的贿赂行为，却没有任何高管受到指控的原因时，布鲁尔拒绝置评，理由是科文顿的一些客户是制药公司。当被问及司法部是否关注制药行业的海外贿赂可能会对海外患者产生何种影响时，他再次拒绝置评。

更笼统地说，他坚称是否决定要接手此类法律案件取决于可得的证据而非其他事物。“如果你确信某人犯了罪，并且你认为我们能证明这些因素在合理怀疑范围外，我们就接手案件。如果你认为我们做不到，那我们就不接手案子。”当讨论接近尾声时，布鲁尔说不指控个人有数不清的原因，其中他特别强调一点，即不能轻率地作出这类决定：“在我看来，你每时每刻都能意识到，提起刑事指控是政府对个人采取的最严苛的行为。所以我认为，你在伦理和道德上有义务经过深思熟虑后再做这件事。”

很多前检察官证实了布鲁尔的说法，认同他实际上没有回避个人起诉。“我不认为这等同于兰尼放过了犯罪分子或者对其态度软弱，”查克·杜罗斯说，“如果兰尼能够用好的案例安抚华尔街的银行家，他自然会这么做。”杜罗斯重申个人起诉案比大家预估的难赢得多。

仔细观察总数量就会发现，司法部起诉个人的记录是喜忧参半的，仅仅指责布鲁尔是有误导性的。一项数据分析显示，在他上任前的 2000 年到 2009 年间，司法部根据《反海外腐败法》的犯罪条款起诉了 48 人。在他就职的 2009 年到 2013 年间，司法部起诉了 61 人。仅 2009 年就起诉了 42 人，包括加蓬案中的 22 人。但考虑到开展相关调查所花费的时间，布鲁尔可能不对发起比斯特朗行动负直接责任。在他实际的任职期间，19 人被起诉，其中 9 人与大规模的西门子案件有关，这是另一件发生在他任职前的事。这表明在3年时间里，布鲁尔领导下的部门只起诉了10人，平均每年3人多一点。在他离任后，个人起诉案件的数量似乎有所增加，2013年到2016年间有38起，其中一些确实有他的功劳。然而，仅仅考虑布鲁尔任职期间的个人起诉案却忽视了更重要的一点。

南伊利诺伊大学法学副教授迈克·科勒直言不讳地批评美国实施《反海外腐败法》的行为。他写道："自从2006年起，77%的司法部执法行为没有提起对公司员工的任何与该法相关的起诉。[22]证监会的执法记录也是如此。"科勒发现，证监会在2008年至2014年间执行的68项措施中，82%没有对公司员工采取任何行动。他的分析强调了这样一个事实：虽然人们可以抱怨某人领导下所提起的个人诉讼的数量，但大多数与该法相关的犯罪调查，以及证监会的民事诉讼，仍是在没有任何公司高管被起诉的情况下得到解决的。

考虑到这些发现，那些因贿赂而接受调查的制药公司——辉瑞、礼来、百时美施贵宝、葛兰素史克、阿斯利康、诺华以及西克洛内中没有一名员工被追究刑事责任也就不令人奇怪了。司法部最初对大部分案件开展了调查，但出于不明原因，最后拒绝对任何一起案件提起诉讼。

2016年年末，司法部对外公布了其拒绝起诉某一特定案件的理由。詹姆斯·柯基斯解释说，在一些案子中，仅是一些附属于美国母公司的海外子公司行贿，而且没有直接证据表明贿赂与之相关，司法部就没有权限提起诉讼。然而，证监会可以因母公司违法的账簿和记录规定而起诉母公司（换句话说，没能监管好海外子公司），并且也确实对制药公司的母公司提起了诉讼。

联邦的证据规则使得对公司提起诉讼比对个人容易得多。在后一种情况中，检察官受限于他所掌握的被告的证据质量，而且法官可能会基于各种理由裁定证据无效（就像加蓬案件的审判那样）。但是，因为员工行为而追究公司刑事责任的法律标准要低得多。根据公司案件诉讼所要求证据的相关规定，起诉公司是更容易的。如果5个人因贿赂接受调查，而且对其中任何一人所掌握的证据都不够充分，那么就可以把对他们的指控结合起来，于是公司就要承担相应责任。如果一个陪审团听说一家公司的5人参与了一项贿赂计划，那么他们很有可能相信罪行已经发生，并认定公司有罪。事实上，大多数公司都倾向于在庭外解决起诉，而不是冒险打官司。

目前，美国对公司贿赂的起诉政策是，在可能的情况下，首选方式为告知公司，它们将负刑事责任，其次才是冒险在一个可能败诉的案子上耗费资源。通过达成公司庭外和解这种更为安全的策略，相同的资源得以更加高效地利用。

这种心态在司法部内部引起了足够的重视，2015 年 9 月，司法部高层觉得有必要发布一份特殊的备忘录。时任美国司法部副部长萨莉·耶茨撰写了《企业不当行为的个人责任》。该文件不仅涉及《反海外腐败法》案件，也涉及更广泛的公司案件，指出："防止企业不当行为最有效的方式是追究个人责任。"[23]这充分表明，司法部已经感到有必要发布一项"新的"政策指导方针，以强调这样一个基本的正义信条。2016 年 5 月 10 日，耶茨在纽约律师协会白领学院的一个演讲中澄清了政策的要素："我们不能对公司高管采取异于他人的司法制度或者司法观念。"但是她补充说："这些案子确实面临着一系列挑战，这些挑战影响着我们识别相关责任人员并将其绳之以法的能力。在一家大公司内要厘清谁做了什么并不容易——即分辨出是否有人具备必要的认识和意图。"[24]

耶茨解释说，尽管有这些挑战，对于个人责任，司法部已经发布了新规："除了极少数情况，司法律师不得免除个人的民事或刑事责任。"而且现在他们必须获得许可才能这么做。如果企业希望因与司法部合作而获得好感——从而减少惩罚和罚款——它们就需要提供关于员工不当行为的有价值的信息。（耶茨补充说，事实上这是多年来联邦起诉企业的原则，但似乎她并无讽刺之意，而是在暗示司法部在认真执行这一原则。）根据一项新的试用计划，联邦量刑指南指出，如果企业确实提供了有价值的信息，司法部会酌情减少高达50%的罚款。

正如耶茨所言，在过去，当企业无法提供关于个人不当行为的有价值的信息时，司法部不会对其置之不理，而是充分考虑与它们的合作。通过“个人问责项目”，司法部似乎在向公众保证，经过长时间的考量，该部门最终会履行职责。

2015 年，司法部“反海外腐败法部门”为了起诉一名行贿的高管—— 一家小型私营石油服务公司的首席执行官，再次派了一名戴窃听器的卧底。当被告决定抗辩指控时，审判再次违背了实现正义的要求。司法部派遣的卧底实际上是该公司的前法律总顾问，他在庭审时提供了虚假的证词导致败诉。法官匆忙地和被控告的高管达成了一项协议，后者承认违反了一项法律规定的指控；最后他没有入狱，而是被判三年缓刑，并且支付了 10 万美元罚款。

2015 年，司法部为债券大楼 11 楼聘用了至少 10 名检察官，总人数超过 30 人。与此同时，美国联邦调查局在华盛顿、洛杉矶和纽约成立了 3 个专门的国际反海外腐败行动小组。正像科勒所言，自从有了耶茨备忘录以来，司法部的庭外和解导致个人起诉的比例（2016 年为 0%，2017 年为 33%）实际上降到了自 2004 年以来的最低水平，而当时几乎还未实施《反海外腐败法》。当然，这种趋势不是司法部行动和政策的可靠指标，因为司法部正在处理一桩针对几个人违反该法的案件，在调查结束之前，案件不会对外公布。时间会告诉我们答案。

第四部分

亡羊补牢

第九章　物归原主

2004年，哥斯达黎加的公共检察官吉尔伯斯·卡尔代罗·阿尔瓦拉多提出了一项司法动议，这项动议在他所在国家的司法系统甚至全世界都闻所未闻。

阿尔瓦拉多认为，法国电信巨头阿尔卡特-朗讯为赢得合同而行贿数百万美元的报道，已经在哥斯达黎加引起广泛的社会负面影响，因此该国有权获得赔偿。阿尔瓦拉多的主张为解决贿赂案提出了一种新理论：严格说来，贿赂不仅是非法的和有违道德的，而且贿赂的后果也是有社会危害的，因此阿尔卡特的罪行应该受到惩罚。[1]

时任公共道德办公室主任的阿尔瓦拉多在另一场创纪录的贿赂丑闻后提出了这项动议。包括美国司法部在内的多个国际执法机构指控，阿尔卡特为了赢得合同而在孟加拉国、肯尼亚、尼日利亚和洪都拉斯等多国行贿。其中在哥斯达黎加尤为严重：它被指控为了赢得超过4.19亿美元的合同而行贿1800万美元。公司经理向许多政府高官提供回扣，包括哥斯达黎加国营电信公司近一半的董事会成员，以及至少一名国会议员。[2]据称，他还贿赂了哥斯达黎加的两名总统，他们在任期内每人收了近100万美元贿赂。2011年，哥斯达黎加法院因米格尔·安赫尔·罗德里格斯收受贿赂而判处其五年有期徒刑，他在1998年到2002年间担任总统。[3]丑闻仍在哥斯达黎加法庭上演，并扰乱了该国的政治格局。

2011年，阿尔卡特承认了行贿指控，并支付了1.37亿美元罚款。然而，这笔罚款是付给美国财政部而非其实际行贿的国家。阿尔瓦拉多想改变这种情况。尽管支持其想法的法律理论复杂，就像随后发生的事件一样，但哥斯达黎加如何利用现有法律凸显贿赂更广泛的影响是值得探讨的。

根据哥斯达黎加的刑事诉讼法，当刑事犯罪影响“集体利益”时，总检察长办公室有权提起民事诉讼，要求赔偿损失。在他的声明中，阿尔瓦拉多引用了哥斯达黎加宪法法院提出的一项对“集体利益”的定义，即除其他事件外，哥斯达黎加公民有权获得可靠的公共财政管理。公司贿赂行为直接破坏了这些权利。阿尔瓦拉多认为阿尔卡特的贿赂不仅给公共财政造成了损失，而且还损害了该国的名誉，因为哥斯达黎加多次被国际媒体归为腐败国家。考虑到投资者可能开始质疑哥斯达黎加市场的公平性，也产生了间接的经济损失。或许最新奇的是，阿尔瓦拉多认为阿尔卡特的贿赂可能会产生直接的政治后果：丑闻发生后，公众丧失了对政客和政党的信心，许多选民可能在 2006 年哥斯达黎加选举中放弃投票权，而这可能会影响选举结果。最终，阿尔瓦拉多决定量化此事的后果，并聘用了一名顾问。他采用的方法部分有赖于公众对政治体系的信心调查，他的计算结果显示，哥斯达黎加的经济损失为 3450 万美元，这个数据还需要再加上阿尔卡特支付的近 1800 万美元回扣。据此阿尔瓦拉多提出索赔，要求赔偿 5200 万美元的社会损失。

但是，阿尔瓦拉多的案子从未经过庭审。按许多观察员的说法，很多方面都难以进行辩护，尤其是要证明阿尔卡特的贿赂导致可量化的经济损失和政治损害。此前，总检察长办公室只提起过一次此类诉讼，起诉一家医疗器械公司贿赂该国社会保障系统官员，并索取 8900 万美元的社会赔偿。在那起案件中，法庭接受了索赔要求，但只判了

60 万美元的罚金，而且目前正在上诉中。当阿尔卡特主动提出以庭外和解的方式解决阿尔瓦拉多的诉求时，他同意了，但赔偿金额是有史以来最高的。鉴于总检察长办公室降低了社会损害赔偿，阿尔卡特另外支付了 1000 万美元，作为 2010 年 1 月签署的正式和解协议的一部分。美国司法部提出："这是哥斯达黎加史上首次有外国公司因腐败而同意向政府支付赔偿金。"[4]随后，阿尔卡特支付的 1000 万美元中部分被拨给了哥斯达黎加反腐败警察部门作为经费预算。

哥伦比亚律师胡安妮塔·奥拉亚写了大量关于哥斯达黎加案件的文章。[5]有了哥斯达黎加的例子，她认为其他国家应该探讨社会危害的概念，即使该国立法没有为此种行为提供明确的法律依据。奥拉亚认为这种诉讼能够确保贿赂的总体影响得到更好的控制。就目前而言，美国起诉海外贿赂的例子并不承认这种影响。"证监会施加的制裁完全由证监会收集并保留在美国。但是人们完全忽略了贿赂行为对起源国或者贿赂实际发生地的危害。这样一来，行贿就不必承担后果。"[6]她认为就像哥斯达黎加所追求的那样，社会危害赔偿将具有重要的象征意义，因为它们将公开公司腐败对社区、公民以及集体利益造成的危害。奥拉亚说，识别社会危害相当于承认："看，有一个洞。贿赂在这里挖了个坑，我们要把它填满。"

近年来，尽管对和解的公开报道数量极少或者和解过程是秘密协商的，但已有少数几个国家成功获得了公司贿赂赔偿金。在尼日利亚，政府指定的律师已经和壳牌、哈里伯顿、西门子和其他几家公司达成了和解协议，总共获得了1.8亿美元，全部支付给了尼日利亚政府。一个在阿布贾的名为戈德温·奥普拉的律师代表尼日利亚政府率先进行了庭外和解，考虑到尼日利亚的法律还未修改和制定有关此类和解问题的规则，他将这个过程称为“合法的敲诈勒索”。

令人惊讶的是，尽管在过去20年里，由众多世界顶尖经济学家发展出的一门完整的科学已经从经验上证明，贿赂会直接危害一个国家的发展以及正常运转，越来越多的国家却不打算对此提起诉讼。

20世纪90年代，世界银行的经济学家、智利的丹尼尔·考夫曼着手证明腐败是可以衡量的。为了做到这一点，他和同事开创了一种关联150多个国家的方法——计算一些数据，这些数据刻画了一个国家几十年的经济增长、收入不平等、预期寿命，以及该国的公众对腐败的态度，包括外国企业贿赂在内。考夫曼调查了全世界成千上万家公司，直接询问其经理，他们的同行是否行贿。由于得到的数据是基于感觉的，因此容易出错，但也正由于这是高度知情、直率的感知，它是经济学家可获得的有关贿赂活动的最佳衡量标准。

考夫曼的研究结果揭示了一个惊人的模式：一个国家感知到的腐败程度越高（即公司贿赂盛行），其经济增长、健康标准、教育水平以及收入平等程度就越低。反之，越清廉的国家（即贿赂程度更低），治理水平和经济运行就更佳。从那以后，经济学家和社会科学家就将这种调查方式应用于200多个国家的数据收集，并进行了数十项研究以考察腐败的影响。

他们的研究结果为：企业贿赂破坏了善治。比如，影响官员公平分配公共资金。一项涉及100多个国家的前沿研究发现，在那些人们感知到公司支付更多贿赂的国家，政府官员在教育方面的投资占GDP的比重更少，因为他们或许会在收到回扣之后投资电信项目而非学校。[8]教育投资能够通过对“人力资本”的投资提升增长潜能，而贿赂会导致教育支出减少，从而降低学历水平，阻碍经济增长，加剧收入不平等。换言之，贿赂削弱了国家治理贫困的能力，从而加剧了贫困。一项类似的研究发现，贿赂越严重的地方，政府在维护现有基础设施方面的投资就越少。当道路残破不堪、桥梁摇摇欲坠时，经济增长速度、物流服务以及政府的运行都会受到阻碍。[9]

对于腐败的研究有时引起的问题比解决的问题多。比如，经济学家对于腐败是否与经济增长存在完全负相关关系持不同意见。尽管许多亚洲国家的腐败程度相对较高，但它们经历了非同寻常的经济增长。正如经合组织的一项研究强调的那样，强相关性不代表有直接的因果关系。[10]不过，大多数专家认为这种强相关性确实证明了腐败的代价。现在大数据支持伯戈因和潘恩的直觉。

当然，这并不是说可以轻易评估贿赂的附带危害。如何量化公众对政治领导或政府体系本身的信任缺失？正如阿尔卡特案所显示的那样，贿赂丑闻侵蚀公众信心，抢占法庭资源，甚至在其被揭发的10年后，仍分散警察机构的有限资源。国家为此究竟付出了怎样的代价？经济的，政治的和社会资本的？当一个加拿大公司涉嫌行贿以控制一个利润丰厚的油田，随后又发生意外爆炸，迫使附近的村民疏散（像发生在孟加拉国的那样），这对该村的健康、环境以及生活质量有什么影响？法庭如何确定因果关系、罪责和足够的赔偿数额？如何识别受害者？

全世界的法庭已经探讨了此类难题。正如胡安妮塔·奥拉亚所写："衡量非物质或道德损害的事件并不少见。由于各地法庭了解某些类型的损害几乎不能被简化为财务措施，或用整体赔偿加以衡量，且损伤无法复原，不同辖区的法庭已经设立了标准。同样的原则、技术和标准也适用于社会危害赔偿。”[11]

实际上，美国法庭已有评估社会危害、识别受害者以及设计赔偿机制的经验。恢复性司法是20世纪70年代提出的一种法律理论，其依据是罪行不仅违反法律而且对受害者和社区造成损害。恢复性司法不仅旨在阻止和惩治犯罪，也在于治愈社会创伤。安德鲁·斯伯丁在这个领域已经作了一些创新性思考。与奥拉亚一样，他认为美国的法理学已使得这种方法具有可行性。“通过让罪犯、受害者以及社区参与量刑过程，”他写道，“恢复性司法不仅惩罚了作恶者，也弥补了罪行造成的损害，防止了未来的损害，并使被告重新融入了他所损害过的社区。”[12]

斯伯丁指出，事实上20多年来，司法部一直在触犯环境法的白领犯罪案件中运用恢复性司法这一概念。在这些案件中，企业行为人不仅会因为违反法律而被惩罚，还需要向其损害的社区支付赔偿。2009年，一家石油公司因在罗德岛非法储存水银而被判刑，被罚款600万美元，还需向当地社区支付1200万美元以进行环境治理。2013年，当沃尔玛承认违反了《清洁空气法》6项规定后，收到了一张4000万美元的罚单，并且需要向不同的社区服务项目支付2000万美元作为赔偿。尽管这些庭外和解意义重大，但比起英国石油公司在灾难性的墨西哥湾漏油事件中所面临的和解协议来说，它们是微不足道的。在法院强制规定的近40亿美元刑事罚款中，有20多亿美元被指定用于恢复受影响的社区。[13]斯伯丁认为，这种机制可以轻易地转移到企业贿赂和解上，法律学者和前检察官已经在探索这样做的方法。他解释道："我们真正希望司法部、反贿赂执法人员做的是，走到环境执法部的同事面前说：'嘿，告诉我你是怎么做的。'[14]环保律师会说：'你知道吗？这很容易，没有争议。在现行法律下这完全合法。'"

法院如何在贿赂和解中辨识社会危害的新边界还有待观察。也许各国可以仿效哥斯达黎加的做法，聘请顾问来评估每一桩案件导致的具体经济损失；未来在腐败经济学方面的研究或许会提供更有力的数据。与此同时，如果无法确认个人受害者和直接损害，还有其他解决的办法。斯伯丁指出，美国联邦量刑法规考虑到了受害者可能并不总是容易识别的事实，在这种情况下，法院可以强制执行"需要社区服务的缓刑命令"，目的在于"修复引起的损害"。例如，在英国石油公司案件中，公司向致力于清理和保护被石油泄漏污染的湿地组织支付赔款，而非向特定的受害者支付赔款，这是旨在修复社区的象征性措施。

尽管将恢复性司法运用于恢复位于其他国家的社区时，

面临更大的挑战，但司法部已经有了相关的经验，尽管还不充分。举一个众所周知的例子，2003 年，司法部没收了美国著名商人詹姆斯·吉芬涉嫌支付的 8400 万美元贿赂，这是他代表埃克森美孚等大型石油公司给哈萨克斯坦总统的。[15]2007 年，司法部与世界银行官员、民间社会组织以及瑞士和哈萨克斯坦的政府官员进行协商，创建了博塔基金会，正如该基金会前主管所写，这是“世界上首个运用追回的贿款使腐败受害者——穷人受益的基金会”。博塔基金会于 2008 年创建于哈萨克斯坦，并推行了一些帮助弱势儿童与弱势母亲的教育和社会服务项目。为确保资金的合理使用，一家美国的非营利组织被选中来运营这个基金会。博塔基金会的财务状况每年都由一家国际会计公司进行审计，并经世界银行审核。在五年半时间里，博塔基金会为约 20 万人提供了服务。[16]

在伊拉克“石油换食品计划”丑闻发生之后，司法部在其新闻稿中称，这些公司提供了一部分和解款项“作为对伊拉克人民利益的补偿”。根据其与司法部及证监会达成的协议，雪佛龙同意向伊拉克发展基金支付 2000 万美元，该基金由联合国管理，协助伊拉克开展重建。美国法院还命令奥斯卡·怀亚特公司的子公司向伊拉克发展基金支付总计 2500 万美元，而瑞士石油公司维多则被要求支付 1300

万美元。其他司法辖区，尤其是英国，也已经开始实施类似的安排。2009 年，一家英国法院命令马贝公司向其涉嫌行贿的国家支付赔款，包括向加纳支付 65.8 万英镑，向牙买加支付 13.9 万英镑以及向伊拉克支付 61.8 万英镑。

尽管如此，这些例子仍是常规中的例外。根据一项统计，自从 2006 年以来，美国已经征收了与贿赂有关的 110 多亿美元罚款，[17]其中仅有 1.42 亿美元用于支付某种形式的赔款（给伊拉克和哈萨克斯坦的），比例略高于 1.29%。此外，这些安排是 2007 年作出的，从那以后就不再有类似的赔偿，而与贿赂相关的罚款仍归美国财政部所有。世界银行的一份研究指出："在大多数和解协议中，那些有涉嫌受贿官员所在国家并没有参与到和解协议中，也没有找到任何其他获得赔偿的途径。[18]直接受到贿赂损害的外国，尤其是其公民，既没有收到任何赔偿，也没有和解协议的相关发言权。他们遭受的损失甚至不被承认。"

或许我们有充分的理由可以解释美国为什么没有将贿赂资金归还其他国家，其中一个重要的原因就是这样做会使赃款又回到一个索贿或受贿的腐败政府手中。这的确是一个合理的担忧，但事实已证明，通过社区直接参与和实施外部监督，可以确保赔偿得到安全、透明和有效的管理，比如哈萨克斯坦的博塔基金会。

先不考虑恢复性司法是否是解决贿赂和解的最佳途径，要求违规企业为此类措施提供资金能有效遏制腐败吗？为此我们有必要更细致地关注在此类和解方案中征收的罚款，特别是这些罚款对公司及其行为的影响。

2009 年，华盛顿大学经济学家乔纳森·卡尔波夫开始仔细分析《反海外腐败法》的罚款，以评估反贿赂威慑的效果。从那时开始，他和他的同事已经使用了 1978 年到 2013 年间 143 个真实的贿赂和解的数据，以进行几项重要的研究。他们的研究结果显示，行贿者很少被捕，并且贿赂的惩罚很轻。事实上，即便一家公司被查出行贿，并被迫支付巨额罚款，贿赂手段为这家公司创造的价值仍然极大。

当然，要确定世界上有多少家公司行贿是不可能的。大多数执法官员和观察者认为，已发现的案子仅是实际总数的一小部分。卡尔波夫的研究利用统计模型提供了支持这一观点的证据。在抽样调查了 IBM 和通用电气等 6857 家有海外销售业务的公司后，他估计大约 23%的公司参与了海外贿赂。但是在 1567 家行贿的企业中，只有 100 家被起诉。换句话说，被抓的可能性只有 6.4%。卡尔波夫在计算贿赂价值时，也需要将这种非常低的可能性考虑在内。贿赂像投资一般具有吸引力，因为企业知道它们永远不必为其支付罚款。

卡尔波夫估计，公司每行贿1美元，就会得到5.6美元的收益——即使考虑到公司被抓住时可能要支付的任何罚款。[19]司法部自身已计算得出，公司每行贿1美元，就会得到10美元的收益；而另一项研究估计，每花费1美元行贿，就会得到11美元的收益。（这些后来的数据不包括一个违规企业承担的罚款和其他成本。）

卡尔波夫的研究也说明了行贿是有价值的冒险，不仅因为它会产生收益或利润，也因为它会提升公司在资本市场的整体价值（流通股总数乘以股价）。当一家公司对外宣布赢得一份实际上是借助行贿得到的新合同时，它的市值平均提高3.15%。[20]卡尔波夫通过追踪该公司被披露支付回扣后市场份额的提升，得出了这个数据。他发现，即使公司需要支付罚金——包括交出来自贿赂的利润——以及它们所承担的与和解相关的内部调查和监控的费用，与贿赂有关的行为仍然能给公司市值带来0.4%的收益。[21]

举个例子：2001年至2006年间，阿尔卡特的贿赂至少给公司带来4500万美元的收益。在被起诉后，它支付了1.37亿美元罚款。这个数字包括公司从回扣中赚取的约4500万美元利润，因此对公司的实际罚款达到了9200万美元。这当然不是一个小数目，但数额是相对的，而相对性对罚款的震慑力至关重要。在支付这笔罚金时，阿尔卡特的市值约为 50 亿美元。换句话说，罚款占公司价值的比例不到 2%，而这笔罚款实际上比大多数案例都高。根据卡尔波夫的整体估算，美国司法部在行贿和解中征收的平均总罚金（除去内部调查成本和监督成本）相当于一家公司市值的 1.06%。[22]即使是在西门子创纪录性的刑事和解中，它向美国和德国支付的 18 亿美元罚款中有将近 10 亿美元罚金是通过行贿获得的收益。司法部实际征收的 8 亿美元罚款，还不到西门子 1000 亿美元市值的 1%。[23]

卡尔波夫的研究还总结到，受到行贿指控的企业在声誉方面受到的负面影响很小。宣布和解后，它们的市值可能会下降，但这不是由于投资者对贿赂本身作出了反应。相反，卡尔波夫发现，只有当行贿指控包括金融欺诈或者某种金融操纵时，投资者才会失去信心。这一证据反驳了该法的批评者提出的观点，即受到贿赂起诉和调查的公司的声誉面临着巨大风险。换句话说，贿赂指控对声誉造成的损失如此之小，以至于无法起到有效的威慑作用。

有了这些证据，卡尔波夫的研究结论为：司法部和证监会征收的“预期罚金不足以抵消公司行贿的经济动机”。[24]“为了有效预防腐败，被抓获的几率乘以被抓获时支付的罚金至少要与收益相当。所以为了更好地发挥震慑作用，你就必须加大惩罚力度。”卡尔波夫解释道。[25]他估计，为了减少公司贿赂所得，相关部门需要识别并起诉更多涉嫌贿赂的公司。为了使罚金的震慑力更大，这个概率必须提高到52.8%。然而，考虑到被起诉的公司极少，为了达到威慑作用，公司在被起诉时支付的罚款就必须大幅增加。

卡尔波夫建议，如果被抓住的概率不变，司法部和证监会的罚款就必须提高8.3倍，以抵消公司通过行贿获得的价值。换言之，为了使法律有效地发挥震慑作用，司法部不得不征收平均相当于公司市场价值38.5%的罚款。例如，在阿尔卡特案中，罚款本应为19.2亿美元。

当然，这只是一项学术研究的结论，但显然该研究是基于严格的分析的。然而，它的确为这样一种观点提供了实证支持：无论罚金有多高，都不足以抑制犯罪。正如得克萨斯大学一位法学教授所写的："对海外贿赂行为的罚款，只占有利可图的合同所带来的潜在收益的一小部分……不考虑极低的被发现的可能性，这些处罚太低，不足以制止非法活动。"[26]经合组织最近一项研究提醒人们注意这样一个事实，即全球的罚款不足以制止贿赂行为。[27]最近，经合组织秘书长安吉尔·古瑞亚在一次反腐败会议中表示："有时惩罚如此之轻，以至于人们在百分之百确定会被抓获的情况下，仍然选择缴纳罚款并获得贿赂行为的收益。"[28]贿赂不仅是企业在海外做生意的标准运营程序，缴纳罚金也是其业务成本的一部分——实际上这被认为是一种企业能够负担的税。

在理想的情况下，更多涉嫌行贿的企业高管将面临刑事指控，法律规定的罚款也将大幅增加，以对企业构成财务负担，抑制其行贿。鉴于短期内不会采取任何此类措施，一个使其更具有惩罚性的且更现实的方法为，司法部推动赔款支付，把部分非法所得收益返还到受贿赂影响的国家的公民手中，这是一种把回扣转换为回报的机制。

这种赔偿不仅会导致更重的罚款，也会产生有意义的声誉惩罚。企业小心翼翼地维护声誉是有充分理由的：根据一项研究，一家公司25%的市场价值是基于声誉获得的。2013 年，德勤的一项调查发现，全球 300 名大型企业高管最关注的风险即为声誉受损。[29]

然而，卡尔波夫的研究发现，行贿公司不承担声誉风险。部分是因为它们只需支付相当于监管罚款的金额。它们不必担忧其他后果，没有具体的损害，也没有受害者。从 2004 年至今，仅在美国就裁决或和解了 150 多起腐败案件，涉及数十个国家的数亿美元贿赂，但没有一个涉案国家发表过公开声明，承认行贿的广泛影响。财务和解有效地换来了人们对贿赂后果的沉默。

当前《反海外腐败法》的执行机制，包括罚金本身、私下解决这些案件的方式，以及对外公布案件信息的方式，都只会强化这种模式。当一项调查结束后，司法部很少关心一桩腐败案件会对民众个人和社区具体产生什么影响，而只是关注它对自由市场和公平竞争的影响。

这种方法只会破坏司法部自身声称的震慑目标。美国联邦调查局以及司法部“反海外腐败法部门”的官员们称，他们想要对外强调贿赂不仅是一种市场犯罪，也是一种在全球范围内产生严重后果的犯罪。一位司法部的高管说：“这就是我们试图表达的信息……腐败在很大程度上助长了腐败政权，而其产生的影响是，这些腐败国家盲目地攫取财政资金，以致国家无力建设所需的基础设施，以有效应对旱灾、洪灾以及暴风雨。”[30]尤其是在“阿拉伯之春”后，美国联邦调查局官员在一次采访中说，该局更加关注腐败如何激起广泛的抵制，以及腐败与世界上一些政局动荡地区的关系，而在这些地区，美国想要减少贫穷、支持民主，或者解决一些其他事关美国国家安全利益的事项。司法部可以强化这一信息，并改变人们对贿赂后果的看法，强制要求公司承认贿赂在公共和财政方面造成了损害，从而产生更好的震慑效果。

像斯伯丁和奥拉亚这样的拥护者主张，在腐败和解的过程中，公司行为人必须正式承认其行为造成的损害，甚至承认这些损失完全是他们造成的，以及司法部自身可以向公众解释特定贿赂行为的间接影响。奥拉亚认为，因为这种承认对公司声誉有损，所以能放大惩罚的影响，“使惩罚可视化，你就能放大后果。因为这是一种社会耻辱”。

安德鲁·斯伯丁解释了这一过程是如何运行的：就像司法部已经在贿赂和解中所采取的措施那样，为了回报那些认真配合的公司，司法部可以减少对公司的罚金，这种合作需要公司自愿资助社区服务项目，以弥补贿赂引起的损失。这可能涉及公司咨询某一国家的外部专家、政府官员以及公民社会组织。以博塔基金会案为例，首先，设计一个项目来确定并记录可能由贿赂引发的损害，包括受影响的社区；其次，公开承认损害并加以补救。这个计划的重要性在于，受贿赂影响的利益相关方和党派将在和解中获得发言权。斯伯丁甚至建议，将公司同意撰写一份关于贿赂的完整报告作为和解的一部分，“承认除了与司法部签订的暂缓起诉协议中已经公布的内容外，没有更多的事实了”。这份报告不仅可以作为一种认罪形式，也可以给当地社区、政府和执法部门，以为其如何在未来更好地预防犯罪带来启发。

因为在孟加拉行贿，西门子公司支付了 50 万美元的刑事罚款[31]，却从未承认过向拉赫曼兄弟和阿米努尔·哈克行贿的罪名。它在经济上援助了一个政体，这个政体蔑视法律的行径骇人听闻，使用暴力加强政治控制，并有可能支持伊斯兰极端势力。这家公司本可以和孟加拉国政府以及当地社区组织合作，追查回扣产生的影响，并且作出赔偿，哪怕只是象征性地弥补损失。这家公司本可以与全球和本地的专家合作，建立一个组织（或者找到一个现有的组织），以帮助贫困的或者受到恐怖势力迫害的家庭。西门子不仅应在孟加拉，还应在有受其贿赂的其他国家支付赔款，并宣扬其所作的努力。虽然西门子除了8亿美元罚金外，还要支付5亿美元指定赔偿，这13亿美元既具惩罚性也具有恢复性，但这个数值仍不到该公司总市值的2%，这笔金额是其完全可以承担的。

一家公司若是愿意承认自身错误并处理其造成的负面影响，就可能成为21世纪企业承担社会责任的典范。

第十章　全新标准

实施《反海外腐败法》已经影响了全球公司的行为，变化如此之快，尤其值得关注。更有效地征收罚款，包括赔偿，一定会对贿赂产生更大的威慑作用，改善公众对贿赂后果的认知。除美国外，《经合组织反贿赂公约》的42个签署国在反贿赂执法方面都有糟糕记录，鉴于此，司法部在全球范围内还需要采取更多行动。经合组织2017年的一份报告显示，迄今为止，这42个国家中有22个从未对海外贿赂实施过任何制裁。[1]企业行为人自身应当承担责任，改变内部文化，引领这一行动。

当然，企业内部的文化变革已经展开。在十年前，企业很少考虑遵循《反海外腐败法》的规定——是否有一套合适的工具、保障措施以及最佳实践，能够协助避免或及时发现腐败的商业交易，包括从对第三方进行尽职调查，到基于反洗钱和贿赂的员工培训。“2008 年，我们再也不能无视它了，没人可以无视。如果不走运，你就会惹上大麻烦。”合规咨询公司风险控制大中华区及北亚高级合伙人肯特·凯德尔这样表示。如今“遵守该法的规定是一项基本原则，不容商量”。[2]凯德尔表示：“公司愿意遵守的规则和承担的风险分为不同级别，但是‘做与不做’这个是非选择不复存在了。”2015 年，德勤对企业进行的一项调查显示，59%的受访对象声称拥有首席合规官，这是一个致力于降低风险和减少腐败的管理职位，而 2013 年这一比例仅为 37%。[3]一些公司已将合规作为其核心业务。被曝出贿赂丑闻后，西门子将其合规部门的人数从过去报道的寥寥几人扩充到至少 400 人。沃尔玛也作出了类似的改变。2012 年，刊登在《纽约时报》上的一篇获得普利策奖的新闻报道指出，沃尔玛在墨西哥的商业行为涉嫌腐败。沃尔玛仍在接受司法部调查，该公司已经为调查此案，以及涉嫌在印度和其他国家进行的不道德行为支付了约 5 亿美元的法律费用和其他费用。如今，沃尔玛称其有一支 100 人的“反腐败团队”分别驻扎在世界各地，他们都向一名全球反腐败官员汇报工作。该公司还为 1300 多名与之有业务联系的第三方提供一项反腐败培训。[4]更重要的是，沃尔玛通过主动聘请外部专家来对高危地区的第三方进行随机审计，以检验它们是否遵守法规，从而实现了革新。

即便如此，沃尔玛和西门子仍是例外。2016 年，德勤对近 600 家企业的合规调查发现，73%的企业只有不到 20 名全职合规员工。大多数（59%）的合规预算低于 500 万美元。即便是那些收入超 10 亿美元的公司中，也有 35%的公司表示合规预算不超过 100 万美元。[5]

遵守《反海外腐败法》以及增加合规预算并不一定产生更合道德的行为。有些公司即使投入了更多时间、金钱以及人力来遵守法规，或至少是作出了承诺，也还是会继续行贿。纽约南区联邦法官杰德·拉科夫在《纽约书评》的一篇文章中引述了辉瑞一案。[6]在 2002 年到 2007 年间，辉瑞因为在美国国内行贿以及对产品进行非法营销而被调查，在这之后，它与司法部达成了不少于 3 项暂缓起诉协议。为了避免被起诉，辉瑞同意更好地执行合规协议。然而，其员工仍有违法行为。经过 3 次暂缓起诉协议后，它才因为海外贿赂行为再次受到美国司法部和证监会的调查。2012 年，辉瑞签署了第 4 份暂缓起诉协议，再次承诺其会更好地执行合规协议。

2012 年，美国医疗设备制造商巴奥米特为了避免因涉嫌在巴西、阿根廷行贿而被起诉，支付了1700万美元罚款，与司法部达成了暂缓起诉协议。然而，2015年，当有新的指控显示该公司在巴西和墨西哥行贿时，司法部延长了其暂缓起诉协议的期限。2017年年初，司法部发现该公司继续在墨西哥和巴西行贿，再次违反了暂缓起诉协议，并从中获利500多万美元。司法部因其违法行为对其处以1700万美元刑事罚款，并命令该公司上交500万美元利润，[7]但随后又和它签署了另一项暂缓起诉协议。拉科夫法官说这些改革“通常不过是做做表面功夫”是有道理的。[8]

要根除全球企业贿赂，不仅需要加强合规性，还需要彻底改变企业盈利的基本理念和销售的思维模式。

理查德·比斯特朗的大部分职业生涯都在进行贿赂活动，他认为在海外市场做生意的公司应该调整销售人员的薪酬结构。“如果你给员工支付工资的60%都是基于个人财务业绩……当你在腐败系数低的国家开展业务时就会遇到困境。那个人最终会陷入腐败和补偿之间的利益冲突中。”比斯特朗说，他现在在为公司提供反贿赂合规方面的建议。

比斯特朗认为，拒绝腐败交易的高管应该受到奖励：“必须通过文化上根深蒂固的道德操守和对法律与道德上的正派行为加以奖励的薪酬计划来实现合规。你希望销售主管们没有内心纠结——他们看到了诱惑，但是淡然离开。他们不想冒损失60%薪资的风险。他们也清楚地知道，自己绝不会因为拒绝腐败交易而受到惩罚。”薪酬计划应该首先考虑销售人员对公司的整体价值，其价值观应该被考虑进道德行为。包括礼来和葛兰素史克在内的一些公司已经调整了其薪酬计划，这样它们的销售人员就不再以拿佣金的方式工作了，但目前还不清楚有多少其他公司正在采用这种做法。

比斯特朗还认为，企业不仅要改变盈利方式，也要改变盈利时间。拒绝行贿或许会导致交易失败，以及短期内的销售额下降。但企业首先应该着眼于长期的价值：建立一个更佳、更具创新性以及竞争性，并以符合道德的方式赢利的企业。在他看来，在短期内损失销售额的后果至少比因贿赂而造成的损失要好，后者是金钱和声誉的双重打击：“你可能会丢掉一笔生意，但未必会被罚1亿美元。”

经历过如此彻底的机构变革，我们有必要向投资者解释并证明其合理性，而这也许会更加困难。“你只是在重置你的基础，”比斯特朗说，并强调，“我赞同的一种销售观点是，从长期来看，基于产品品质和价格竞争力的业务对企业而言，优于基于腐败的业务。”

即使强有力的反腐败承诺在初期导致销售额下降，但这仍是公司自身价值的催化剂，并能带来更多利润，这一点能否被证明？前沿学术研究证明，这是可行的。2011 年，哈佛商学院的乔治·塞拉菲姆和保罗·希利试图确定规避贿赂是否会使盈利性受损。他们分析了 2007 年对全球商业的一项调查数据，并重点关注了全球最大的 250 家企业，其中 25%来自美国。调查要求这些公司披露包括战略、政策以及管理制度在内的反腐败合规计划的细节。然后，学术机构运用这些数据给每家公司进行评分，以反映其反腐败的投入。希利和塞拉菲姆采用这些评分，并将它们与调查开始后三年内每家公司的销售增长进行了互相参照。结果发现一种或许一开始会使投资者失望的动态情况：那些反腐败力度强的公司在高度腐败地区增长更慢，实际上，其增长只有低反腐败力度公司的一半。作者假设，有高反腐败投入的公司“无法与当地企业以及反腐败标准低的跨国公司开展有效竞争”。[9]然而，当希利和塞拉菲姆更仔细地观察这些公司的利润时，他们发现了不同之处：那些愿意行贿的公司在高风险国家的增速更快，但体现在销售回报和股本回报上的利润却更低。通过贿赂，这些公司获得了合同，提高了销售，但长期来看，这些合同通常不具有良好的利润率。（在通过行贿赢得合同后，公司有时会延迟付款，或经历成本超支，而这些都是没有补偿的。）相反，那些在高风险国家有强反腐力度的公司“能够在市场的增量销售中保住利润率和股本回报率”。总而言之，从长远来看，规避贿赂能够带来更健康的收益。

当然，一家企业要保持盈利，不仅要靠高销售额，也要形成一种让员工都能融入的健康文化，更不用说消费者和投资者了。塞拉菲姆开始研究企业贿赂如何影响士气。在最近的一项研究中，他调查了 244 个公司的数据，这些公司匿名称自己参与了海外行贿。他发现在企业经理看来，贿赂事件的最大影响不一定体现在公司股价上（乔纳森·卡尔波夫也发现了这一点），也不一定表现在公司与其他公司的关系上，最大的影响是对员工士气的影响：参与贿赂的公司造成员工不满，这最终会降低公司的竞争力。塞拉菲姆写道：“高员工士气与高产量、高创造力、高创新有关，这些都会对公司发展产生重大影响。”[10]这当然也是退休的制药业高管爱德华·陈的经历。在为多家企业工作的 10 多年里，陈先生目睹了贿赂是如何造成公司销售部门和合规团队的对立的，这种冲突降低了士气和效率。

最终，正如众多的研究、学者和书籍所指出的那样，公司获取真正成功的基石在于创新。根据这个标准，行贿的企业是失败的。数百年来，公司一直在利用回扣获取竞争优势，这最终不仅对公司的效率、名誉以及士气造成严重损害，同时，还埋下了国际政治动荡和社会不安定的隐患。“其他所有人都在这么做”成了不可避免的理由，但是为了效仿竞争对手而进行有违道德、破坏经济，甚至是低效的活动，只会分散你的精力，阻碍你进行创新。

世界最发达国家的企业应该将反贿赂创新而非合规放在首位。21 世纪企业创新的关键领域应该是新的销售方法、新型的销售队伍以及全新的薪酬结构。一个真正具有创新力的公司不仅要研发出尖端的药物，也要有尖端的销售方法。这看起来是一个合理的主张，不仅是因为它会带来更高的投资回报，提高竞争力，增强员工士气，改善公司声誉，也是因为这是正确的选择，而正确的做法同时也是可持续的，这是当今世界的终极红利。

经济学家尚未确定有多少企业高管有拒绝贿赂的勇气。在缺乏实证研究的情况下，我们只能借助轶事来获得灵感。这里有一个好的例子，它来自一个看似不太可能的来源——特朗普政府本身。记者德克斯特·费尔金斯在《纽约客》的一篇文章中，描述了 2017 年 2 月特朗普总统和当时的国务卿雷克斯·蒂勒森之间的一次会议。文章称，特朗普起初对《反海外腐败法》以及该法对美国公司的不公正惩罚进行“炮轰”。蒂勒森插话表示反对，然后向总统讲述了自己的故事。蒂勒森描述了他在担任埃克森美孚首席执行官期间，在也门与其政府官员面谈一笔生意的经历。在会谈中，也门的石油部长递给蒂勒森一张商业名片，其背面写着一个瑞士银行账户。“500 万美元。”石油部长告诉蒂勒森，暗示如果埃克森美孚想要达成交易的话，就要行贿。蒂勒森拒绝了，对特朗普解释说：“我不会这么做，埃克森美孚也不会。”蒂勒森告诉他，如果也门人想要和埃克森美孚做生意的话，就必须光明正大。也门人最终同意了。“蒂勒森告诉特朗普美国无须行贿，我们能够让世界接受我们的标准。”[11]

制止腐败的努力面临着极大的不确定性，可能会受到总统的威胁。总统不仅公开反对这些努力，而且也可能涉嫌参与犯罪。特别顾问穆勒对特朗普、他的家人及其伙伴的调查是否会揭露腐败行为还有待观察。我们在特朗普任期内的所见所闻，应该有充分的理由让我们相信，必须加倍消除商业回扣的努力，而不是压制。

但是，对世界上众多的国家来说，任何变化都显得微不足道、为时已晚。数十亿的公司贿赂已经产生了如此沉重的代价，而且在如此长的时间里，自由、繁荣、国家财富甚至公众健康都受到威胁。现在我们很清楚，过去的贿赂已经显著地改变了我们如今身处的世界，因此我们可以有把握地推断，现在发生的贿赂将极大地改变未来，可能会为未来几代播下冲突的种子，以及造成严重的混乱。正如查尔斯·德尔弗所观察到的那样，参与贿赂的公司或许会认为，它们的微观决策不会带来损害，但这些决策累积起来，就会产生决定历史的大事件。资助萨达姆·侯赛因的叛乱，一定程度上与中东“伊斯兰国”的成立有关。并且，尽管其起源于众多动态因素催生的高度复杂事件，不能把它的成立完全归因于公司贿赂，但向萨达姆支付的贿赂也应是这种动态因素的一部分。

贿赂的影响通常不会如此显著，当然，也不会这么显而易见。在过去的几年中，它所引起的危机越来越多，破坏了公众的信任以及政治意愿。阿尔卡特 15 年前在哥斯达黎加行贿，但对其进行的调查到现在仍是首都圣何塞每天的新闻头条，而且审判才刚刚开始。

至少哥斯达黎加已经开始估算其遭受的破坏，尼日利亚却毫无动作。尼日利亚被卷入了凯洛格·布朗·鲁特公司（哈里伯顿公司的子公司）的大型贿赂丑闻中，该国家已陷入了一种瘫痪状态——这是所有这些案例中最典型的一个。尽管美国法院的诉讼程序是基于可信的证据，尽管至少 3 名尼日利亚前总统与其他几位高官涉嫌受贿，但他们都还未受到任何指控。哈里伯顿案（尼日利亚人这么称呼它）已成为唯一一个最佳的检验该国政治精英是否愿意直面高层腐败的方式。未能解决这一问题，已经成为助长有罪不罚文化蔓延的最重要因素。“如果尼日利亚拒绝将受贿者绳之以法，不起诉贿赂和腐败，”尼日利亚阿布贾《黄金时报》总编辑穆斯基鲁·莫杰德谈到哈里伯顿一案时说，[12]“那就是告诉尼日利亚下一代年轻人：你可以偷钱，也可以收受贿赂，反正什么也不会发生。”

美国对惩罚犯罪所能做的就只有这么多，因为正如我们所见，《反海外腐败法》仅对行贿的公司有管辖权，而对受贿的官员则无权管辖。但随着美国和欧洲执法部门提起的刑事和民事诉讼越来越多，“哈里伯顿丑闻”正时不时地在世界各地发生。在巴西，检察官正在调查一个大规模且持续扩大的贿赂网络，该网络涉及巴西国家石油公司（国有公司）。该公司似乎收取了回扣，据称这些回扣被送到了巴西前总统和该国情报机构的成员手中。在希腊，议会委员会提出指控，称由于诺华贿赂了数十名公务员和一名前总理，这导致政治系统崩溃。在以色列，检察官建议对总理本杰明·内塔尼亚胡提出指控，因为他涉嫌收受外国公司贿赂。洪都拉斯、哈萨克斯坦和韩国也发生了类似的案件。

起诉受贿者所需改革的清单很长，令人望而却步。它将至少需要更加透明的公共开支，尤其是更公开的招标；

更多的政府监管和权力的分散，使一个部长不能独揽公共合同；更高的公务员薪酬；为反腐败机构提供更多资金；更有力的反腐败法律；以及司法机构在执法时，更加独立且拥有更多资源。这将需要技术力量、立法改革、财政资源，以及最重要的政治意愿。如果离岸公司注册和银行业务中心的司法管辖区（诸如英国、塞浦路斯以及美国）不进行更多的战略监督，弥补外国官员藏钱和洗钱的漏洞，那么像尼日利亚和希腊这样的国家所作的一切努力都将于事无补。

没有一个国家能够单独与全球的回扣体系相抗衡，每一个人都有责任让这种犯罪成为历史。贿赂本质上是一种权力系统，我们如何看待、监管以及起诉贿赂反映我们的价值观，也即我们的社会可以容忍哪些东西，以及人类哪些行为是可接受的。参议员查尔斯·珀西在水门事件后谈到回扣的危害时曾说："在这个世界上，我们实现目标的方式，决定了我们所处世界的样子。"

致　谢

和朋友、同事以及家人多年以来的讨论促成了此书。许多人都应该感谢，在这里我尽力向所有人表达感谢。

要不是传奇人物洛厄尔·褒曼开创性的《前线》纪录片《黑钱》让我（以及其他许多人）第一次关注到海外贿赂问题，本书就不会问世。我深深感谢洛厄尔在过去15年对我的支持和帮助。最初，一群人鼓励我写报道，这促成了本书的诞生：丹尼尔·米尔斯基让我联系上了塔希米娅·阿南；塔希米娅替我联系了她的父亲马夫兹·阿南；马夫兹邀请我到达卡为《每日星报》工作；报社里极好的同事支持了我的行动，并为最终成为本书的报道提供了指导。在我做的关于这个主题的早期报道中，PBS《前线：世界》的莎伦·提勒和史蒂夫·塔尔博特是我的良师益友。

如今，对于此类书籍写作的资助十分关键。对那些支持我研究的机构，我心存感激。约翰·霍普金斯大学的“国际报道项目”和“调查性新闻报道基金”都提供了资助。

在研究的关键阶段，加州大学伯克利分校新闻研究生院的调查性报告项目为我慷慨地提供了研究基金，艾丽西亚·帕特森基金会也在我写作的关键阶段出手相助。这些机构是国家的珍宝，没有它们，像我一样的记者就无法写出我们的作品。

在我写作的5年时间里，世界各地的许多朋友接待我，在他们家里款待我，让我衣食无忧，对此我永远心存感激：华盛顿特区的萨拉·马尔根和萨姆·卡顿；弗吉尼亚州阿灵顿的史蒂文·塔克和艾琳·圣乔治总是准备好一杯鸡尾酒；米歇尔·穆伦用美酒和愉快的交谈驱散了伦敦夜晚的寒意；在达卡的艾哈迈德一家是最细心周到的主人，包括蒂莎，一如既往，她总是能让我在外面待到就寝时间以后。

若不是许多外国记者的勇气和奉献，就没有这本书的报道，我为能够和他们共事而感到幸运，更加庆幸能够成为他们的朋友：多年来，多伦多《环球邮报》王牌记者格雷格·麦克阿瑟，一直是贿赂报道领域值得信赖的盟友和很棒的朋友。孟加拉国的朱菲卡·阿里·曼尼克，多年来慷慨地分享他的丰富经验以及颇具内涵的幽默。拉杰沙希的阿里·安瓦尔·希姆一直支持着我。在希腊，无与伦比的纳西斯·卡里亚加尼斯和维罗尼卡·安东尼亚杜是我在雅典长途跋涉时最令人愉快的主人、陪伴者和知己。达芙妮·马齐亚拉基鼓励我来到雅典，为本书关于希腊的章节作了最重要的预备报道，这是一项宝贵的贡献。在尼日利亚，格蕾丝·奥比克是我的最佳合作伙伴，她为我打开大门，指引我的方向，从我抵达的那一刻起就帮我摆脱了许多困境。在哈科特港，维克多保护了我的安全，更重要的是，他让我吃到了最好的辣味鱼汤。同样，中国的两位好友不仅帮助我揭开了不为人知的腐败，也让我有幸品尝到了我这辈子吃过的最好食物。还有很多很多我叫不出名字的人，他们意识到公司贿赂的危害，需要进行更大的改革，有时冒着极大的人身危险和我谈论公司贿赂，我对他们表示深深的谢意。这些人包括全世界城市里的政府官员、警察、情报人员、被判有罪的罪犯、政治家、记者和律师。

这本书能够出版，我觉得自己非常幸运。出色的经纪人拉里·韦斯曼一开始就对我的想法非常信任，并把它完美地变成了现实。（如果没有莎汉·穆夫提，我永远也不会认识拉里——谢谢。）维京出版社的里克·柯特是任何一个作家都期盼遇到最好的编辑，他使这本书变得更好，内容更丰富。谢谢你们的耐心和洞察力。

最后，我还要感谢蒙特罗一家，是他们的爱给了我力量和鼓励，让我完成了这一重要的作品。加布里埃尔，谢谢你总是在我需要的时候倾听我的意见，并热心地阅读我寄给你的书稿。你们的爱和支持使我相信这是可能的。最后，我要感谢我的妻子梅尔，她非常支持我，两次通读书稿，提出建议并激发我的创作热情。她给予我的爱让我相信，每一次为写作本书所进行的外出调查都会有所收获。最重要的是，她和家永远在大洋彼岸等着我。

注　　释

引　言

1. "OECD Principles for Integrity in Public Procurement," Organisation for Economic Co-operation and Development (Paris: OECD Publishing, 2009), www.oecd.org/gov/ethics/48994520.pdf.

2. 2018 年 6 月 21 日对迈克尔·温的电话访谈。

3. The World Bank, "Enterprise Surveys: Corruption." The survey does not ask whether a bribe was actually paid. Rather, corporate managers were asked to report whether they believed that firms with characteristics similar to their own were making informal payments for government contracts. The data are accessible at: www.enterprisesurveys.org/data/exploretopics/corruption.

4. Richard Brooks, "London's Dirty Laundry," *Private Eye*, August 2012.

5. U.S. Department of Justice, "Siemens AG and Three Subsidiaries Plead

Guilty to Foreign Corrupt Practices Act Violations and Agree to Pay $450 Million in Combined Criminal Fines," December 15, 2008.

6. Donald Trump, "Trump: Dimon's Woes & Zuckerberg's Prenuptial," CNBC, May 15, 2012, www.cnbc.com/video/2012/05/15/trump-dimons-woes-zucker bergs-prenuptial.html.

7. Dexter Filkins, "Rex Tillerson at the Breaking Point," *New Yorker*, October 16, 2017.

8. "One of the US's Greatest Gifts to the Global Economy Is Under Threat from Trump," Quartz Media, March 13, 2017, https://qz.com/927217/one-of-the-worlds-best-weapons-again st-bribery-and-corruption-is-under-threat-from-trump.

9. Dominic Rushe, "Donald Trump Lifts Anti-Corruption Rules in 'Gift to the American Oil Lobby'" *Guardian*, February 14, 2017, www.guardian.com/us/-news/2017/feb/14/donald-trump-anti-corruption-rules-dodd-frank-oil-companies.

第一章

1. Sir Eyre Coote's testimony in Parliament, April 27, 1772, *The Minutes of the Select Committee Appointed by the House of Commons to Enquire into East-India Affairs*, April 27, 1772 (London: T. Evans, 1772), 8. Sir Coote, who was present at the Battle of Plassey, stated: "Our army consisted of 750 men in battalion, including 100 topazes, 2100 sepoys, 150 artillery, including sailors."

2. Sir Coote, during his interrogation in Parliament, read from his journal the following account of the Battle of Plassey: "Colonel Clive retired to Plassey House and ordered the troops to follow under cover of the wood. ...The Colonel, being much fatigued both in body and mind, lay down to take a little rest." *The Minutes of the Select Committee Appointed by the House of Commons to Enquire into East-India Affairs*, 39.

3. William Nicholls, an agent of the company in Indonesia, was so vexed about the prevalence of bribery that, in a letter dated January 15, 1615, he wrote: "One toy or two in the beginning would have served; now so many have been so liberally offered to like idols, and to no purpose, and every business done by bribes, that I, that have nothing to give, am enforced to alter the whole course, lest it appear poverty." *The Original Correspondence Section of the East India Company's Records* vol. 4, 1616, reprinted (London: Sampson, Low, Matiston & Company, 1900), 11.

4. William Cobbett, "1695—Bribery and Corruption," *Cobbett's Parliamentary History of England*, vol. 5 (London: R. Bagshaw, 1809), 933-41.

5. Andrew Robinson, *India: A Short History* (London: Thames & Hudson, 2014), 142.

6. Robert Clive's testimony in Parliament, May 3, 1773. *The History, Debates, and Proceedings of Both Houses of Parliament of Great Britain from the Year 1743 to 1774*, vol. 6 (London: J. Debrett, 1792), 491. Accessible online at babel.hathitrust.org/cgi/pt? id= nyp.33433035254840.

7. William Dalrymple, "The East India Company: The Original Corporate Raiders," *Guardian*, March 4, 2015, www.theguardian.com/world/2015/mar/04/east-india-company- original-corporate-raiders.

8. Robert Clive's testimony in Parliament, March 30, 1772, *The History, Debates, and Proceedings of Both Houses of Parliament of Great Britain from the Year 1743 to 1774*, vol. 6 (London: J. Debrett, 1792), 255.

9. John Burgoyne's testimony in Parliament, April 13, 1772, *The History, Debates, and Proceedings of Both Houses of Parliament of Great Britain from the Year 1743 to the Year 1774*, 255.

10. John Burgoyne's Parliamentary testimony, May 3, 1773, *The History, Debates, and Proceedings of Both Houses of Parliament of Great Britain from the Year*

1743 to the Year 1774, 503.

11. *A Collection of Treaties and Engagements with the Native Princes and States of Asia Concluded on Behalf of the British East India Company* (London: United East-India Company, 1812), 8.

12. John Walsh's testimony in Parliament, April 29, 1772, *The Genuine Minutes dated 27 April-25 May* 1772 *of the Select Committee* (London: T. Evans, 1772), 30.

13. Dalrymple, "The East India Company," *Guardian*, March 4, 2015.

14. John Burgoyne's testimony in Parliament, April 13, 1772, *The History, Debates, and Proceedings of Both Houses of Parliament of Great Britain from the Year 1743 to the Year 1774*, 252.

15. John Burgoyne's testimony in Parliament, April 13, 1772, *The History, Debates, and Proceedings of Both Houses of Parliament of Great Britain from the Year 1743 to the Year 1774*, 253.

16. Sir William Meredith's testimony in Parliament, April 21, 1773, *The History, Debates, and Proceedings of Both Houses of Parliament of Great Britain from the Year 1743 to the Year 1774*, 484.

17. John Burgoyne's testimony in Parliament, May 3, 1773, *The History, Debates, and Proceedings of Both Houses of Parliament of Great Britain from the Year 1743 to the Year 1774*, 486.

18. "Report from the Select Committee on East India affairs, and Debate," *The History, Debates, and Proceedings of Both Houses of Parliament of Great Britain from the Year 1743 to the Year 1774*, 493.

19. M. P. Jain, *Indian Legal History* 2006 (Morrisville, NC: Lulu Press, 2014).

20. Thomas Paine, "The Life and Death of Lord Clive," *The Writings of Thomas Paine*, ed. Moncure Daniel Conway (New York: AMS Press, 1967), 31.

21. Daniel O'Neill, *Edmund Burke and the Conservative Logic of Empire* (Oakland: University of California Press, 2016), 35.

22. Thomas Paine, "A Serious Thought," October 18, 1775, *The Writings of Thomas Paine*, 65-66.

23. Daniel O'Neill, *Edmund Burke*, 34-35.

24. 2015 年 4 月 22 日在华盛顿特区对彼得 · 克拉克的访谈。

25. Michael Ruby, "How Clean Is Business?," *Newsweek*, September 1, 1975.

26. Statement of Senator Charles Percy, Multinational Corporations and United States Foreign Policy, Hearings before the Subcommittee on Multinational Corporations, Committee on Foreign Relations, U.S. Senate, 94th Congress, May 16-19; June 9-10; July 16-17; September 12, 1975, (Washington, D. C.: U. S. Government Printing Office, 1976), 14.

27. Statement of Robert Dorsey, Multinational Corporations and United States ForeignPolicy, Hearings before the Subcommittee on Multinational Corporations, U.S. Senate, 94th Congress, May 16-19; June 9-10; September 12, 1975 (Washington, D.C.: U.S. Government Printing Office, 1976), 24.

28. David Pauly, "A Head That Rolled," *Newsweek*, January 26, 1976.

29. 2015 年 11 月 9 日在华盛顿特区对斯坦利 · 斯波金的访谈。

30. Statement of Robert Dorsey, Subcommittee on Multinational Corporations, 12.

31. 对斯波金的访谈。

32. Statement of Roderick M. Hills, Chairman, Securities and Exchange Commission, Foreign Payments Disclosure, Hearings before the Subcommittee on Consumer Protection and Finance of the Committee on Interstate and Foreign Commerce, House of Representatives, 94th Congress, September 21-22, 1976 (Washington, D.C.: U.S. Government Printing Office, 1977), 17.

33. Statement of Jerome Levinson, Counsel to the Subcommittee on Multinational Corporations, 125. See also Robert E. Smith, "Northrop Apologizes on

Saudi Bribes; Senator Church Urges Sales Reforms," *New York Times*, June 10, 1975, www.nytimes.com/1975/06/10/archives/northrop-apologizes-on-saudi-bribes-senator-church-urges-sales.html.

34. Statement of Representative John E. Moss, Subcommittee on Consumer Protection and Finance, 153.

35. Tom Nicholson et al., "A Question of Bribery," *Newsweek*, April 28, 1975.

36. Untitled, *Associated Press*, September 27, 1977.

37. John F. Berry, "Extend Report Deadline, Lockheed Panel Urges; Lockheed Panel Asks Extended Report Deadline," *Washington Post*, March 30, 1977.

38. Statement of Senator Charles Percy, Subcommittee on Multinational Corporations, 119.

39. David Pauly, "The Great Banana Bribe," *Newsweek*, April 21, 1975.

40. 对斯波金的访谈。

41. Michael Ruby, "How Clean Is Business?"

42. Stanley Sporkin, "The Worldwide Banning of Schmiergeld: A Look at the Foreign Corrupt Practices Act on Its Twentieth Birthday," *Northwestern Journal of International Law & Business* 18, no. 2 (Winter): 273.

43. 对彼得·克拉克的访谈。

44. In 1975 the SEC tabulated $300 million in bribes, according to Sporkin, "The Worldwide Banning of Schmiergeld," 272. Adjusted to today's rates, that is roughly $1.385 billion.

45. Statement of Senator Frank Church, Subcommittee on Multinational Corporations, 341.

46. Statement of Senator William Proxmire, Foreign and Corporate Bribes, Hearings before the Committee on Banking, Housing and Urban Affairs, United States Senate, 94th Congress, April 5, 7, 8, 1976, (Washington, D.C.: U.S.

Government Printing Office, 1976), 1.

47. Statement of Robert Dorsey, Subcommittee on Multinational Corporations, 13.

48. Statement of Senator Joseph Biden, Hearings before the Committee on Banking, Housing and Urban Affairs, 44.

49. Alvin Shuster, "Communists Gain 49 Crucial Seats in Italy Contest," *New York Times*, June 23, 1976, www.nytimes.com/1976/06/23/archives/communists-gain-49-crucial-seats-in-italy-contest-christian.html.

50. Statement of Representative Stephen Solarz, Unlawful Corporate Payments Act of 1977, Hearings before the Subcommittee on Consumer Protection and Finance of the Committee on Interstate and Foreign Commerce, House of Representatives, 95th Congress, April 20, 21, 1977 (Washington, D.C.: U.S. Government Printing Office, 1977), 172-73.

51. Statement of Senator Frank Church, Subcommittee on Multinational Corporations, 374-75.

52. Statement of Senator Dick Clark, Subcommittee on Multinational Corporations, 35.

53. Statement of Representative John E. Moss, Subcommittee on Consumer Protection and Finance, 152.

54. Statement of Senator Charles Percy, Subcommittee on Multinational Corporations, 264.

55. Andrew Spalding, "Corruption, Corporations, and the New Human Right," *Washington University Law Review* 91, no. 6 (2014): 1369.

56. Statement of Senator Frank Church, Subcommittee on Multinational Corporations, 240.

57. Andrew Spalding, "Restorative Justice for Multinational Corporations," *Ohio State Law Journal* 76, no. 2 (2015), 24.

58. John T. Noonan Jr., *Bribe: The Intellectual History of a Moral Idea*

(Berkeley and Los Angeles: University of California Press, 1987), 680.

59. Statement of Senator William Proxmire, Hearings before the Committee on Banking, Housing and Urban Affairs, 76.

60. Statement of Senator William Proxmire, Hearings before the Committee on Banking, Housing and Urban Affairs, 15.

61. Statement of Roderick M. Hills, Subcommittee on Consumer Protection and Finance, 23.

62. Barbara Black, "SEC and the Foreign Corrupt Practices Act: Fighting Global Corruption Is Not Part of the SEC's Mission," University of Cincinnati College of Law Scholarships and Publications, 2012, 1115.

63. According to case information listed on the U.S. Department of Justice's website, under Foreign Corrupt Practices Act, Related Enforcement Action, Chronological List, www.justice.gov/criminal-fraud/chronological-list.

64. Andrew Spalding, "Corruption, Corporations, and the New Human Right," 1370.

65. Statement of Andrew Pincus, the International Anti-Bribery and Fair Competition Act of 1998, Hearing before the Subcommittee on Finance and Hazardous Materials of the Committee on Commerce, House of Representatives, 104th Congress, September 10, 1998 (Washington, D. C.: U. S. Government Printing Office, 1999), 6.

第二章

1. 2013年5月18日对肯尼斯·布夫的电话访谈。

2. David Zucchino, "Cashiered Over Cache in Baghdad," *Los Angeles Times*, May 28, 2004.

3. Simon Romero and Eric Lipton, "Inquiry Into U.N. Program Puts Focus on

Texas Deal Maker," *New York Times*, October 19, 2004.

4. Youssef M. Ibrahim, "Oil Executives Work the Room at OPEC Meeting," *New York Times*, March 23, 1999.

5. 2018 年 4 月 3 日对史蒂夫・怀亚特的电话访谈。

6. Jan Jarboe Russell, "Meaner Than a Junkyard Dog," *Texas Monthly*, April 1991.

7. According to courtroom testimony that a former SOMO official, Mubdir Al-Khudhair, provided at Oscar Wyatt's criminal trial, as reported by David Ivanovich, "Ex-Iraqi Oil Company Official Links Wyatt to Firms," *Houston Chronicle*, September 25, 2007, www. chron. com/business/energy/article/EWx-Iraqi-oil-company-official-links-Wyatt-to-firms-1600392.php.

8. CNN, "Dr. Germ in U.S. Custody," CNN.com, May 12, 2003, www.cnn.com/2003/WORLD/meast/05/12/sprj.nitop.drgerm.custody.

9. 2018 年 5 月 9 日对雷汉・穆里克的电话访谈。

10. 对雷汉・穆里克的访谈。许多新闻报道都记录了当时巴格达的情况。See Scott Taylor, "Iraq's Decade of Despair," *Ottawa Citizen*, August 19, 2000.

11. According to statements made by UNICEF and cited in, among others, John Pilger, "Collateral Damage; Ten Years of Sanctions in Iraq," *In These Times*, May 15, 2000. In recent years, several studies have cast doubt on the rates of child mortality in Iraq during the sanctions period. See Liz Sly, "Saddam Hussein Said Sanctions killed 500,000 children. That Was 'Spectacular Lie,' "*Washington Post*, August 4, 2017.

12. Charles Duelfer, *Hide and Seek* (New York: Public Affairs, 2009), 385.

13. 2015 年 4 月 1 日对查尔斯・德尔弗的电话访谈。所有对德尔弗的引述均来自这次采访。

14. Paul Volcker, "Manipulation of the Oil-For-Food Programme by the Iraqi Regime," Independent Inquiry Committee, October 27, 2005, 28.

15. 2016年2月24日对史蒂文·齐德克的电话访谈。

16. Charles Duelfer, *Hide and Seek*, 453.

17. 2013年9月对维克多·科拉瓦斯的电话访谈。

18. Simon Romero, "Inquiry Into UN Program Puts Focus on Texas Deal Maker," *New York Times*, October 19, 2004.

19. Benon V. Sevan, Biographical Note, United Nations, www.un.org/Depts/oip/background/latest/sevancv.html.

20. Regime Finance and Procurement, DCI Special Advisor Report on Iraq's WMD, vol. 1, CIA, September 30, 2004, www.cia.gov/library/reports/general-reports-1/iraq_ wmd_ 2004/chap2.html.

21. Regime Finance and Procurement, DCI Special Advisor Report on Iraq's WMD.

22. The Oil-for-Food Program: Tracking the Funds, Hearing Before the Committee on International Relations, House of Representatives, 108th Congress, November 17, 2004, http://commdocs.house.gov/committees/intlrel/hfa96930.000/hfa96930_ 0f.htm.

23. Statement of Rehan Mullick, The United Nations Oil-for-Food Program: The Cotecna and Saybolt Inspection Firms, Hearing before the Subcommittee on Oversight and Investigations of the Committee on International Relations, House of Representatives, 109th Congress, March 17, 2005 (Washington, D.C.: U.S. Government Printing Office, 2005), 68.

24. Transparency International, "Transparency International Germany Files Complaint Against 57 German Companies Over UN Oil for Food Scandal in Iraq," June 4, 2007, www.transparency.org/news/pressrelease/20070604_ transparency_ international_ germany_ files_ complaint_ against_ 57_ comp.

25. Roughly 4,500 companies participated in the UN program, according to figures made public by the Volcker Commission. See Phil Hirschkom, "Report Finds

Illicit Oil-for-Food Payments Widespread," *CNN.com*, August 14, 2005. www.cnn.com/2005/US/08/11/oil.for.food.

26. Statement of Steven Groves, Counsel, How Saddam Hussein Abused the United Nations Oil for Food Program, Hearing before the Permanent Subcommittee on Investigations, Committee on Governmental Affairs, U. S. Senate, 108th Congress, November 15, 2004 (Washington, D. C.: U. S. Government Printing Office, 2005), 46.

27. Testimony of Steven Groves, Hearing before the Permanent Subcommittee on Investigations, 45.

28. Regime Finance and Procurement, DCI Special Advisor Report on Iraq's WMD.

29. Iraq Survey Group, Comprehensive Report of the Special Advisor to the DCI on Iraq's WMD, September 30, 2004, 98.

30. Thom Shanker, "Hussein's Agents Behind Attacks, Pentagon Finds," *New York Times*, April 29, 2004.

31. Statement of Paul Wolfowitz, Iraq's Transition—The Way Ahead [Part I], Hearing before the Committee on Foreign Relations, United States Senate, 108th Congress, May 18, 2004 (Washington, D.C.: U.S. Government Printing Office, 2005), 7.

32. Paul Wolfowitz, Hearing before the Committee on Foreign Relations, 35.

33. Senator Norm Coleman, Hearing before the Permanent Subcommittee on Investigations, 2.

34. Statement of Juan Carlos Zarate, Hearing before the Permanent Subcommittee on Investigations, 99.

35. Charles Duelfer, *Hide and Seek* (New York: Public Affairs, 2009), 380.

36. Dexter Filkins, "Bank Officials Say Hussein's Son Took $1 Billion in Cash," *New York Times*, May 5, 2003.

37. Duelfer, *Hide and Seek*, 380.

38. According to Charles Duelfer's report, most of the $1 billion robbed from the Central Bank was recovered, a claim echoed by U.S. officials who spoke with ABC News. It seems that the money found by Sergeants Buff and Van Ess was the majority of the $1 billion stolen by Qusay.

39. "Saddam Hoard 'Funds Insurgency,' " BBC News, December 3, 2003.

40. Claudia Rosett, "I Am Not Running Away," *Wall Street Journal*, April 1, 2006.

41. Mimi Swartz, "The Day Oscar Wyatt Caved," *Texas Monthly*, November, 1, 2007, www.texasmonthly.com/2007-11-01/feature3.php.

42. David Ivanovich, "Oilman Gets 12 Months in Iraq Scandal," *Houston Chronicle*, November 27, 2007.

43. David Ivanovich, "Oil-for-Food Figure Gets 2 Years; Houston Trader Schemed to Funnel Money to Saddam," *Houston Chronicle*, March 8, 2008.

44. "Saddam's UN Payroll," *Wall Street Journal*, October 28, 2004.

45. 对德尔弗的访谈。

46. Jamie Dettmer, "He Served Saddam. He Served ISIS. Now Al Douri May Be Dead," *Daily Beast*, April 17, 2015, www.thedailybeast.com/articles/2015/04/17/he-served-saddam-he-served-isis-now-al-douri-may-be-dead.html.

47. Duelfer interview.

48. Yujin Jeong and Robert J. Weiner, "Who Bribes? Evidence from the United Nations' Oil-for-Food Program," *Strategic Management Journal* 33, no. 12 (2012): 1363-83.

49. 2016 年 4 月 1 日在华盛顿特区对保罗·佩尔蒂埃的访谈。

50. 2015 年 3 月 26 日在华盛顿特区对史蒂文·泰瑞尔的访谈。

51. 对彼得·克拉克的访谈。

52. 2013 年 11 月 6 日在华盛顿特区对约瑟夫·佩西西尼的访谈。

第三章

1. Winnie Chi-Man Yip et al., "Early Appraisal of China's Huge and Complex Health-care Reforms," *Lancet* 379, no. 9818 (March 2012): 836.

2. Peter Carlson, "Potent Medicine: A Year Ago, Viagra Hit the Shelves and the Earth Moved, Well, Sort Of," *Washington Post*, March 26, 1999.

3. Novartis, Annual Report 2005, 120, www.novartis.com/sites/www.novartis.com/files/novartis-annual-report-2005 -en.pdf.

4. Novartis, Annual Report 2008, 144, www.annualreports.com/HostedData/AnnualReportArchive/n/NYSE_ NVS_ 2008.pdf.

5. Bristol-Myers Squibb, Annual Report 2005, s21.q4cdn.com/104148044/files/doc_ financials/annual_ reports/BMY_ AR_ 05.pdf.

6. Marianne Barriaux, "Glaxo Cuts Jobs to Save £700m A Year After Profits Slide," *Guardian*, October 25, 2007.

7. Ma Zhenhuan, "GSK May Shift Some Relenza Manufacturing to Mainland," *China Daily*, November 19, 2009, www.chinadaily.com.cn/business/2009-11/19/content_ 8999949.htm.

8. Arthur Daemmrich, "The Political Economy of Healthcare Reform in China: Negotiating Public and Private," *SpringerPlus* 2 (2013): 448, www.ncbi.nlm.nih.gov/pmc/articles/PMC3776089.

9. Winnie Yip and William C. Hsiao, "What Drove the Cycles of Chinese Health System Reforms?," *Health Systems & Reform* 1, no. 1 (2015): 52-61.

10. 2015 年 10 月 10 日对阿平的电话访谈。

11. Conclave Report, Pharma Future Knowledge Conclave 2014, May 16, 2014, http://pharmafuture. org/pdf/new-commercial-models-to-create-customer-value/ PharmaFuture2014EventSummary.pdf.

12. Rachel Cooper, "AstraZeneca Is Well Placed for the Chinese Boom," June 6, 2010, *Telegragh*, www. telegraph. co. uk/finance/newsbysector/pharmaceuticalsandchem icals/7807002/AstraZeneca-is-well-placed-for-the-Chin ese-boom.html.

13. Lizzy Li, "Eli Lilly Has Own Strategy to Extend Its Reach in China—CEO," *China Pharmaceuticals and Health Technologies Weekly*, April 2, 2008.

14. Nicholas Zamiska, "AstraZeneca Taps China's Hinterlands," *Wall Street Journal*, June 13, 2008.

15. 2015 年在中国对丽娟(化名)的访谈。随后对丽娟的引述均来自这次访谈。

16. Adam Jourdan and Ben Hirschler, "GSK in China: Escaping the Shadow of a Scandal," Reuters, November 25, 2015.

17. Xinhua, "China's Hospital Wards Haunted by Violence," XinhuaNet.com, May 11, 2016, www.xinhuanet.com/english/2016-05/11/c_ 135351592. htm.

18. U. S. Securities and Exchange Commission, In the Matter of GlaxoSmithKline PLC, Order Instituting Cease-and-Desist Proceedings, September 30, 2016, 3.

19. U.S. Securities and Exchange Commission, In the Matter of Bristol-Myers Squibb Company, Order Instituting Cease-and-Desist Proceedings, October 5, 2015, 5.

20. *U.S. Securities and Exchange Commission v. Pfizer Inc.*, 2012, 7.

21. U. S. Securities and Exchange Commission, In the Matter of SciClone Pharmaceuticals, Inc., Order Instituting Cease-and-Desist Proceedings, February 4, 2016, 3.

22. *U.S. Securities and Exchange Commission v. Pfizer Inc.*, 2012, 7.

23. U. S. Securities and Exchange Commission, In the Matter of SciClone Pharmaceuticals, Inc., 3.

24. U.S. Securities and Exchange Commission, In the Matter of AstraZeneca

PLC, Order Instituting Cease-and-Desist Proceedings, August 30, 2016, 3.

25. U.S. Securities and Exchange Commission, In the Matter of Novartis AG, Order Instituting Cease-and-Desist Proceedings, March 23, 2016, 4.

26. U.S. Securities and Exchange Commission, In the Matter of Eli Lilly and Company, Order Instituting Cease-and-Desist Proceedings, December 20, 2012, 8.

27. 2015 年 10 月 7 日至 9 日在台湾台北对爱德华·陈的访谈。对爱德华·陈的所有引述都来自这次访谈。

28. Novartis, Annual Report 2011, 11, www.novartis.com/sites/www.novartis.com/files/novartis-annual-report-2011-en.pdf.

29. Franck Le Deu et al., "Healthcare in China: Entering 'Uncharted Waters'," Mc-Kinsey & Company, November 2012, www. mckinsey. com/industries/healthcare-systems-and-services/our-insights/health-care-in-china-entering-uncharted-waters.

30. Duff Wilson, "Drug Firms Face Billions in Losses in'11 as Patents End," *New York Times*, March 6, 2011, www.nytimes.com/2011/03/07/business/07drug.html? _r= 0.

31. Bill Smith, "China Charges Top GlaxoSmithKline Executives with Bribery," *Deutsche Presse-Agentur*, May 14, 2014.

32. "Police Close Investigation of GSK Bribery," Xinhua News Agency, May 14, 2014, www.chinadaily.com/cn/china/2014-05/14/content_17506705.htm.

33. Craig Charney and Shehzad Qazi, "Corruption in China: What Companies Need to Know," Charney Research, White Paper No. 1, January 2015, www.charneyresearch.com/wp-content/uploads/2015/01/White-Paper-Corruption-in-China-FINAL-v10.pdf.

34. OECD Foreign Bribery Report: An Analysis of the Crime of Bribery of Foreign Public Officials, 2014, https://read. oecd-ilibrary. org/governance/oecd-

foreign-bribery-report_9789264226616-en#page3.

35. 2015 年 9 月 21 日在中国对某医生的访谈。

36. Xuan Yu et al., "Pharmaceutical Supply Chain in China: Current Issues and Implications for Health System Reform," *Health Policy* 97 no. 1 (2010): 8-15.

37. 2015 年 9 月 20 日在中国宁波对某医生的访谈。

38. J. Currie et al., "Patient Knowledge and Antibiotic Abuse: Evidence from an Audit Study In China," *Journal of Health Economics* 30, no. 5 (September 2011): 933-49.

39. Chengcheng Jiang, "When Penicillin Pays: Why China Loves Antibiotics a Little Too Much," *Time*, January 5, 2012, http://content.time.com/time/world/article/0,8599,2103733,00.html.

40. Zheng Wang et al., "Deadly Sins of Antibiotic Abuse in China," *Infection Control & Hospital Epidemiology* 38 no 6 (June 2017): 758-59.

41. U.S. Securities and Exchange Commission, In the Matter of Eli Lilly and Company,17.

42. Prepared remarks by Lanny A. Breuer, Annual Pharmaceutical Regulatory and Compliance Congress and Best Practices Forum, Washington, D.C., November 12, 2009.

第四章

1. 2017 年 1 月 17 日对杰里米・诺丁汉的电话访谈。

2. 2017 年 1 月 24 日对萨西・坎思・马拉拉的电话访谈。

3. The Victor Dahdaleh/Clinton Foundation Scholarships, as detailed here: www.clintonfoundation.org/clinton-global-initiative/commitments/victor-dahdalehclinton-foundation-scholarships.

4. As disclosed in a letter written by Michael Dahdeleh, Victor's brother, and

printed in *The Spectator*, May 26, 1961, archive.spectator.co.uk/article/26th-may-1961/15/sir-i-am-an-arab-palestinian-refugee-from-ramleh-i.

5. WikiLeaks, "Business Inquiry from Jordanian Firm," March 21, 1979, wikileaks.org/plusd/cables/1979AMMAN01781_ e.html.

6. *United States of America v. Alcoa World Alumina LLC*, Criminal Information, 10.

7. Rawmet Limited corporate filings retrieved from the Jersey Financial Services Commission, www.jerseyfsc.org/registry/#. Copies with author.

8. David Armstrong and Alan Katz, "Billionaire Found in Middle of Bribery Case Avoids U.S. Probe," *Bloomberg*, August 14, 2014.

9. World Report 2011: Bahrain, Human Rights Watch, www.hrw.org/world-report/2011/country-chapters/Bahrain.

10. U.S. Securities and Exchange Commission, In the Matter of Alcoa Inc., Order Instituting Cease-and-Desist Proceedings, January 9, 2014, 5.

11. *United States of America v. Alcoa World Alumina LLC*, 11.

12. 2017 年 2 月 28 日对美国前执法官员的电话访谈。

13. *United States of America v. Alcoa World Alumina LLC*, 11.

14. *Aluminum Bahrain B.S.C. v. Alcoa Inc.*, First Amended Complaint, United States District Court, Western District of Pennsylvania, 32.

15. U.S. Securities and Exchange Commission, In the Matter of Alcoa Inc., 7.

16. Statement of Carl Kotchian, Subcommittee on Multinational Corporations, Committee on Foreign Relations, 94th Congress, February 4 and 6, May 4, 1976 (Washington, D.C.: U.S. Government Printing House, 1977), 367.

17. Central Intelligence Agency, Office of Central Reference, Biographical Register, "KODAMA, Yoshio," undated. Copy with author.

18. Central Intelligence Agency, Central Reference Service, "Yoshio KODAMA," January 29, 1976. Copy with author.

19. Central Intelligence Agency, "1948 Press Censorship Reports," September

15, 1953. Copy with author.

20. Central Intelligence Agency, Central Reference Service.

21. Figures cited by CIA documents range from 400 million yen to 3.2 billion yen, or several billion dollars in today's currency. Documents with author.

22. Richard Halloran, "5 Japanese Had Key Roles in Pushing Lockheed Bids," *New York Times*, March 1, 1976.

23. Richard Halloran, "Lockheed Ex - Official Says Initiative in Bribe Cases Came from Japanese," December 20, 1976, *New York Times*, www.nytimes.com/1976/12/20/archives/lockheed-exofficial-says-initiative-in-bribe-cases-came-from.html? _r= 0.

24. "Japan Arrests 17th Official in the Lockheed Bribe Scandal," *New York Times*, August 21, 1976.

25. Statement of Senator Frank Church, Multinational Corporations and United States Foreign Policy, Hearings before the Subcommittee on Multinational Corporations, Committee on Foreign Relations, U.S. Senate, 94th Congress, May 16-19; June 9-10; July 16-17; September 12, 1975 (Washington, D.C.: U.S. Government Printing Office, 1976), 332.

26. Yomiuri Shimbun, "Top Court to Give Final Ruling In Lockheed Bribery Case," *Daily Yomiuri*, February 22, 1995.

27. Statement of Senator Charles Percy, Subcommittee on Multinational Corporations, 342.

28. Alistair Osborne, "Fresh Reversal for SFO as £ 40m Bribery Trial Collapses," *Telegraph*, December 10, 2013.

29. 2018 年 5 月 9 日对威廉·赖斯的电话访谈。

30. *United States of America v. Alcoa World Alumina LLC*, 7.

31. Φkokrim v. Cabu Chartering AS, Penalty Note, May 19, 2014, translated from the Norwegian.

32. Φkokrim v. Cabu Chartering AS.

33. Bjorn Segrov, "Indicated Payments to the King of Bahrain," *Dagen Naeringsliv*, September 6, 2012, www. dn. no/nyheter/naringsliv/2012/09/06/-indikerte-utbetalinger-til-kongen-i-bahrain.

34. A U. S. State Department cable leaked by WikiLeaks observes, "The Bahraini officials who stand to be embarrassed are most likely in the camp of the Prime Minister," wikileaks.org/plusd/cables/08MANAMA192_ a.html.

35. 2017 年 4 月 18 日在英国伦敦对阿拉·谢哈比的访谈。

36. In the Crown Court Southwark, *Victor Dahdaleh v. Mark MacDougall and Akin Gump*, Case No. T20117607 & T20117073, Judgement, March 21, 2014, 6.

37. U.S. Department of Justice, Office of Public Affairs, press release, "Alcoa World Alumina Agrees to Plead Guilty to Foreign Bribery and Pay $223 Million in Fines and Forfeiture," January 9, 2014, www. justice. gov/opa/pr/alcoa-world-alumina-agrees-plead-guilty-foreign-bribery-and-pay-223-million-fines-and.

38. *United States of America v. Siemens Aktien Gesellschaft*, U.S. District Court, Information, December 12, 2008, 9, www.justice.gov/sites/default/files/criminal-fraud/legacy/2013/05/02/12-12-08siemensakt-info.pdf.

39. According to the Justice Department, of the $ 1.4 billion Siemens made in suspect payments, $ 800 million was directly identified as bribes. The remaining amount, more than $ 500 million, was traced to consultants for "unknown purposes." See Justice Department press release on siemens.

40. *U.S. Securities and Exchange Commission v. Siemens Aktien Gesellschaft*, U. S. District Court, Complaint, December 12, 2008, 8-10, www. sec. gov/litigation/complaints/2008/comp20829.pdf; *United States of America v. Carlos Sergi*, U. S. District Court, Southern District of New York, Criminal Indictment, filed December 12, 2011, 14, www.justice.gov/sites/default/files/criminal-fraud/legacy/2011/12/16/2011-12-12-siemens-ndictment.pdf.

41.Diego Cabot, "The Financier of the Julia Plane, in the Judicial Sight," *La Nacion*, January 13, 2011, www.lanacion.com.ar/1341128-el-financista-del-avion-de-los-julia-en-la-mira-judicial(translated from the Spanish).

42. Peggy Hollinger and Catherine Belton, "Rolls-Royce Humbled by Long List of Corruption Offenses," *Financial Times*, January 18, 2017, www.ft.com/content/5c85eab6-dcd5-11e6-86ac-f253db7791c6.

43. U.S. Department of Justice, Office of Public Affairs, press release, "Rolls-Royce PLC Agrees to Pay $ 170 Million Criminal Penalty to Resolve Foreign Corrupt Practices Act Case," January 17, 2017, www.justice.gov/opa/pr/rolls-royce-plc-agrees-pay-170-million-criminal-penalty-resolve-foreign-corrupt-practices-act.

44. York University Media, "York U Establishes the Dahdaleh Institute for Global Health," Youtube.com, December 8, 2015, www.youtube.com/watch? v=A3BnOj0gqPY.

45. McGill Newsroom, "Victor Phillip Dahdaleh Supports Neuroscience Research," McGill Channels, May 26, 2016, www.mcgill.ca/channels/news/victor-phillip-dahdaleh-supports-neuroscience-research-261018.

46. British Lung Foundation, press release, "£ 5 Million for Life-Changing Meso-thelioma Research," undated, www.blf.org.uk/your-stories/5-million-for-life-changing-mesothelioma-research.

47. York University, press release, "Philanthropist Victor Phillip Dahdaleh Urges Grads to Go Out and Make a Difference in the World," June 20, 2016, yfile.news.yorku.ca/2016/06/20/philanthropist-victor-phillip-dahdaleh-urges-grads-to-go-out-and-make-a-difference-in-the-world.

48. Author correspondence with Anthony Brovane, Communication Specialist, the Office of the Attorney General of Switzerland, January 31, 2017.

49. European Commission, press release, "Commission Clears Merger Between

Alcoa and Reynolds Metals, Under Conditions," May 3, 2000, europa.eu/rapid/press-release_IP-00-424_en.htm.

50. "Alcoa Completes Sale of Stade Alumina Refinery to Dadco Alumina and Chemicals, Ltd.," *Business Wire*, April 11, 2001.

51. Norsk Hydro ASA, public filings with U. S. Securities and Exchange Commission, Exhibit 99.1, June 30, 2004. Filings list the sale price at 750 million Norwegian kroner, or roughly $ 110 million in 2004 rates.

52. Andrew Thomas, "Rio Tinto and Norsk Hydro Sell Boke Stakes," *Mining Journal*, July 2, 2004.

53. Ellis Island Honor Society, International Medal of Honor and Global Humanitarian Honorees, www.neco.org/medal-of-honor/international.

54. Top Donors to the William J. Clinton Presidential Foundation, *New York Sun*, November 22, 2004, www.nysun.com/national/top-donors-to-the-william-j-clinton-presidential/5152.

55. The Victor Dahdaleh/Clinton Foundation Scholarships, Clinton Global Initiative, Clinton Foundation, www.clintonfoundation.org/clinton-global-initiative/commitments/victor-dahdalehclinton-foundation-scholarships.

56. Peggy Curran, "Clinton Picks Up Honorary Degree, Feels the Warmth," *Montreal Gazette*, October 17, 2009.

57. Alcoa Corp. Annual Report filing with the U.S. Securities and Exchange Commission, December 31, 2017.

第五章

1. U.S. District Court for the District of Columbia, In Re Enforcement of Restraining Order Issued by the High Court of England and Wales, 1:12-mc-00289-RCL, May 16, 2012, 9.

2. U. S. District Court for the District of Columbia, In Re Enforcement of Restraining Order Issued by the High Court of England and Wales, 9.

3. 2016 年 2 月 18 日在尼日利亚阿布贾对努胡・里巴杜的访谈。

4. 2016 年 6 月 2 日对罗伯特・帕尔默的电话访谈。

5. "The World's Largest Oil Reserves by Country," WorldAtlas, www.worldatlas.com/articles/the-world-s-largest-oil-reserves-by-country.html.

6. Ofeibea Quist-Arcton, "Ethnic Clashes Disrupt Nigeria Oil Production, World Markets Hit," allAfrica.com, March 26, 2003, allafrica.com/stories/200303260001.html.

7. "Nigeria; Ibori Inspects Vandalised Flow Stations, Weeps," *Africa News*, July 8, 2003.

8. Mike Oduniyi, "Nigeria: Siege on Chevron: 300 Oil Workers Released, 700 Still Held," *Africa News*, July 16, 2002.

9. Austin Ogwuda, "Nigeria: Ibori Dismisses Critics Over 13% Derivation," *Africa News*, August 31, 2000.

10. The cable leaked by WikiLeaks can be accessed at wikileaks.org/plusd/cables/08LAGOS41_ a.html.

11. Malalchy Uzendu, "Chevron Denies Illegal Contract with Ibori," *Daily Champion* (Nigeria), February 22, 2008.

12. 2017 年 4 月 20 日在英国伦敦对百德瑞思・戈希尔的访谈。所有对戈希尔的引述都来自这次访谈。

13. "V-Mobile $ 37 Million Shares Fraud—Bhadresh Gohil, Ibori's UK Lawyer Sentenced to 7 Years in Prison," Saharareporters.com, March 8, 2011, saharareporters.com/2011/03/08/v-mobile-37million-shares-fraud-bhadresh-gohil-ibori's-uk-lawyer-sentenced-7-years-prison.

14. 2015 年 4 月 16 日在华盛顿特区对联邦调查局特工的访谈。

15. 2016 年 4 月 21 日在伊利诺伊州芝加哥对瑞安・罗弗森的访谈。

16. According to court remarks by Sasha Wass, lead prosecutor in the UK

corruption case against Ibori.

17. According to a report published in the Nigerian newspaper *This Day*, which cites an official Request for Mutual Legal Assistance, the investigation began in March 2005. According to documents in the Panama Papers, leaked by ICIJ, the investigation began in April 2005.

18. U.S. District Court for the District of Columbia, In Re Enforcement of Restraining Order Issued by the High Court of England and Wales, 5.

19. 2017 年 2 月 28 日对安德鲁·沃伦的电话访谈。

20. *United States of America v. Wojciech J. Chodan*, Statement of Wojciech Chodan, transcript of rearraignment, December 6, 2010, 3.

21. 2016 年 3 月 9 日在尼日利亚阿布贾对保罗·诺瓦克的访谈。

22. *U.S. Securities and Exchange Commission v. Weatherford International Ltd.*, Complaint, November 26, 2013, 6-7.

23. Archived versions of the photos available with author.

24. M.E.R. Engineering incorporation documents obtained through the Corporate Affairs Commission, Abuja, by B. I. Dakum & Co., Barristers, Abuja, M.E.R. Engineering RC#192670. Documents with author.

25. 2016 年 3 月 31 日在华盛顿特区对詹姆斯·库基奥斯的访谈。

26. U.S. District Court for the District of Columbia, In Re Enforcement of Restraining Order Issued by the High Court of England and Wales, 5, 9.

27. 2017 年 4 月 18 日和 21 日在英国伦敦对加里·沃尔特斯的访谈；2018 年 5 月 14 日的电话访谈。

28. 2016 年 3 月 6 日在尼日利亚阿布贾对经济金融犯罪委员会调查员的访谈。

29. In the Court of Appeal (Criminal Division) on Appeal from the Crown Court Sitting at Southwark, Royal Courts of Justice, *R v Bhadresh Babulal Gohil and Elias Nimoh Preko*, [*2018*] *EWCA Crim* 140, *Judgement*, February 15, 2018, www.

judiciary.gov.uk/wp-content/uploads/2018/02/r-v-gohil-and-r-v-preko.pdf.

30. 2017 年 4 月 21 日与前警官的通信。

31. Estelle Shirbon, "Rags-to-Riches Nigerian Governor Faces UK Jail Term," Reuters, April 16, 2012, www.reuters.com/article/us-britain-nigeria-ibori/rags-to-riches-nigerian-governor-faces-uk-jail-term-idUSBRE831F14D20120416.

32. Transcript of court hearing at Southwark Crown Court, *Regina v. Mr. James Onanefe Ibori*, September 30, 2013, 66. Copy with author.

33. 2015 年 8 月 6 日对美国司法部反海外腐败部门官员的电话访谈。

34. In the Court of Appeal (Criminal Division) on Appeal from the Crown Court Sitting at Southwark, Royal Courts of Justice, *R v Preko*, Court of Appeal, Criminal Division, [2015] All ER (D) 50 (Feb); [2015] EWCA Crim 42, 3 February 3, 2015.

35. Estelle Shirbon, "Ex-Goldman Sachs Banker Jailed in UK in Nigerian Corruption Case," Reuters, December 9, 2013, www.reuters.com/article/us-britain-banker-corruption-idUSBRE9B80OE20131209.

36. 2016 年 3 月 17 日对美国司法部检察官的电话访谈。

37. "James Ibori," Offshore Leaks Database, offshoreleaks.icij.org/nodes/15006801.

38. U.S. Department of Justice, Office of Public Affairs, press release, "Hewlett-Packard Russia Agrees to Plead Guilty to Foreign Bribery," April 9, 2014, www.justice.gov/opa/pr/hewlett-packard-russia-agrees-plead-guilty-foreign-bribery.

39. "British Virgin Islands Business Company (BVI BC)," Fidelity Corporate Services, www.offshorebvi.com/bvi-offshore-companies.php.

40. Steve Reilly, "Dozens of Firms Creating Foreign-Based Shell Companies in Two U.S. States," May 26, 2016, www.usatoday.com/story/news/2016/05/26/dozens-firms-creating-foreign-based-shell-companies-two-us-states/84222480.

41. "Tackling Corruption," Prime Minister David Cameron's speech, Lee Kuan Yew School of Public Policy, Singapore, July 28, 2015, www.gov.uk/government/speeches/tackling-corruption-pm-speech-in-singapore.

42. Ana Swanson, "How Secretive Shell Companies Shape the U.S. Real Estate Market," *Washington Post*, April 12, 2016, www.washingtonpost.com/news/wonk/wp/2016/04/12/how-secretive-shell-companies-shape-the-u-s-real-estate-market/?utm_ term=.cbd616f60eb1.

43. Transparency International UK, "National Risk Assessment of Money Laundering and Terrorist Financing," May 2014, 15, www. issuu. com/transparencyuk/docs/ti-uk_submission_to_the_hm_treasury.

44. Robert Booth, Helena Bengtsson, and David Pegg, "Revealed: 9% Rise in London Properties Owned by Offshore Firms," *Guardian*, May 26, 2016, www.theguardian. com/money/2016/may/26/revealed-9-rise-in-london-properties-owned-by-offshore-firms.

45. David Charter, "Labour Donor Laundered Abacha Money," *Times* (London), December 24, 2003.

46. Financial Services Authority, "FSA Publishes Results of Money Laundering Investigation," March 8, 2001, www. fsa. gov. uk/Pages/Library/Communication/PR/2001/029.shtml.

47. "International Thief Thief: How British Banks Are Complicit in Nigerian Corruption," Global Witness, October 2010.

48. Financial Conduct Authority, Final Notice: Barclays Bank PLC, November 25, 2016, www.fca.org.uk/static/documents/final-notices/barclays-bank-nov-2015.pdf. Outlines the FCA's investigation and findings about Barclay's controversial deal.

49. *United States of America v. Mahmoud Thiam*, Sealed Complaint, December 12, 2018, 13-14. Details the actions of two U.S. banks to perform due diligence on Thiam's accounts.

50. David Rose and Martin Beckford, "Met Police Chief Under Fire Again Over Claims That Officers Were Bribed During Investigation into Nigerian Politician Jailed for Fraud," February 13, 2016, www.dailymail.co.uk/news/article-3446061/Met-police-chief-fire-claims-officers-bribed-investigation-Nigerian-politician-jailed-fraud.html.

51. According to a ruling on Gohil's appeal from the Royal Courts of Justice, February 15, 2018, www.judiciary.gov.uk/wp-content/uploads/2018/02/r-v-gohil-and-r-v-preko.pdf.

52. Fiona Hamilton and Michael Gillard, "Top QC Quits Cases in Row Over Police Bribery," *Times* (London), June 11, 2016.

53. Peter Marshall, "UK Aid Funded Firms 'Linked to Nigeria Fraudster Ibori,'" *BBC Newsnight*, April 16, 2012.

54. 2016 年 3 月 9 日在尼日利亚阿布贾进行的访谈。

55. 2016 年 3 月 4 日在尼日利亚哈科特港对维克多的访谈。

第六章

1. Helena Smith, "Greek Suicide Seen as an Act of Fortitude as Much as One of Despair," *Guardian*, April 5, 2012, www.theguardian.com/world/2012/apr/05/greek-suicide-dimitris-christoulas-protest.

2. 2015 年 8 月 29 日在希腊雅典对塔纳西等人的访谈。

3. Naina Bajekal, "The Next Greek Crisis Is Coming, *Newsweek*, April 29, 2016, www.newsweek.com/2016/04/29/next-greece-crisis-coming-449410.html.

4. "Timeline: The Unfolding Eurozone Crisis," BBC News, June 12, 2012, www.bbc.com/news/business-13856580.

5. "Greece Fallout: Italy and Spain Have Funded a Massive Backdoor Bailout of French Banks," Council on Foreign Relations, *Geo-Graphics* (blog), post by

Benn Steil and Dinah Walker, July 2, 2015, blogs.cfr.org/geographics/2015/07/02/greecefallout.

6. 2015 年 9 月 10 日在希腊雅典对检察官的访谈。

7. "The House of Tsochatzopoulos in Areopagitou," *Kathimerini*, May 5, 2010, translated from the Greek, www.kathimerini.gr./394776/article/epikairothta/politikh/h-oikia-tsoxatzopoyloy-sthn-areopagitoy.

8. James Angelos, *The Full Catastrophe: Travels Among the New Greek Ruins* (New York: Broadway Books, 2016), 74.

9. Ara Tatevosyan, "New Alliances Centered on Caucasus," *Moscow News*, July 24, 1997.

10. Rupert Cornwell, "Greece Claims Turkey Buzzed Minister's Jet," *Independent*, October 17, 1997.

11. Figures come from SIPRI, quoted in Nikos Chrysogelos, europeangreens.eu/sites/europeangreens.eu/files/militaryexpencesses.pdf.

12. 2015 年 8 月 29 日在希腊雅典对希腊检察官的访谈。

13. Reuters Staff, "Greece to Overhaul Arms Procurement After Scandal," Reuters, January 3, 2014, www.reuters.com/article/greece-bribes- idUSL6N0KD23B20140103.

14. "German Firm Tried to Reach Deal on Arms Bribes in July," May 9, 2015, *Kathimerini*, www. ekathimerini. com/201213/article/ekathimerini/news/german-firm-tried-to-reach-deal-on-arms-bribes-in-july.

15. Niki Kitsantonis, "Greek Prosecutors Focus on Corruption at the Top," *New York Times*, January 18, 2014.

16. 2015 年 9 月 7 日在希腊基菲西亚对君士坦丁诺斯·弗拉戈斯的访谈。

17. Reuters Staff, "German Prosecutors Raid Offices of Tank Maker Krauss-Maffei," Reuters, November 15, 2014, http://uk. reuters. com/article/uk-krauss-maffei-wegmann-corruption-idUKKCN0IZ0T420141115.

18. In the Crown Court at Southwark, *Regina v Robert Dougall*, Proceedings, April 14, 2010, 102. Copy of sentencing transcript with author.

19. *United States of America v. DePuy, Inc.*, U.S. District Court, Information, April 8, 2011, 12, www. justice. gov/sites/default/files/criminal-fraud/legacy/2011/04/27/04-08-11depuy-info. pdf. Karagiannis is not openly named in these documents, but the UK's Serious Fraud Office, as well as prosecutors in Greece, identified him as the agent in question. See the following judgment in Dougall's appeal in criminal court at Southwark, openmedicineeu.blogactiv/eu/files/2011/10/JJ-DOUGALL-Appeal-Judgement1.pdf.

20. In the Crown Court at Southwark, *Regina v Robert Dougall*, Proceedings, 50.

21. 2015 年 9 月 3 日在希腊雅典对帕纳吉奥蒂斯・尼科卢迪斯的访谈。对尼科卢迪斯随后的所有引用均来自本次采访。

22. *United States of America v. Smith & Nephew, Inc.* U. S. District Court, Information, February 6, 2012, 8.

23. In the Crown Court at Southwark, *Regina v Robert Dougall*, Proceedings, 31.

24. *U. S. Securities and Exchange Commission v. Johnson & Johnson*, U. S. District Court, Complaint, April 8, 2011, 5.

25. In the Crown Court at Southwark, *Regina v Robert Dougall*, Proceedings, 11.

26. 2015 年 9 月 1 日在希腊雅典对斯皮罗斯・乔治奥利亚斯的访谈。

27. *United States of America v. Smith & Nephew, Inc.*, U.S. District Court, Information, February 6, 2012, 8.

28. From John Dougall's initial interview with police, transcript of Attendance Note Re: John Dougall, 3. Copy with author.

29. Marcus Walker, "Tragic Flaw: Graft Feeds Greek Crisis," *Wall Street Journal*, April 15, 2010, www. wsj. com/articles/SB1000142405270230382830457517992 1909783864.

30. Menelaos Tzafalias, "Greek Crisis Fallout Is an Opportunity for Health,"

Bulletin of the World Health Organization, 2014, www.who.int/bulletin/volumes/92/1/14-030114/en.

31. Charalampos Economou et al., "The Impact of the Financial Crisis on the Health System in Greece," World Health Organization, 2014, 10, www.euro.who.int/_ data/assets/pdf _ file/0007/266380/The-impact-of-the-financial-crisis-on-the-health-system-and-health-in-Greece.pdf.

32. Reuters Staff, "Greece Says to Pay Hospital Supplier Debt Mostly with Bonds," June 15, 2010, www. reuters. com/article/greece-debt-hospitals/greece-says-to-pay-hospital-supplier-debt-mostly-with-bonds-idUSLDE65E1MZ20100615.

33. Figures cited by Marty Makary, "Greece's Costly Health Care Craze," *New York Times*, July 20, 2015, www.nytimes.com/2015/07/21/opinion/greeces-costly-health-care-craze. html, citing the Organisation for Economic Co-Operation and Development.

34. Charalampos Economou et al., 16.

35. Alexander Kentikelenis, "Greece's Health Crisis: From Austerity to Denialism," *Lancet* 383, no. 9918 (February 22, 2014): 748-53.

36. Press release, Johnson & Johnson, "Johnson & Johnson Statement on Voluntary Disclosure," February 12, 2007, www. investor. jnj. com/releasedetail. cfm? releaseid= 229695.

37. "Reaction Report: Raiko Forgot about Gianno and Liakunakos," Documento, March 24, 2017 (in Greek), www. documentonews. gr/article/anaforasok-anakritrias-h-raikoy-xexase-stoixeia-gia-gianno-kai-liakoynako-sto-documento-poy-kykloforei-ektaktws-to-sabbato.

38. Novartis AG, filings with the U.S. Securities and Exchange Commission, Exhibit 99, "Additional Exhibits" filed January 25, 2017. See this report in *Politico*, Simon Marks, "Drugs Scandal Roils Greek Politics," May 30, 2018, www. politico.eu/article/greece-politics-novartis-scandal-pharmaceutical-whistle blower.

第七章

1. 2015 年 2 月 15 日在孟加拉国纳托对莫赫辛・阿里的访谈。

2. "Foreign Operators Vie for Bangladesh Mobile Telephone Service," Agence France Presse, December 19, 2002.

3. *United States of America v. Siemens Bangladesh Limited*, U.S. District Court, Information, 10, www.justice.gov/sites/default/files/criminal-fraud/legacy/2013/05/02/12-08siemensbangla-info.pdf.

4. *United States of America v. Siemens Bangladesh Limited*, 10.

5. 关于孟加拉国的调查主要基于以下几个来源:2015 年 4 月 16 日在华盛顿特区对联邦调查局调查员的访谈、对孟加拉国现任和前任官员的访谈、美国执法法庭文件、维基解密泄露的美国外交电报以及孟加拉国媒体报道。

6. 2018 年 4 月 3 日对黛布拉・拉普雷沃特的电话访谈。

7. 2015 年 2 月 12 日在孟加拉国达卡对萨拉赫丁・艾哈迈德的访谈。

8. International Crisis Group, "Bangladesh Today," Report No 121/Asia, October 23, 2006, www.crisisgroup.org/asia/south-asia/bangladesh/bangladesh-today.

9. 2015 年 2 月 10 日在孟加拉国达卡对阿尼苏尔・哈克的访谈。

10. 2015 年 2 月 15 日在孟加拉国达卡的访谈。

11. The cable leaked by WikiLeaks can be accessed at wikileaks.org/plusd/cables/08DHAKA1143_ a.html.

12. According to a biographical account submitted as part of his money laundering case in Bangladesh. Copy with author.

13. 2015 年 2 月 7 日在孟加拉国达卡对萨利赫的访谈。

14. 2015 年 2 月 7 日在孟加拉国达卡对前警察官员的访谈。

15. Julfikar Ali Manik, "Bangla Bhai Active for 6 Years," *Daily Star*, May 13, 2004, archive.thedailystar.net/2004/05/13/d4051301022.htm.

16. Staff Correspondent, Rajshahi, "Police Escort JMJB in Rajshahi Showdown," *Daily Star*, May 24, 2004. archive. thedailystar. net/2004/05/24/d4052401033.htm.

17. 2014 年 2 月对西方外交官的电话访谈。

18. 2015 年 2 月 10 日在孟加拉国达卡对前刑事情报官员的访谈。

19. Julfikar Ali Manik, "Evidence, Confessions Point at JMB HallMark," *Daily Star*, August 19, 2005, archive. thedailystar. net/2005/08/19/d5081901011.htm.

20. The cable leaked by WikiLeaks can be accessed at wikileaks. org/plusd/cables/08DHAKA1143_ a.html.

21. 2015 年 4 月 16 日在华盛顿特区对联邦调查局特工的访谈。

22. *United States of America v. All Assets Held in the Name of Zasz Trading and Consulting PTE Ltd*, *Account Number 1093101397*, *at United Overseas Bank*, *Singapore and Proceeds Traceable Thereto*, U.S. District Court, January 8, 2009, 7.

23. *United States of America v. All Assets Held in the Name of Zasz Trading and Consulting PTE Ltd*, *Account Number 1093101397*, *at United Overseas Bank*, *Singapore and Proceeds Traceable Thereto*, U.S. District Court, January 8, 2009, 6.

24. The cable leaked by WikiLeaks can be accessed at wikileaks. org/plusd/cables/08DHAKA1143_ a.html.

25. David Montero and Somini Sengupta, "Bangladesh Blast Kills One and Hurts 30," *New York Times*, December 2, 2005, www. nytimes. com/2005/12/02/world/asia/bangladesh-blast-kills-one-and-hurts-30.html? _ r= 0.

26. 2018 年 2 月 15 日在孟加拉国拉杰沙希对该案检察官之一的埃克拉穆尔·哈克的电话访谈。

27. Anwar Ali, "JMB Patron Aminul Jailed," *Daily Star*, July 27, 2007, archive.the dailystar.net/2007/07/27/d7072701011.htm.

28. See David Montero, "Bangladesh: Bribery's Dangerous Beneficiary,"

Frontline/World, May 11, 2009, www.pbs.org/frontlineworld/stories/bribe/2009/05/bangladesh.html; David Montero, "Bangladesh Fights Rampant Corporate Corruption," *Christian Science Monitor*, April 1, 2009, www.csmonitor.com/World/Asia-South-Central/2009/0401/p06s15-wosc.html; Jurgen Dahlkamp and David Montero, "KORRUPTION: Benzin ins Feuer," *Der Spiegel*, June 29, 2009, www.spiegel.de/spiegel/print/d-65872369.html.

29. "Watchdog Panel to Probe Siemens Bribe-JMB Funding Link," BDNews, May 24, 2009, bdnews24.com/bangladesh/2009/05/24/watchdog-panel-to-probe-siemens-bribe-jmb-funding-link.

30. 2015 年 2 月 8 日在孟加拉国达卡对国内特别部门官员的访谈。

31. 2015 年 3 月 31 日对前国务院官员的电话访谈。

32. Ewan Sutherland, "A Short Note on Corruption in Telecommunications in Bangladesh," September 3, 2012, http://ssrn.com/abstract=2052355.

33. Chaitanya Chandra Halder and Rizanuzzaman Laskar, "Tarique Laundered Money," *Daily Star*, November 17, 2011, www.thedailystar.net/news-detail-210437.

34. "Bangladesh: Tarique Rahman Jailed for Money Laundering," July 21, 2016, www.aljazeera.com/news/2016/07/bangladesh-tarique-rahman-jailed-money-laundering-160721073133821.html.

35. Linda M. Samuel, Obituary, September 22, 2013, www.legacy.com/obituaries/thetimes-tribune/obituary.aspx? pid=167109816.

36. Andrew Marszal, "20 Hostages killed in 'Isil' Attack on Dhaka Restaurant Popular with Foreigners," *Telegraph*, July 2, 2016, www.telegraph.co.uk/news/2016/07/01/gunmen-attack-restaurant-in-diplomatic-quarter-of-bangladeshi-ca.

37. Court Correspondent, "Aminul Sent to Jail on Surrender," *Daily Star*, July 7, 2009, www.thedailystar.net/news-detail-95894.

38. Staff Correspondent, "Aminul Freed from Rajshahi Jail," October 6, 2009, *Daily Star*, www.thedailystar.net/news-detail-108685.

39. Staff Correspondent, "HC Cancels Aminul Haq's Sentence," *New Age*, April 9, 2011.

40. Staff Correspondent, "HC Grants Bail to Aminul," *Daily Star*, June 13, 2012, www.thedailystar.net/news-detail-238082.

第八章

1. 2014 年 4 月 25 日和 2014 年 7 月 21 日在康涅狄格州罗威顿市对理查德·比斯特朗的访谈。比斯特朗随后的所有引用都来自这些采访。

2. Benjamin Forgey, "Preservation with Personality; The Sensitive Restoration of the Southern and Bond Buildings," *Washington Post*, December 19, 1987.

3. 2014 年 10 月 8 日和 2015 年 3 月 26 日在华盛顿特区对查尔斯·杜罗斯的访谈。

4. 2014 年 2 月 25 日在华盛顿特区对兰尼·布鲁尔的访谈。

5. Sharon Oded, "Deferred Prosecution Agreements: Prosecutorial Balance in Times of Economic Meltdown," *Law Journal for Social Justice* 2 (January 2011).

6. As Lanny Breuer once described, "Prosecutors faced a stark choice when they encountered a corporation that had engaged in misconduct—either indict, or walk away. ... Companies now know that avoiding the disaster scenario of an indictment does not mean an escape from accountability." Lanny Breuer, prepared remarks, New York Bar Association, September 13, 2012, www.justice.gov/opa/speech/assistant-attorney-general-lanny-breuer-speaks-new-york-city-bar-association.

7. According to public remarks made by Denis McInerney, chief of the Justice Department's Fraud Section, and William Stuckwish, assistant chief of the Justice Department's Fraud Section, quoted in Morgan Lewis LawFlash, "DOJ and SEC Affirm Continued Commitment to Rigorous FCPA Enforcement," November 14, 2011, www. morganlewis. com/pubs/doj-and-sec-affirm-continued-committment-to-

rigorous-fcpa-enforcement.

8. 对佩利埃的访谈。

9. 2015 年 9 月 23 日对前联邦调查局以及司法部反海外腐败部门官员的访谈。

10. 2014 年 4 月 11 日在华盛顿特区对联邦调查局以及司法部反海外腐败部门官员的访谈。

11. Testimony of FBI agent Chris Forvour in *United States of America v. Pankesh Patel et al.*, U. S. District Court, District of Columbia, June 13, 2011, A. M. Session, 26.

12. 2016 年在华盛顿特区对前司法部检察官的访谈。

13. 2013 年 10 月对企业高管的访谈。

14. As detailed in court documents filed in the case, see *United States of America v. Daniel Alvirez and Lee Allen Tolleson*, United States' Notice Regarding Discovery, U.S. District Court, District of Columbia, April 1, 2010, www.millerchevalier.com/sites/default/files/resources/StingDiscoveryNotice.pdf.

15. U. S. Department of Justice, Office of Public Affairs, press release, "Twenty-two Executives and Employees of Military and Law Enforcement Products Companies Charged in Foreign Bribery Scheme," January 19, 2010, archives.fbi.gov/archives/washingtondc/press-releases/2010/wfo011910.htm.

16. Testimony of FBI Agent Chris Forvour in *United States of America v. Pankesh Patel et al.*, U. S. District Court, District of Columbia, June 8, 2011, A. M. Session, 79.

17. Christopher Norton, "FBI's Tactics In Gabon FCPA Sting Come Under Fire," Law360, June 22, 2011, www.law360.com/articles/253246/fbi-s-tactics-in-gabon-fcpa-sting-come-under-fire.

18. As quoted in Mike Koehler, "Africa Sting—In the Words of Judge Leon," FCPA Professor.com, February 23, 2012, www.fcpaprofessor.com/africa-sting-in-

the-words-of-judge-leon.

19. Alberto R. Gonzales, "Prepared Remarks by Former Attorney General Alberto R. Gonzales, Lawyers for Civil Justice Meeting, Washington, DC, May 2012," www.wallerlaw.com/portalresource/lookup/wosid/cp-base-4- 13102/media. name=/TAP% 20-% 20Speech% 20to% 20LCJ% 20by% 20Judge% 20Gonza les% 202012% 2005.pdf.

20. "The Untouchables," *Frontline*, Season 31, Ep. 4, www.pbs.org/wgbh/frontline/untouchables.

21. See Jed S. Rakoff, "The Financial Crisis: Why Have No High-Level Executives Been Prosecuted," *New York Review of Books*, January 9, 2014, www.nybooks.com/articles/2014/01/09/financial-crisis-why-no-executive-prosecutions.

22. Mike Koehler, "A Focus on DOJ FCPA Individual Prosecutions," FCPA Professor, January 20, 2015, fcpaprofessor. com/a-focus-on-doj-fcpa-individual-prosecutions-3.

23. Individual Accountability for Corporate Wrongdoing, U.S. Department of Justice, Office of the Deputy Attorney General, September 9, 2015, www.justice.gov/dag/file/769036/download.

24. U. S. Department of Justice, Office of Public Affairs, press release, "Deputy Attorney General Sally Q. Yates Delivers Remarks at the New York City Bar Association White Collar Crime Conference," May 10, 2016, www.justice.gov/opa/speech/deputy-attorney-general-sally-q-yates-delivers-remarks-new-york-city-bar-association.

第九章

1. For background see "English Translation: Settlement Agreement Between Alcatel-Lucent France, and the Office of the Attorney General of the Republic, on

Behalf of the Costa Rican State, Relating to the Civil Recovery Action Included in Criminal Case 04-6835-647-PE," available at star.worldbank.org/corruption-cases/sites/corruption-cases/files/settlement/ICE_ US_ Opposition_ Exhibit_ 1_ Costa_ Rice_ Settlement_ SDFLA_ May_ 23_ 2011.pdf.

2. *United States of America v. Alcatel-Lucent France, S. A.* (*as to Alcatel Centroamerica, S. A.*), U.S. District Court, District of Columbia, December 27, 2010, Plea Agreement, 7.

3. "Former Costa Rican President Sentenced to Prison over Alcatel Bribery," *Wall Street Journal*, April 28, 2011, star.worldbank.org/corruption-cases/sites/corruption-cases/files/documents/arw/Alcatel_ Rodriguez_ Conviction_ Wall_ Street_Journal_ Apr_ 28_ 2011.pdf.

4. U.S. Department of Justice, Office of Public Affairs, press release, "Alcatel-Lucent S.A. and Three Subsidiaries Agree to Pay $ 92 Million to Resolve Foreign Corrupt Practices Act Investigation," December 27, 2010, www.justice.gov/opa/pr/alcatel-lucent-sa-and-three-subsidiaries-agree-pay-92-million-resolve-foreign-corrupt.

5. Juanita Olaya, "Repairing Social Damage Out of Corruption Cases: Opportunities and Challenges as Illustrated in the Alcatel Case in Costa Rica," December 6, 2010, available at SSRN: https://ssrn.com/abstract = 1779834; "Corruption Causes Social Damage: Can It Be Repaired," January 31, 2011, juanitaolaya-impactools.com/tag/victims-of-corruption.

6. 2017 年 8 月 25 日对胡安妮塔·奥拉亚的电话采访。

7. 2017 年 2 月 27 日在尼日利亚阿布贾对戈德温·奥布拉酋长的访谈。

8. Paulo Mauro, "The Effects of Corruption on Growth, Investment, and Government Expenditure," International Monetary Fund, Policy Development and Review Department, September 1996, papers.ssrn.com/sol3/papers/cfm? abstract_ id= 882994.

9. Vito Tanzi and Hamid Davoodi, "Corruption, Public Investment and

Growth," International Monetary Fund Working Paper, 1997, www. imf. org/external/pubs/ft/wp/wp97139.pdf.

10. "Issues Paper on Corruption and Economic Growth," Organisation for Economic Co-operation and Development, www. oecd. org/g20/topics/anti-corruption/Issue-Paper-Corruption-and-Economic-Growth.pdf.

11. Juanita Olaya, "Dealing with the Consequences: Repairing the Social Damage Caused by Corruption," draft paper 2016, available at impactools.files.wordpress.com/2015/10/repairing-the-public-good-v2- 01_2016.pdf.

12. Andrew Spalding, "Restorative Justice for Multinational Corporations, 1.

13. Spalding, 32.

14. 2015 年 3 月 27 日对安德鲁·斯伯丁的电话访谈。

15. ExxonMobil and the other companies denied that Giffen was acting on their behalf. Giffen was never convicted of bribery offenses and instead pleaded guilty to one count of tax evasion.

16. "The Bota Foundation Revisited—Part Two: BOTA—A Quick Recap," FCPA blog, post by Aaron Bornstein, February 27, 2017, www.fcpablog.com/blog/2017/2/27/the-bota-foundation-revisited-part-two-bota-a-quick-recap.html.

17. 根据本书作者所做的统计,数据来自于 the FCPA Blog (www.fcpablog.com) and information available on the FCPA enforcement section of the Jus-tice Department's website, www.justice.gov/criminal-fraud/related-enforcement-actions.

18. Jacinta Anyango Oduor et al., "Left Out of the Bargain," Stolen Asset Recovery Initiative, World Bank, 2.

19. Jonathan Karpoff et al., "Foreign Bribery: Incentives and Enforcement," April 7, 2017, 10, papers.ssrn.com/sol3/papers.cfm? abstract_ id= 1573222.

20. Karpoff et al., "Foreign Bribery," 32.

21. Karpoff et al., "Foreign Bribery," 5.

22. Karpoff et al., "Foreign Bribery," 22.

23. In its annual report for 2008, Siemens lists its market capitalization for 2007 at € 88 billion, or roughly $ 100 million. Siemens, Annual Report 2008, 12, www.siemens. com/investor/pool/en/investor_ relations/e08_ 00_ gb2008.pdf.

24. Karpoff et al., "Foreign Bribery," 40.

25. 2018年2月16日对乔纳森·卡尔波夫的电话访谈。

26. Drury D. Stevenson and Nicholas J. Wagoner, "FCPA Sanctions: Too Big to Debar?," 80, *Fordham Law Review* 80, no. 2 (2011), 775 http://ir.lawnet.fordham.edu/flr/vol80/iss2/13.

27. *OECD Business and Finance Outlook* 2016, "Chapter 7: Is Foreign Bribery an Attractive Investment in Some Countries?," Organisation for Economic Co-Operation and Development, www.oecd.org/corruption/BFO-2016-Ch7-Bribery.pdf.

28. Reuters Staff, "Disparate Laws, Low Fines Mean Corporate Bribery Often Pays: OECD," Reuters, June 9, 2016, www.reuters.com/article/us-oecd-corruption/disparate-laws-low-fines-mean-corporate-bribery-often-pays-oecd-idUSKCN0YV1BR.

29. "2014 Global Survey on Reputation Risk," Deloitte, October 2014, www2.deloitte.com/content/dam/Deloitte/global/Documents/Governance-Risk-Compliance/gx_ grc_ Reputation@ Risk% 20survey% 20report_ FINAL.pdf.

30. 2015年8月6日对美国司法部反海外腐败部门官员的电话访谈。

31. U. S. Department of Justice, press release, "Siemens AG and Three Subsidiaries Plead Guilty to Foreign Corrupt Practices Act Violations and Agree to Pay $ 450 Million in Combined Criminal Fines," December 15, 2008, www.justice.gov/archive/opa/pr/2008/December/08-crm-1105.html.

第十章

1. "Data on Enforcement of the Anti-Bribery Convention," Organisation of Economic Co-operation and Development, November 14, 2017, www. oecd. org/

corruption/data-on-enforcement-of-the-anti-bribery-convention.htm.

2. 2016 年 2 月 4 日对肯特 · 凯德尔的电话访谈。

3. Deloitte, "In Focus: 2015 Compliance Trends Survey," www2.deloitte.com/content/dam/Deloitte/global/Documents/Risk/gx-aers-reg-2015-compliance-trends-survey.pdf.

4. "Global Ethics & Compliance Program Report, April 20, 2016, Walmart, corporate. walmart. com/global-responsibility/global-compliance-program-report-on-fiscal-year-2016.

5. Deloitte, "In Focus: 2016 Compliance Trends Survey," www2.deloitte.com/content/dam/Deloitte/us/Documents/governance-risk-compliance/us-advisory-compliance-week-survey.pdf.

6. Jed S. Rakoff, "Justice Deferred Is Justice Denied," *New York Review of Books*, February 19, 2015, www. nybooks. com/articles/2015/02/19/justice-deferred-justice-denied.

7. U.S. Department of Justice, Office of Public Affairs, press release, "Zimmer Biomet Holdings Inc. Agrees to Pay $ 17.4 Million to Resolve Foreign Corrupt Practices Act Charges," January 12, 2017, www. justice. gov/opa/pr/zimmer-biomet-holdings-inc-agrees-pay-174-million-resolve-foreign-corrupt-practices-act.

8. Rakoff, "Justice Deferred is Justice Denied."

9. Paul Healy and George Serafeim, "Causes and Consequences of Firm Disclosures of Anticorruption Efforts," Harvard Business School, 2011, 25.

10. George Serafeim, "Firm Competitiveness and Detection of Bribery," Working Paper 14-012, Harvard Business School, April 4, 2014.

11. Dexter Filkins, "Rex Tillerson at the Breaking Point," *New Yorker*, October 16, 2017, www.newyorker.com/magazine/2017/10/16/rex-tillerson-at-the-breaking-point.

12. 2016 年 3 月 31 日对穆斯基鲁 · 莫杰德的电话访谈。

索　　引

（索引中的页码指英文原版书页码，参见本书边码）